余恕诚 著

唐诗风貌（修订本）

中华书局

图书在版编目(CIP)数据

唐诗风貌/余恕诚著. –修订本. —北京:中华书局,2010.4
(2024.2 重印)
ISBN 978-7-101-07279-2

Ⅰ.唐⋯ Ⅱ.余⋯ Ⅲ.唐诗–文学研究 Ⅳ.I207.22

中国版本图书馆 CIP 数据核字(2010)第 033444 号

书 名	唐诗风貌(修订本)	
著 者	余恕诚	
责任编辑	俞国林	
责任印制	陈丽娜	
出版发行	中华书局	
	(北京市丰台区太平桥西里 38 号 100073)	
	http://www.zhbc.com.cn	
	E-mail:zhbc@zhbc.com.cn	
印 刷	北京新华印刷有限公司	
版 次	2010 年 4 月第 1 版	
	2024 年 2 月第 11 次印刷	
规 格	开本/700×1000 毫米 1/16	
	印张 13½ 插页 2 字数 240 千字	
印 数	27001–28500 册	
国际书号	ISBN 978-7-101-07279-2	
定 价	48.00 元	

目 次

序 ……………………………………………………… 刘学锴 1

弁 言 …………………………………………………………… 1

第一章 唐诗对时代的反映及其所表现的生活美与精神美 ……………… 1

　一、唐诗对时代反映的广度与深度 …………………… 1

　二、唐诗所表现的生活美与精神美 …………………… 5

第二章 地域、民族和唐诗刚健的特质 ……………… 18

　一、地域 ………………………………………………… 19

　二、民族 ………………………………………………… 22

　三、唐诗刚健的特质 …………………………………… 25

第三章 初唐诗坛的建设与期待 ……………………… 32

　一、宫廷诗在初唐诗坛的地位 ………………………… 33

　二、宫廷内外诗歌在发展中的互补 …………………… 37

　三、风骨离不开性情——初唐诗坛的期待 …………… 39

　四、大潮涌起——伴随盛唐的各种社会条件对性情的催发 … 42

第四章 盛唐气象 ……………………………………… 48

　一、盛唐诗歌风貌的主要特征 ………………………… 48

　二、雄壮浑厚与感激怨怼 ……………………………… 53

　三、盛唐后期诗歌与前期诗歌在艺术风貌上的共同点 … 56

第五章 中唐韩白诗风的差异与进士集团的思想分野 … 59

　一、中唐诗歌之变 ……………………………………… 59

　二、科举、文学、政治的三位一体 …………………… 63

　三、韩诗——通之于儒学政教的雄桀瑰伟 …………… 65

　四、白诗——俊才达士的通脱自在 …………………… 71

　五、以韩白为坐标看中唐诗坛的分野 ………………… 76

第六章　晚唐绮艳诗歌与穷士诗歌 ……………………………………… 79

　　一、晚唐诗歌之变与诗人群体的划分 ………………………………… 79

　　二、晚唐穷士诗人的歌唱 ……………………………………………… 82

　　三、心灵世界与绮艳题材的开拓 ……………………………………… 88

第七章　政治对李杜诗歌创作的正面推动作用 ………………………… 99

　　一、唐前期的政治与李杜的理想 ……………………………………… 99

　　二、进入朝廷——大诗人的高层政治体验 …………………………… 102

　　三、后期——侘傺去国更不可没有政治的拨动 ……………………… 104

　　四、从给予创作的推动作用看诗歌高潮期的时代政治特征 ………… 110

第八章　唐代山水田园诗 ………………………………………………… 115

　　一、唐代山水田园诗创作的社会生活基础 …………………………… 115

　　二、王孟韦柳山水田园诗的一般情况 ………………………………… 116

　　三、王孟山水田园诗的风貌特征 ……………………………………… 121

第九章　唐代边塞诗 ……………………………………………………… 130

　　一、唐代边塞诗的一般情况 …………………………………………… 130

　　二、战士之歌和军幕文士之歌 ………………………………………… 133

第十章　唐代叙事诗与叙情长篇 ………………………………………… 145

　　一、叙事诗 ……………………………………………………………… 145

　　二、叙情长篇 …………………………………………………………… 152

第十一章　几种主要诗体的艺术风貌 …………………………………… 167

　　一、唐诗的分体 ………………………………………………………… 167

　　二、古体诗 ……………………………………………………………… 169

　　三、近体诗 ……………………………………………………………… 173

附录　文体交融与唐代诗文的变化革新 ………………………………… 183

　　一、诗格之变与文格之变 ……………………………………………… 183

　　二、中唐诗文互动的新形势与"以文为诗" ………………………… 192

　　三、既是变局又是开局 ………………………………………………… 200

参考文献 …………………………………………………………………… 202

后　记 ……………………………………………………………………… 206

序

我从未为人写过书序，这是第一篇而且极可能是唯一的一篇。按照请名人作序以增书的身价的传统风气和时尚，我自然不是作序的合适人选，但恕诚却执意要我来写。我想，这纯粹是一种纪念，一种对我们之间三十馀年共事相知情谊永远不能忘却的纪念。

我和恕诚相识于 1963 年。70 年代中期以来，又长期合作进行李商隐诗文的整理研究，迄今已有二十馀年。从 80 年代初开始，恕诚将相当一部分精力投向对唐诗风貌及其成因的潜心研究，有计划地撰写了十多篇很有分量和创见的系列论文，其中发表在《文学遗产》的就有六篇。这本《唐诗风貌》就是在上述论文基础上拓展、加深、提炼而成的专著。恕诚的每一篇论文，我差不多都是它的第一读者。在切磋讨论中不但学术上获益良多，而且更增进了对他人品、文品的了解与推服。书中不少章节，写在十多年前，但时至今日，当年初读恕诚文稿时那种先得我心的欣喜，那种新意突现对自己的启发，犹历历在目寓心。当"缘分"一词已经被用得近乎熟滥的时候，我倒觉得，我和恕诚之间三十馀年合作共事的亲密情谊，确实是称得上有缘甚至投缘的。从这方面说，我又是当仁不让的为他的书作序的最合适的人选。

唐诗研究一直是古代文学研究的大热门。千馀年来，著述如林，佳构间出。要想在这样一个领域作出成绩，必须绝去浮躁，在长期潜心研究中确有创获，并具有自己的特色。这本书对唐诗总体风貌及各个时期、各个重要诗人与诗派、各种体裁风貌的准确把握和细致辨析，固然很见功力，但著者的主要着眼点和用力处，却不止是对唐诗风貌的描述，而是对风貌成因的深入探讨。书中特别注意在诗歌风貌与社会生活之间，寻找中介，联系特定文化背景、诗人生活与创作心态，探讨某种诗歌风貌形成的基因，而且这种探讨，常能发人之所未发。比如初唐诗歌经历近一个世纪的缓慢演进方出现盛唐诗歌高潮的原因，前人与时贤已从多方面进行过分析探讨，仿佛已再难深入挖掘。本书第三章《初唐诗坛的建设与期待》却揭示出关键的原因是在初唐思想文化背景下，诗人的性情还未充分发展,因而纵使四杰、陈子昂已提出风骨兴寄并有所建设,但仍必须等到开元之世,从各方面为诗人性情的健康发展与高扬提供最佳思想文化土壤与气候,方能出现大潮涌起、群星灿烂的局面,这不但从创作主体心态个性的变化方面揭示出由初入盛的根本原因,而且实际上揭示了盛唐气象内涵的一个本质方面。又如政治对李、杜诗歌创作的影响,建国以来许多有影响的论著,往往从一时一地着眼,过多强调它的负面影响,本书第七章则密切结合李、杜的创作历程,指出进入朝廷的高层政治体验对其政治心理的变化发展和诗歌创作所起的深刻长远的正面推动作用,并从此引发出"对中国诗歌而言,政治之渗入与否,跟诗歌是否达到高层次常相联系"这样一个带有普遍性的结论。这对一个时期以来,古典文学研究中淡化政治对作家作品的影响是一种纠正补偏。再如唐代边塞诗,过去多从所反映的内容及所采用的形式作一般的分析,本书第九章则注意到王昌龄、李白等人以一般征人口吻写出的边塞诗与岑参、高适等军幕文士所创作的以自我抒怀为主的边塞诗的不同,进而以此为切入点,揭示出军幕文士与代征人抒怀的诗人在生活体验和创作心理基因上的区别,并分析了两类边塞诗的各自的优长与不足。此章内容80年代中期以论文形式发表,对后来一些学者研究唐代幕府与文学的关系起过带动作用。中唐韩、白两大诗派,风貌殊异,如仅作一般描述或单纯从各自的艺术追求动机着眼分析其原因,都不免表面,"通俗诗—庸俗诗(软体诗)—硬体诗"的演进过程更属违反实际状况的臆想。本书第五章则从中唐进士集团内部不同政治、思想作风的两大类诗人入手,考察韩、白分别代表了通之于儒学政教的雄桀瑰伟与具有俊才达士的通脱自在的两种类型人物的不同思想经历与心态,从而揭示了两派诗歌风貌殊异的根源,并以此为坐标给整个中唐诗坛划出了主要分野。唐诗各种体制的风貌,本书第十一章有细致辨析,又在第十章中别立"叙情长篇"一节,集中讨论李、杜、韩等大诗人所创作的一大批以叙述为主要表现手段而旨在抒写丰富复杂、汪洋浩瀚的感情波澜的碧海掣鲸之作,不仅在唐诗分体风貌研究上是一种更细致深入的创辟,而且对这类长篇巨制出现的特定文化背景和诗人的创作心理动因也作了深刻的论述。

作者认为,中国古代诗歌的潮起潮落,从根本上看,是受民族精神变迁支配,诗史研究不可缺少的一环是必须深入探寻各个时期的民族性情特征。这个基本观点,不仅体现于上举各章的专题分论中,而且集中体现在头两章带有总论性质的论述中。论唐诗对时代反映的深度、广度及其所表现的生活美,特别注重有唐一代士人的精神风貌、胸襟气质。而对唐诗的整体刚健特质作追本溯源之论,又特别注目于魏晋南北朝直至隋唐这一漫长的民族大融合过程所带来的胡汉诸民族精神文化的摩荡和融合及雄强之气的注入,从而对唐诗阳刚之美在气象、内质、情态方面的突出表现作出有力的说明。

恕诚为人,既恕而诚。他给人的突出印象也往往是其严谨谦逊、朴质淳厚的一面。但他的文章,却反映出其内在的灵秀和颖悟。书中经常有经过深思熟虑而发的精辟新警之论和由具体论述生发升华的带普遍性的结论,更有许多对具体作品的深刻独到感悟和文采纷披的诗意表述,后一方面在本书的首章中表现得尤为淋漓尽致。

我不敢自诩为恕诚学术上的真知音,但我相信,这本对唐诗风貌作文化学、文艺心理学阐释的专著会随着时间的前进而显示出它的独特价值。

刘学锴

1997 年 8 月 22 日

弁　言

　　风貌一词,较早用于对人物的品评,①与"体貌"意思相近。唐皎然《诗式》在论诗体(体貌)时,将它用在文学批评的文字中,②意思也是指作品的体貌。皎然随后云:"风律外彰,体德内蕴。"讲诗体(体貌)的内外关系,同时也可以视为是从生成意义上对"风貌"的解释。今天,我们不妨把风貌理解为作品内在思想情感与外在艺术特征的综合表现。同时,不仅把风貌用于对具体作品的把握,亦扩展用于对作家流派、文体,乃至一个时代文学特征的认识与品评。

　　唐诗有不同于其他时代诗歌的总体风貌特征,唐诗内部不同阶段、不同诗体、不同作家或流派又各有其独特的风貌。本书将有重点地介绍唐诗有关方面的一些风貌特征,但不过多加以描述,而是努力在诗歌风貌与社会生活之间,探寻其中介,对社会的文化背景、时代心理、诗人的情感体验予以注意。重点结合唐代文学精神对形成有关风貌特征的原因进行深入探讨,以见唐诗所取得的伟大成就,与我们民族在特定社会历史条件下,所具备的积极健康的精神气质密切相关,从某种意义上可以说是对唐诗艺术的文化学阐释,进而把对唐诗的审美,引向对唐代文化精神的吸收与借鉴。笔者自知这是一项很不容易做好的工作,希望学者们在匡正本书的粗浅和错误的时候,把此项研究再向前推进一步。

---

①晋张华《博物志》卷六:"初(王)粲与族兄凯避地荆州依刘表。表有女,表爱粲才,欲以妻之,嫌其形陋周率,乃谓曰:'君才过人,而体貌躁,非女婿才。'凯有风貌,乃妻凯。"

②《诗式·辨体有一十九字》:"夫诗人之思初发,取境偏高,则一首举体便高;取境偏逸,则一首举体便逸。情性等字亦然。体有所长,故各功归一字。偏高偏逸之例,直于诗体篇目风貌,不妨一字之下,风律外彰,体德内蕴,如车之有毂,众辐归焉。"《诗式·取境》云:"成篇之后,观其气(一作风)貌,有似等闲,不思而得,此高手也。"

第一章　唐诗对时代的反映
及其所表现的生活美与精神美

　　诗史研究上的唐宋诗之争,尽管意见歧出,但唐诗以情韵胜,宋诗以意理胜,却已大致得到公认。① 又,明人何乔远可算宋诗派,但对唐诗亦非常推重,谓其"上自浑灏,下及鄙俚,一凡人情物态可以敷饰风雅者,无不点染"(《郑道圭诗序》)。文学接受过程中人们对一个时代诗歌的评价,实质上就是对这个时代诗歌风貌(总体或局部)的一种认识和把握。以上所引述的看法,在对唐宋诗的比较和品评中,揭示了唐诗一个方面的重要风貌特征——反映社会生活的深广与唐人在将丰富的生活体验化为精神产品时超胜于其他时代的诗美。对这一特征,本章将予以阐述。其中,唐诗反映社会生活的深广比较易见,尽量说得简略一些,而唐诗极富情韵,表现出特有的生活美和精神美,则打算介绍得细致一些。

一、唐诗对时代反映的广度与深度

　　"李杜操持事略齐,三才万象共端倪。"(《漫成五章》其二)晚唐诗人李商隐曾这样高度评价李白和杜甫,认为他们的诗歌使天地人(三才)和宇宙万物的面貌都显现于诗中。李、杜固然是唐代诗人之首,其诗歌反映的范围包罗万象,而唐代在李、杜之外,尚有大批优秀诗人,他们都从一两个方面或多方面对其时代生活和周遭世界作了反映。五万首唐诗,其现实内容与题材之广前所未有,已得到了学界的公认。不过　般文学史类专书多注意于唐诗对社会诸方面实际生活和事物的反映,就事论事者多。本章则想在谈对实际生活反映的同时,兼及唐诗对唐人精神生活的反映。尽管精神生活归根结蒂是在实际生活中表现出来的,但在介绍的时候,不妨把它稍稍离析出来,以便从一个侧面看得更为清楚

---

① 钱锺书《谈艺录·诗分唐宋》:"唐诗多以丰神情韵擅长,宋诗多以筋骨思理见胜。"缪钺《诗词散论·论宋诗》:"唐诗以韵胜……宋诗以意胜。"

一些。

唐诗反映了唐人丰富的精神生活。从东汉末经魏晋南北朝到隋唐统一以前，长期分裂动荡，中国境内各民族大迁徙、大融合，江南地区的开发，中原文化和长江流域文化的融合，各民族间文化的交流与融合，使唐人精神文化展开在一个较之秦汉时期内涵要繁富得多的背景之上。唐帝国经济的繁荣，国力的上升，文化的昌盛，对儒释道三教以及各学派采取兼包并容的政策，这一切又使唐人的精神生活处在相对自由活跃的状态，可以多方面吸取，自由发展，因而唐人精神活动的天地是广阔的，精神生活内容空前丰富。

唐代是一个健康的、富有活力的时代。这个时代，特别是唐前期，主导面是积极向上的。唐诗反映了唐人重视事功、富有理想、胸怀开阔、热情豪迈的总体风貌。"宁为百夫长，胜作一书生"、"大笑向文士，一经何足穷"的事功精神；"济苍生，安黎元"、"致君尧舜上，再使风俗淳"的崇高理想；"登高丘，望远海"、"黄河落天走东海，万里泻入胸怀间"的广阔胸襟；"三杯吐然诺，五岳倒为轻"、"一生大笑能几回，斗酒相逢须醉倒"的豪气和热情，这些，作为一个时代精神风貌的主调，在唐诗中都得到充分的体现。

唐诗具体地、细致地反映了唐代各种类型人物精神生活的各个侧面。李白式的对权贵的蔑视和傲岸；杜甫式的对国家和人民的忧念；王维、孟浩然式的希企隐逸、爱好自然；岑参、高适式的负气横行、向往边疆；乃至像"朝扣富儿门，暮随肥马尘"那种旅食京华的辛酸；"慈母手中线，游子身上衣"那种游子恋母的心情；"少小离家老大回，乡音无改鬓毛衰"那种告老回乡的感慨；"春风得意马蹄疾，一日看尽长安花"那种科场获胜后的狂态；"低头向暗壁，千唤不一回"那种新婚的羞涩；"玉颜不及寒鸦色，犹带昭阳日影来"那种宫女失宠的哀怨；"春蚕到死丝方尽，蜡炬成灰泪始干"那种苦恋；"心将流水同清净，身与浮云无是非"那种宗教情绪，无不一一呈露，情态毕肖。

唐代文人处在当时的文化背景之下，加以大部分来自庶族地主阶层，成员具有广泛性和流动性，形成了一个与前代很不相同的新型的知识分子群体，他们的思想观念有许多新的特征。比如在出处方面，表现出前所未有的关怀现实、参预政治的热情。"终愧巢与由，未能易其节"（杜甫《自京赴奉先县咏怀五百字》），语气很谦逊，但要效法稷契的用世之志却表现得非常坚决。在获取功名的途径上，耻于因人成事，以荫授官也不被人过分羡慕，而是普遍重视进士科的拚搏，甚至乐于到边疆和战场上去寻求出路。沈既济在《词科论序》中云："开元之后，四海晏清，无贤不肖，耻不以文章达。"（《全唐文》卷四七六）杜甫悼念严武时说："历职匪父任"（《八哀诗·赠左仆射郑国公严公武》），言其凭才能自可得官，不尽由门荫。武后时名相薛元超一生有三恨，而入仕"不以进士擢第"为首恨。可见唐人在出身方面的企羡由门第转向进士。至于"功名只向马上取，真是英雄一丈夫"（岑参《送李副使赴碛西官军》）、"男儿何不带吴钩，收取关山五十州"（李贺《南园》其五），则更见唐人在文与武的抉择中对武的企羡。在知和行的关系方面，唐人重视实际知识，重视经世致用。李白嘲笑鲁儒："问以经济策，茫如坠烟雾。"（《嘲鲁儒》）可以说无论是汉代的经学，还是魏晋玄学，都被唐人丢开了，而代之以政治、军事、经济、文化等项更为有用的真本领和实际行动。此外，在伦理观、君臣观、门第观、尊卑观、妇女观、民族观、宗教观等方面，都发生了重大变化，或较其他时代开放。① 唐诗在有关题材中往往不自觉地反映出观念的变革，后世读者从唐诗中总是突出地感到唐人的思想空前活跃。

　　唐代是一个开放的社会，唐人的言行较少伪饰和拘束。一些在后代人那里羞于自我暴露的话，他们能够坦率而勇敢地写进诗里。如杜甫交待他在京城里干谒乞求的情形："朝扣富儿门，暮随肥马尘。残杯与冷炙，到处潜悲辛。"（《奉赠韦左丞丈》）在《自京赴奉先县咏怀五百字》中又以他所享受的特权和平民对比："生常免租税，名不隶征伐。抚迹犹酸辛，平人固骚屑。"李白得到玄宗召他进京的诏命时，在诗中毫不掩饰自己的狂喜："仰天大笑出门去，我辈岂是蓬蒿人。"（《南陵别儿童入京》）宋人批评他浅薄。虽或许有其浅，但绝不伪饰。元稹写他对其恋人始乱终弃，白居易写他老来放走歌女时，如何勉强无奈。韩愈说跟孟郊相比，自己奸黠而善于混世。又在《符读书城南》中为勉励其子用功时说："一为马前卒，鞭背生虫蛆。一为公与相，潭潭府中居。"元、白、韩愈的这些行为动机并不高尚，后人时有讥议，但值得注意的是元、白、韩愈很坦然地把他们的所行所想写进诗里。"明月直入，无心可猜"（李白《独漉篇》）。唐人无论对人对

────────

①伦理观：如柳宗元《六逆论》针对传统以为逆的"贱妨贵，远间亲，新间旧"进行批驳。杜佑将妾扶为正室，受诰封，在时人眼里仍然是德高望重的大臣。君臣观：如李白向往比较平等的君臣关系。杜甫对他"天子呼来不上船"的行为表示欣赏。尊卑观：如李白云："钟鼓馔玉不足贵"、"安能摧眉折腰事权贵"。妇女观：唐代对妇女限制相对放松，武则天以女主临朝，革唐命，在其他朝代殆不可思议。唐代公主改嫁，即使多次，史书均不隐讳，可见礼俗上在这方面是不大限制的。民族观：唐人民族界限观念淡薄，不大强调华夷之辨。唐初史家修南北朝史时，对南北基本上一视同仁。宋人范祖禹对唐代皇帝给少数民族的功臣赐"李"姓则不能容忍。宗教观：不仅朝廷对儒佛道三教兼包并容，唐代文人也往往同时采纳好几种宗教思想，陈陶自称"三教布衣"，白居易宣称"上遵周孔训，旁鉴老庄言"（《遇物感兴因示子弟》）、"外服儒风，内宗梵行"（《和梦游春序》）。

己都比较爱讲真话，并不多戴面具。因此，唐诗把唐人精神领域里的正与反、是与非、利与害、廉与贪、进与退、出世与入世、勇敢与怯懦、庄严与滑稽、崇高与卑下，都一一展示出来，这使唐诗对于时代精神生活的体现更为深刻丰富。

　　唐诗反映了唐代丰富的社会生活。中国古典诗歌以抒情诗为主，从主导方面看，它是主体情感的表现，而不是对周遭世界的再现。唐诗的抒情性不比前代弱，对现实的反映也大大加强了。唐人热爱生活，重视事功，对现实社会生活特别关注。他们的绝大多数诗篇，不是吟玩风花雪月、无病呻吟，而是对现实生活的认识、感受和评价，因而通过抒情，自能把读者带进他们感情所拥抱的世界。另外，写法上，唐人不仅在乐府诗中发扬了反映时事、反映现实的传统，而且在五古和七古中加强了叙述的因素，注意叙事和抒情的结合，也大大地增强了诗歌的现实性和社会性，从《全唐诗》可以看出，它对当时社会生活的各个方面均有所反映。唐诗的触角伸展到生活的每一个角落，无论是陆海山川、村落城镇、驿楼寺观、士农工商、僧道妇儒，还是社会各阶层、南北各民族的生活、重大的现实政治斗争、历史题材，无不加以描写，在诗歌这样一种文学体裁的作品中，反映这么广阔的社会生活，不仅前所未有，亦且后所未见。也许我们很难轻而易举地拿《全唐诗》和《先秦汉魏晋南北朝诗》、《全宋诗》等进行比较，但不妨就一些断代的诗歌选本加以对照，那将会帮助我们清楚地看到唐诗对社会生活反映的深度和广度在其他时代之上。像安史之乱那样在规模和范围上可以与之相比甚至超过它的历史事件，在许多朝代都曾发生过，但迄今中国诗史上没有任何一个时期像当年反映安史之乱那样，留下那么多名篇。

　　唐诗反映时代生活所以特别深广，与诗人们积极地干预当时社会生活有关。许多诗歌触及了统治阶级和被统治阶级之间的对立和种种重大社会矛盾，诸如统治者的横征暴敛、穷奢极侈、拒谏饰非、黜贤用奸，以及农民、手工业者被剥削、被压迫的痛苦。这些诗篇不仅数量多，而且比前代作品具有更大的批判力量。宋人洪迈云："唐人诗歌，其于先世及当时事，直辞咏寄，略无避隐，至宫禁嬖昵，非外间所应知者，皆反复极言，而上之人亦不以为罪。如白乐天《长恨歌》讽谏诸章，元微之《连昌宫词》，始末皆为明皇而发。杜子美尤多，如《兵车行》、前后《出塞》、《新安吏》、《潼关吏》、《石壕吏》、《新婚别》、《垂老别》、《无家别》、《哀王孙》、《悲陈陶》、《哀江头》、《丽人行》、《悲青阪》、《公孙舞剑器行》，终篇皆是。其他波及者……不能悉书。……此下如张祜赋《连昌宫》、《元日仗》……等三十篇，大抵咏开元、天宝间事。李义山《华清宫》、《马嵬》、《骊山》、《龙池》诸诗亦然。今之诗人，不敢尔也。"（《容斋随笔·续笔》卷二）"直辞咏寄，略无避隐"，当然说得绝对了一点，但唐代诗人敢于谴责权臣贵戚、抨击封建制度的腐朽，有时甚至把矛头指向最高统治者，却是事实。一些进步诗人既敢于大胆揭露，又善于细心观察，深入解剖。"朱门酒肉臭，路有冻死骨"，这样惊心动魄的名句，至少在客观上反映了封建社会阶级剥削、阶级对立的本质。

唐诗反映社会生活面之广与反映时代主旋律是统一在一起的。宋人继唐之后，在唐人已有的题材之外，还有不少扩展。"凡唐人以为不能入诗或不宜入诗之材料，宋人皆写入诗中，且往往喜于琐事微物逞其才技。如苏、黄多咏墨、咏纸、咏砚、咏茶、咏画扇、咏饮食之诗，而一咏茶小诗，可以和韵四五次。"（缪钺《论宋诗》）宋人吟咏的范围的确相当广阔，特别是对日常生活和文化生活方面的开拓，应予以肯定。但"喜于琐事微物逞其才技"的另一面，是往往把社会历史、人民生活中的一些大事忽略了或有意避开了。北宋出了不少优秀诗人，但对时代生活主旋律的反映远不如唐诗突出。"唐诗的时代感越鲜明，他的生活气息也就越浓厚。"（林庚《从唐诗的特色谈起》）同样都可以说是面向生活，宋代诗人在对书卷的把玩、在亭园客堂、在文人起居饮食、日常琐事方面花费的笔墨似乎太多，而唐诗则更多地面向整个社会。时事、政治、边疆、市井、民间的欢乐与痛苦、征夫思妇的哀怨与忧伤是唐诗最习见的题材，因此唐诗可以说是以最宽广的渠道通向时代社会生活的主潮，同时也就非常敏感地反映着时代的主旋律。

二、唐诗所表现的生活美与精神美

上一节我们分析了唐诗反映时代精神生活与社会生活所达到的广度与深度，其中固然已经可以见出唐诗的非凡成就，但唐诗的魅力历久不衰，而且越过语言障碍走出汉语世界，走向东亚，走向西欧、北美，受到全世界人民的喜爱，成为人类共同的精神财富，则不仅由于它的巨大认识意义，同时还在于它在反映中国七至九世纪社会生活与精神生活时，带有独特的"丰神情韵"，充分地表现了唐人的生活理想与精神追求，具有丰富的生活美与精神美。对此，本节将详细地予以介绍分析。

文艺表现人们生活美和精神美的问题，在人类艺术发展史上是自始至终都存在着的。本节之所以就唐诗着重加以讨论，是因为唐诗以前所未有的艺术力量，反映了中国封建社会在它繁荣昌盛期所呈现出来的生活美，也表现了这样一个时代中人们比较健康昂扬的精神状态。尽管唐代社会本身也有走下坡路的时候，有如杜甫所讲的"万方多难"的时代。但由于这种时代是紧接在"一百四十年,国容何赫然"(李白《古风五十九首》其四十六)的盛世之后的,盛唐的精神文化影响仍然极为深刻,人们的胸襟气质还是跟其他时代不同,还有幻想、有希望,甚至觉得盛世还会再来。这时候,生活在人们的感受里即使是惨淡的,也还能够有力地拨动人们的心弦,使人们为之激动、为之歌唱,而一般不致对它麻木不仁。因而,唐诗所表现的生活美和精神美显得更加元气淋漓。在这方面,至今还是不可企及的范本,还能继续给我们美的享受,鼓舞人们积极地、正确地对待生活,同时从艺术的角度能给我们今天的创作以许多有益的启示。

唐代那样一个兴旺发达的社会,生活本身就容易激起人们的诗情,而在时代精神的影响下,这一时期的诗人又往往更多地带着一种诗意的眼光看生活,因而即使是在平常的、习见的生活中也发现了丰富多彩的美。但处在经济高涨中的唐人生活,在诗中一般地并不表现为平静、小康和满足。即使是日常的和平环境中的生活,在诗人的笔下,也往往显得浪漫而开展。人们的精神、情思,不是像秋水般的沉静,而是像春水般的不安于平地,寻找浩瀚的海洋。在那春潮般涨满的生活江面上,烟云缭绕,浮动着一种热烈的情绪,一股深情的期待和展望。张若虚的《春江花月夜》表现的就是人们在和平岁月里的生活感受和情思。诗中带有一点惆怅和迷惘,但这种情绪不同于"月儿弯弯照九州,几家欢乐几家愁"一类沉重的叹息,它不是反映为生活的苦难,或者枯燥、贫瘠,而是产生在对生活、对自然如梦如痴的陶醉和进一步追求的基础上。现代作家朱自清的名作《荷塘月色》也曾描绘过一个美好的月夜,但它让人感觉全局是压抑的,只有那很小的一点空间和时间是自由的。而《春江花月夜》从自然境界到人的内心世界都不受任何局限和压抑,向外无限扩展开去。人们面对着浩渺的春江、海潮,面对着无边的月色、广阔的宇宙,萦绕着绵长不尽的情思,荡漾着对未来生活的柔情召唤。人们的思索、追求、期待、召唤,表面上是由春天的良辰美景惹起,被春天的旋律催动,似乎跟具体的物质因素距离比较远,实际上却是那个健康发展的时代生活带来的,是时代生活的美的折光。王维的《春中田园作》也取材于和平环境中的日常生活,诗中写新春欣欣向荣的景象,写人和生物愉快地迎接春天。在这种背景下,诗人"惆怅思远客",感慨世间还有人不能享受生活之美。这与《春江花月夜》的追求,本质上是一致的,乃是希望生活更圆满、更理想、更无缺憾。诗中"归燕识故巢,旧人看新历"两句,反映生活在自然地、和平地更替与前进。丝毫没有叹息流年的情绪,而是在新的时间内容面前,在旧有的基础上,憧憬美好的明天。

《春江花月夜》和《春中田园作》所表现的对于生活的感受,还包含着自然所给予人们的美感。这种感受，和生活中的其他因素是水乳般地交融在一起的。"阳春召我以烟景，大块假我以文章"（李白《春夜宴从弟桃花园序》），反映了在唐人心理上，自然和人已经以近乎对偶的关系结合了起来。人们觉得在自然身上发现了美，也就等于在自己生活中发现了美。王维的《辋川集》写自然景物，同时也就是抒发对辋川生活的感受。王湾的名句"海日生残夜，江春入旧年"（《次北固山下》），面对自然景色，不仅油然生起春日和黎明到来的愉悦感，甚至还感受到了某种时代春天的消息。自然景物和生活感受的诗意的结合，是唐代山水诗的突出特点。许多诗人，正是把自然美作为生活中一种美好因素加以表现的。

日常的送行和离别题材也被进一步诗化了。唐人赠别诗极多佳什。"无为在歧路，儿女共沾巾"（王勃《送杜少府之任蜀川》），他们并不一味抒写离别之苦，而多将送别时的环境美和情意美有机融合，构成富有诗意的离别。"惟有相思似春色，江南江北送君归"（王维《送沈子福归江东》），十四个字同时包含着这两方面的因素。李白《金陵酒肆留别》依依惜别中融合着愉悦感，柳花飞絮，酒肆飘香，劝酒的吴姬，相送的金陵子弟，"欲行不行各尽觞"的送别场面，可与江水比长短的别情别意，几种因素汇合在一起，像把别离酿成一杯醉人的美酒，引起人们对盛唐时期生活风调的无限遐想。王维的《相思》，写的是别后的思念，情和物都优美动人。"劝君多采撷，此物最相思"，红豆红中带黑，晶莹鲜艳，色调是寂寞沉静中带着热情和希望，确实可作为思念之情的象征。多采红豆，即表明思念之深。渴望对方不断采摘，把他的思念化为一粒粒珍珠般的红豆，就显得这种思念更富有诗意。

因为是那样一个比较单纯、健康的社会，从日常社交关系中，也常常表现出一片淳朴的情谊。孟浩然的《过故人庄》，寓深挚的友情于极为淳淡的色调和气氛之中。白居易的《问刘十九》，一方面写出绿蚁新酒、红泥火炉和黄昏欲雪；一方面写出渴望与刘十九把酒共饮的深情期待。生活中这种物质性因素和精神性因素相结合，显得特别令人心醉和神往。

对于生活的歌颂，爱情是一个重要的领域。爱情生活反映在唐诗里，有着更加鲜艳的色彩、更加炽热的情感。六朝民歌《杨叛儿》："暂出白门前，杨柳可藏乌。欢作沉水香，侬作博山炉。"到李白笔下发展为八句："君歌《杨叛儿》，妾劝新丰酒。何许最关人，乌啼白门柳。乌啼隐杨花，君醉留妾家。博山炉中沉香火，双烟一气凌紫霞。"后者显然更带唐代浪漫生活气息。它一开头就出现了唱歌劝酒的场面，中间明确写出醉留，最后两个七言长句用双烟升腾作比喻，把男女欢会写得尤为炽热。刘禹锡的爱情诗，不用乐府旧题，直接在民歌基础上加工，民间和地方色彩显得更浓：

> 春江月出大堤平，堤上女郎连袂行。唱尽新词欢不见，红霞映树鹧鸪鸣。

　　　　　　　　　　　　　　　　　　　　　——《踏歌词四首》其一

女郎连袂结伴，用情歌挑引男方，这在中原地区是见不到的。从月出唱到霞升，对方仍躲着不见。所见者却是红霞映树、鹧鸪双鸣。情郎和环境都似乎在作弄女子，但这些又并不构成什么实质性的痛苦，相反使得这幕爱情喜剧格外曲折和富有情味。

　　唐诗对日常习见的种种生活内容的描写，无疑已经是富有诗意甚至是带有浪漫色彩了。但是，对于唐人来说，这样一个生活范围也许还显得平凡和局限了。由于物质文化生活的全面高涨，他们的精神需要有更广阔、更自由的天地供其驰骋。他们把一些更能使精神兴奋的生活看得更有兴味、更合理想。

　　唐代士大夫的生活就往往比人们的日常生活来得放任，有许多浪漫事迹。唐诗在处理这类题材时，也不把它们与日常生活平等看待。杜甫的《饮中八仙歌》写了贺知章等八人嗜酒的醉态和各自的特点。他们代表了一种时代、一种生活。这种生活在酒的帷幕下，把权位、礼法、宗教戒律等等，都排斥到一边去了，人的精神变美了，才华焕发了。他们的浪漫不是表现为生活的变态，而是让人感到愉快。特别是像草圣张旭，在王公面前脱帽露顶，挥毫落纸；像李白，在天子面前倚酒放狂，都足以博得社会的轰动和快感。酒中八仙的生活，可以说是一幅带着夸张色彩的盛唐士大夫生活的招贴画。李白的《襄阳歌》是李白自己的醉歌，它用醉汉的心理和眼光看周围世界，实际上是用更带有诗意的眼光来看待一切、思索一切。诗人用直率的笔调，给自己勾勒出一个天真烂熳的醉汉形象："落日欲没岘山西，倒著接䍦花下迷。襄阳小儿齐拍手，拦街争唱《白铜鞮》。旁人借问笑何事，笑杀山公醉似泥。"这种场合，大家都很开心。李白像儿童一样天真和愉快，儿童和观众也好像被李白传染得有点醉了。这种醉正反映了那个时代的生活气氛。

　　最能表现唐人生活浪漫和传奇色彩的，要算边塞诗了。岑参等人对天山、热海、大风雪、大沙漠和边疆战争的描写，在古代诗歌领域里，开辟了前所未有的美学境界。其对塞外飞雪、丝绸之路，乃至边关重镇的歌咏，像"忽如一夜春风来,千树万树梨花开"(岑参《白雪歌送武判官归京》)、"无数铃声遥过碛,应驮白练到安西"(张籍《凉州词三首》其一)、"凉州七里十万家,胡人半解弹琵琶"(岑参《凉州馆中与诸判官夜集》)),都极富边疆特色,表现了诗人对边塞生活和风光浪漫而新鲜的感受。只要对比魏晋南北朝时代的某些作品,如蔡琰《悲愤诗》"边荒与华异,人俗少义理。处所多霜雪,胡风春夏起。翩翩吹我衣,肃肃入我耳",以及《陇头歌辞》中"朝发欣城,暮宿陇头。寒不能语,舌卷入喉"(宋郭茂倩编《乐府诗集》卷二十五)等一类描写,就可看出唐人眼里的边塞生活,与其前人距离是多么遥远了。描写战争的,如王昌龄的《从军行》(大漠风尘日色昏),以新颖的构思,写中军还没有投入战斗,敌酋已为前军所俘。只要稍加想象,三军欢呼雷动的戏剧性场面,就在目前。又如卢纶的《塞下曲》其三:"月黑雁飞高,单于夜遁逃。欲将轻骑逐,大雪满弓刀。"月黑雁飞,追兵逐北,凌厉无比的边塞风雪,扑向长弓大刀,像是给这支轻骑劲旅壮行色,更显出我军无比的声威。它不是令人望而生畏,而是让人无限向往"大雪满弓刀"的军事行动。这些诗都是把战斗生活传奇化了。

　　生活的形态是丰富多彩、不断变化的,边塞一类作品,以及唐诗对上述种种色调比较明朗的生活现象的描写,它们的生活美总的来说,还是比较显而易见的,这时的生活美和"美的生活"几乎是同义语。但客观上,生活并不都是这样的,特别是像盛唐那种生活,毕竟只是一个阶段。安史之乱以后,唐代社会生活发生巨大变化,原有的那些形态的美受到了破坏,美在生活中的比重,无疑是下降了。这时现实生活还有没有美,文学艺术还能不能反映出生活美呢?唐诗令人信服地回答了现实生活中仍然有美,而且可以用激动人心的艺术力量表现出来。似乎,生活就像一位美人,在盛唐时期她的境遇是好的,她无忧无虑,以盛妆的姿态出现在人们面前。这时,她的美容易被人发现,人们也很容易如醉如迷地在她面前膜拜。但是到了安史之乱以后,到了乱离时代,生活这位美人被践踏了,她营养不足、蓬头垢面、颜色憔悴,身上有些地方甚至还在流血、溃烂。这时的生活,接受着人世炎凉的考验。站在她面前的可能有两种艺术家:一种人很冷漠地加以描摹,甚至用展览脓血污秽来代替对生活整体的描绘,使人看了,从感情上嫌弃她;但是另一种艺术家,怀着高尚的情操,还是发现并且描绘出了她内在的美。这些艺术家并不回避掩盖在她身上的脓血和垢腻,但能于描写中显示出这些反常的东西不应该是属于她的,而应从她身上洗涤和清除掉。唐代安史之乱之后,以杜甫为首的一批诗人多半属于后一种。他们在缺少亮色,乃至乱离苦难的生活面前,就是这样地作了反映。不过,他们这时所表现的生活美已不再是"美的生活"，而是生活中某些美的成分、素质或品格，通过作家的审美处理，所给予人的美的感受。

安史之乱中，人们承受着牺牲，用血肉捍卫了祖国的统一。尽管这场斗争付出的代价是惨重的，但杜甫等诗人怀着对人民崇敬的心情，从斗争中发掘了悲壮的美。这和其他时代有些诗人对战争的描写对比是很鲜明的。同样是败仗，宋代苏舜钦的《庆州败》写敌我双方接触后："我军免胄乞死所，承制面缚交涕洟。逡巡下令艺者全，争献小技歌且吹。其馀劓馘放之去，东走矢液皆淋漓。首无耳准若怪兽，不自愧耻犹生归……"一场丧师辱国的悲剧性的历史事件，被展览滑稽和丑陋代替了。有的文学史称赞它"揭露得不留馀地"，但揭露的主要是不肯在敌人面前卑躬屈膝地献丑的多数战士。杜甫的《悲陈陶》就不同了："孟冬十郡良家子，血作陈陶泽中水。野旷天清无战声，四万义军同日死。群胡归来血洗箭，仍唱胡歌饮都市。都人回面向北啼，日夜更望官军至。"用郑重的笔墨大书这一场悲剧性事件的时间和牺牲者良家子的身份，渲染战场和长安的惨痛景象。让读者从战士的牺牲中，从天地肃穆的气氛中，从人民悲哀的心底上，感受到一种悲壮的美。听着杜甫的长歌当哭，人们就仿佛站在英雄纪念碑面前。李贺的《雁门太守行》也是这类诗中的杰作，全篇围绕最后一句——"提携玉龙为君死"，层层进行渲染。与杜诗在黯淡肃穆中显出的悲壮美不同，它是像唐三彩一样色调璀璨而热烈，让人们透过浓彩重墨去感受那种战斗生活和牺牲的壮美。

杜甫等人写自身在乱离中的生活和感受的时候，一方面很悲，甚至悲得痛入骨髓，另一方面常常带着某些憧憬或温存的插曲。在悲感中又有一阵阵温暖的回流，让读者在复杂的感情冲动中，更加激起对美好生活和事物的向往。他的《彭衙行》、《赠卫八处士》，在乱离的大背景中出现了"暖汤濯我足，剪纸招我魂"、"夜雨剪春韭，新炊间黄粱"这种暂时的温存。这是泪水中的微笑、辛苦中的微甜，但并没有冲淡作品所要给予人的总的乱离感。《北征》在"所遇多被伤，呻吟更流血"、"夜深经战场，寒月照白骨"的背景中，插入对深山中可欣可喜的景物刻画。归家一段，一面极为逼真地写出在战乱中一家人悲凉的心理和凄寒的境遇，一面又写出在解囊之后"瘦妻面复光，痴女头自栉"的场面。无论是路上，还是家中，都出现两种情景：一种是比较正常的现象，带着生活的本色；一种是反常现象。这两者像生活中的正负两极，互相映衬，既更见战争对和平生活的残酷破坏，又让人忘不了生活本质上所具有的美。它令人想到，要是能够制止叛乱，去掉乾坤疮痍，生活该是多么美好。杜甫面对着时代丧乱、民间疾苦，但并没有单纯展览苦难和伤痕,他仍然关注着美的因素。这些因素被诗人融入诗篇的时候,与客观苦难现实相交织对照,愈加显得沉郁顿挫,激起读者丰富复杂的情绪。

把冰冷的悲感与生活中温暖的成分融合在一起描写,构成丰富的色调,几乎是中唐以后一些优秀的古体长篇的共同倾向。韩愈的《八月十五夜赠张功曹》、杜牧的《郡斋独酌》、李商隐的《偶成转韵七十二句赠四同舍》,都是其中的代表作。但即使是在近体短篇中,也不乏这类作品。李商隐的《夜雨寄北》写自己在巴山夜雨中体验着作客他乡的滋味,显然带着悲感。但诗人在寂寞中生出了幻想:"何当共剪西窗烛,却话巴山夜雨时。"有了这股温暖的回流,生活透过一层冰冷的雨帘,仍然呈现美好诱人的光彩。

悲感中带着温暖的成分,这种温暖毕竟还是现实生活中的一种存在。但随着唐王朝的没落,生活中美的因素,受到黑暗的侵蚀、损害,有许多已经成为逝去的或将要逝去的成分了。于是,诗人们又常常把它作为哀挽的对象,表现出怜香悼玉的心情。那种哀挽情绪之重,正是由于生活中的美被损害得太多。这类诗篇,在李贺的创作中已经占了相当比重。他在《苏小小墓》等诗中所开辟的鬼境,与李白所描绘的仙境相比,正好一属于热烈的追求和展望,一属于伤悼。稍后的李商隐用"伤春伤别"概括杜牧的创作,他自己多数作品也离不开这个中心。这种"伤春伤别",从作家对生活美的把握方式看,正是用哀挽肯定美。李商隐的《登乐游原》,通过对落日晚景的咏叹,流露出对无限美好而又匆匆即逝的事物的流连与惋惜,它不像初盛唐有些诗,表现为要和美一起奋飞,而是在对美进行哀挽。"夕阳无限好,只是近黄昏",可以说是对美的一曲挽歌。

用哀挽的形式肯定美,也突出地表现在以李商隐一部分无题诗为代表的爱情诗中。这时的爱情诗,色调变得凄丽而哀伤。一方面那些爱情生活的美并没有减弱,但另一方面它们又多半是不幸的。"刘郎已恨蓬山远,更隔蓬山一万重"、"春心莫共花争发,一寸相思一寸灰"、"已是寂寥金烬暗,断无消息石榴红",这些都意味着美好的东西将永远失去了。但是"春蚕到死丝方尽,蜡炬成灰泪始干",诗人的心是永远执着于这种爱情的。他的一首首用深情织成的爱情诗,就像是一个个亲手扎下的花圈,所献的对象是失去了的爱情。爱情生活的美就是被这种永恒的眷念、被花圈肯定着。

应该说用哀挽的方式表现生活美,本来也可以把作品内容写得更充实、更有社会意义一些,把生活画面展现得更广阔一些,像曹雪芹写宝黛爱情、鲁迅写《伤逝》那样。只是由于晚唐那个时代比较颓废,一些作家思想上的局限比较大,因而内容未免贫弱,相形之下,感伤的情绪就显得突出。但它毕竟用悲剧的形式把生活中的美展示出来了,它与麻木不仁或冷若冰霜地对待生活还是不同的,它本质上是热情的,仍然能够以它的艺术魅力引起人们对美的渴望与追求。

唐诗所表现的生活美,偏重于客观生活感受,而从与此相联系的主观因素看,抒情主人公的思想、情操、襟怀和气质,则有一种唐人所独具的精神美。这种精神美,较之屈原的忠贞、建安诗人的梗概多气,在展示更为丰富的内容的同时,则又具有较为广泛的社会基础,体现着当时以庶族地主出身文士为主体的广大诗人的精神风貌。

首先表现出来的是那个大时代中人们的豪壮开阔的胸襟。王之涣的《登鹳雀楼》、杜甫的《望岳》,所写的山河是那样气象恢廓,而诗人的精神更欲飞凌其上。那种“欲穷千里目”和“一览众山小”的豪情伟魄,冠绝千古。这是以比较单纯明朗的色调所表现的壮阔乐观。而陈子昂的《登幽州台歌》,情绪则较为复杂:“前不见古人,后不见来者。念天地之悠悠,独怆然而涕下。”人的一身是有限的,何况又遇着从军失意。但即便如此,这一身在广阔的空间和悠远的时间面前,不是退缩,而是俯仰古今,怆然悲慨,希求奋进。这精神便显得阔大壮美、坚毅有力。李白的《将进酒》、《宣城谢朓楼饯别校书叔云》等篇和陈子昂的《登幽州台歌》一样,在悲歌慷慨中见出精神气魄。时光如河水奔逝,而功业无成,那种“弃我去者,昨日之日不可留;乱我心者,今日之日多烦忧”的感受,并没有使诗人精神变得委琐,相反地激发出“天生我材必有用,千金散尽还复来”、“俱怀逸兴壮思飞,欲上青天览明月”等一系列动人的歌唱。诗人的情感,在强烈的冲突中,掀起惊涛般的伟观,更显得胸怀壮阔豪宕。

即使是一些描述范围和对象比较狭小的作品或咏物之作,也往往能反映唐人的襟怀气质。王维的《辋川集》固然是一些山水小品,但给人的感受不是一丘一壑限制了诗人的眼界,而是有宁静致远的效果。杜甫的《房兵曹胡马》:“骁腾有如此,万里可横行。”《画鹰》:“何当击凡鸟,毛血洒平芜。”诗人通过鹰飞骏奔的描写,形象地表现了自己不平凡的胸襟。《秦州杂诗》(其五)写老马,丝毫没有衰残委顿之态,相反地:“哀鸣思战斗,迥立向苍苔。”这乃是诗人那种“寂寞壮心惊”的“壮心”借咏物表露出来。使诗显得格外辞气喷薄,苍劲健偲。

似乎主要缘于对唐人胸襟气质的把握问题,涉及唐代有些名篇的思想情调,在后世产生了歧解。王翰的《凉州词》:“葡萄美酒夜光杯,欲饮琵琶马上催。醉卧沙场君莫笑,古来征战几人回。”带着浓厚的浪漫气息,不仅诗化了西北边疆的军旅生活,而且也诗化了牺牲(视之如醉卧)。但有人评为“故作豪饮之词,然悲感之极"（沈德潜《唐诗别裁集》卷十九）。王昌龄的《从军行》其四："青海长云暗雪山，孤城遥望玉门关。黄沙百战穿金甲，不破楼兰终不还。"慷慨壮伟，面对戍边时间漫长、战争频繁、战斗艰苦的考验，发出坚定深沉的誓言。但又有人说末句似壮而实悲，意为楼兰不破，终无还期。甚至连歌颂祖国山川的《蜀道难》，也有人不承认李白的描写是出于对蜀道的赞美和欣赏，而认为其中包含某种社会讽刺，或谓蜀道难即寓行路难之意。如果对唐人的心胸有较切实的理解，或许不致如此。鲁迅曾经赞叹汉唐魄力雄大，称赏"长安的昭陵上，却刻着带箭的骏马"（《坟·看镜有感》）。用带箭来表现骏马，正显示了唐人的胸襟魄力。从时代的发展来看，这时的庶族地主有一种类似人生青壮年时期的刚健之气。上述诸篇中所写的沙场征战生活，以及像"难于上青天"的蜀道，其中并非没有可惊可畏的成分，但是富有血气的唐人正是常常在艰苦奇险中发现美，或者用对它的克服来显示气魄，表示精神上的坚强。"孰知不向边庭苦，纵死犹闻侠骨香"（《少年行四首》其二），王维的名句把这种襟怀和性格用更为直截的语言表达了出来，似能有助于我们进一步把握像王翰《凉州词》一类诗的情调。

　　同样是由于时代因素使然，唐人对待生活有着特别执着的精神。或是出于对理想的追求，或仅仅是一种生活愿望，唐人总是必欲遂愿而后已。"欲济无舟楫，端居耻圣明"，这是对魏阙的追求；"男儿何不带吴钩，收取关山五十州"，这是对功名的追求；"随意春芳歇，王孙自可留"，这是对隐逸的追求；"为人性僻耽佳句，语不惊人死不休"，这是对创作的追求；"蓬山此去无多路，青鸟殷勤为探看"，这是对爱情的追求；"何时石门路，重有金樽开"，这是方握手言别，又追求他日再会……唐人在生活面前是进取者，是流着涎水的"贪欲"者。像宋词中那种对整个人生的厌倦和感伤，唐诗是很少表现的。在唐诗中很难找到真正的旷达、超脱，而多半是丢不下、想不开。《长恨歌》写李、杨爱情，是那样一种生死不渝的追求，用带贬义的话说，正是"迷于色而不悟"，绝没有《长生殿》中由悲凉而进入空漠之感。在评论李商隐的时候，有人认为李商隐官低位卑，不可能在诗中借芳草美人，发君臣调合之想。李商隐是否抒写过君臣遇合的感慨需要讨论，但仅仅根据地位低下，就否认会有这种可能，是对唐人精神气质比较隔膜的表现。"永忆江湖归白发，欲回天地入扁舟"（《安定城楼》）、"如何匡国分，不与夙心期"（《幽居冬暮》），明显地见出他虽然地位低下，但仍执着地欲以天下为己任，在这种思想基础上，生发出君臣遇合的感慨，不是很自然的吗？李贺的落魄自不用说，但他却羡慕马周的际遇："吾闻马周昔作新丰客，天荒地老无人识。空将笺上两行书，直犯龙颜请恩泽。"（《致酒行》）这里透露了李贺的追求和向往，同时反映了唐代下层文士往往企盼直接得到皇帝的知遇，并不把它看得过于邈远。

在种种追求中，理想的追求自然最为动人。"盖棺事则已，此志常觊豁"，杜甫在经过长安十年困顿之后，是这样地回答社会对他的冷眼与打击的。李白的组诗《行路难》写于天宝三载被"赐金还山"的时候，组诗的第一首可能就是离筵上的歌唱："停杯投箸不能食，拔剑四顾心茫然。"怀抱壮志，受诏入京，而又遭谗被弃，心情之苦自是不言而喻。然而，从"拔剑四顾"开始，就不意味着消沉，而要继续追求。诗人的感情，在尖锐激烈的矛盾中回旋着，终于唱出了高昂的强音："长风破浪会有时，直挂云帆济沧海。"这是一曲感叹世路艰难的悲歌，但本质上又是理想追求的颂歌。

"翰林江左日，员外剑南时"。当李白和杜甫后期不得已而流浪的时候，照说都可以不再惓惓于朝政，停止对生活的积极追寻了。但无论是李是杜都没有这么"超脱"。"苟无济代心，独善亦何益？"（《赠韦秘书子春》）李白在兼济与独善的矛盾面前，做了这样的回答。他一直在寻找"谢公终一起，相与济苍生"（《送裴十八二首》其二）的机会，直至赋《临路（终）歌》依然燃烧着灼人的感情："大鹏飞兮振八裔，中天摧兮力不济……仲尼亡兮谁为出涕！"哀叹中路摧折，无人为天才的毁灭而流泪，在对一生的回顾与总结中，流露出对人世的无比眷恋和未能才尽其用的深沉惋惜。杜甫舍成都而至夔州，舍夔州而向江汉，孤舟漂泊，全是为了向理想作最后的追寻。"江汉思归客，乾坤一腐儒。片云天共远，永夜月同孤。落日心犹壮，秋风病欲苏。古来存老马，不必取长途"（《江汉》）。虽身世飘零，如云之远，如月之孤，而用世之心弥切。身处逆境，且生命之火已奄奄将熄，仍然希冀发挥老马最后一点功能，尽"腐儒"未竟之志，这简直是对命运的挣扎！

李杜的追求无疑是最为惓惓的了，但在生活中怀有强烈的理想愿望，对于唐代诗人来说是普遍现象。杨炯的《从军行》较早地表现这种追求："烽火照西京，心中自不平。牙璋辞凤阙，铁骑绕龙城。雪暗凋旗画，风多杂鼓声。宁为百夫长，胜作一书生。"心中不平，甚至耻为文士而欲为百夫之长，完全是被理想所推动。诗人把它放在"烽火照西京"，国家安全受到威胁的背景下加以表现，这种追求就更显得壮美。由于国运昌隆，唐前期的诗人们表述理想，往往慷慨负气，比较直接。而到了后期，时运衰颓，则常常出之以喟叹和幽默的笔调，"清时有味是无能，闲爱孤云静爱僧"（《将赴吴兴登乐游原一绝》），似乎悠闲得很，但下文"欲把一麾江海去，乐游原上望昭陵"，所表现的去国之思是那样深沉。便见出前两句原是用一种自嘲的口吻，致慨于自己的闲散。它让人看到，杜牧这样一位平时才子气很重的诗人，也并不安于闲散，而抱有更执着的追求。

唐诗所表现的精神美，除以上所述，在不同流派诗人身上，还各有其特别突出的一些方面。李白一派诗人，基于庶族地主对门阀世族的抗争和不满，表现出对传统束缚的蔑视和对自由的向往。不仅在诗风，而且在思想作风上，极显其"壮浪纵恣，摆去拘束"：

　　　黄金白璧买歌笑，一醉累月轻王侯。

　　　　　　　　　　　　　　　　　——《忆旧游寄谯郡元参军》

　　　且放白鹿青崖间，须行即骑访名山。安能摧眉折腰事权贵，使我不得开心颜！

　　　　　　　　　　　　　　　　——《梦游天姥吟留别》

　　　与君论心握君手，荣辱于余亦何有？孔圣犹闻伤凤麟，董龙更是何鸡狗！一生傲岸苦不谐，恩疏媒劳志多乖。严陵高揖汉天子，何必长剑拄颐事玉阶！

　　　　　　　　　　　　　　　　——《答王十二寒夜独酌有怀》

一方面是对王侯、权贵、等级、礼法的笑傲，一方面是对浪漫生活的追求。诗人把人格的尊严、个人的自由置于功名富贵之上。他的饮酒赋诗、恣情快意、傲岸不羁，标志的正是一种精神、品格，显示出庶族地主阶层代表人物对旧势力、旧传统的对抗和要求开拓新鲜自由的世俗生活的努力。李白不仅以其诗，而且也以其人为读者所爱。

　　唐代诗人都往往程度不同地有着轩昂的傲气，"负气敢言"而较少拘谨嗫嚅之态。不仅从高适、岑参"大笑向文士，一经何足穷"、"近来能走马，不弱幽并儿"那种豪迈的自夸中，能够看出他们精神的飞扬；就是从王维、孟浩然的"花落家僮未扫，莺啼山客犹眠"、"岩扉松径长寂寥，惟有幽人自来去"那种悠然自得中，也能感受到他们对于自由生活的喜爱与追求。"性豪业嗜酒，嫉恶怀刚肠……饮酣视八极，俗物都茫茫"(杜甫《壮游》)，甚至连杜甫早年在时代风气影响下，也显得有点跋扈。这种精神固然以盛唐最盛，但风气一直延续到中晚唐。柳宗元的《江雪》，鲜明地体现着与恶劣环境的对抗。刘禹锡的《戏赠看花诸君子》、《再游玄都观》，揶揄的笔墨中包含着对新贵们的高度蔑视。李贺的《开愁歌》："衣如飞鹑马如狗，临歧击剑生铜吼……主人劝我养心骨，莫受俗物相填豗。"显示了与庸俗卑琐为敌的态度，气概亦自不凡。"人是要有一点精神的"，上述诗人的表现，有助于提高人的精神境界，对抗旧社会遗留下来的庸俗气。

但这类作品,一般多抒发主观方面的情绪,较少对客观现实的细致解剖,而研究者却往往习惯于从中寻找对封建社会的揭露,未免强其所难。如李白的《答王十二寒夜独酌有怀》,突出地表现了对黑暗政治的愤怒和不与世俗同流合污的精神,鲜明地塑造了诗人的自我形象。但有的选本舍此而肯定诗中"抨击了唐玄宗后期政治腐败",实际上,这一方面在作品里体现得不算充分。

以杜甫为代表的另一批诗人,由于特定的历史条件和出身教养等多种因素,他们更多地吸取了儒家思想中某些积极成分,并发展为对祖国、对人民命运的极度关怀。杜甫这种精神,不仅表现在"三吏"、"三别"一类杰作以及像"穷年忧黎元,叹息肠内热"等诗句中,同时还深深地渗透在大量不易句摘、难以指实的抒情诗中。杜甫入蜀以后的诗,后一类居多。著名的《蜀相》,并没有直接说出自己的心事,然而在动乱的时代背景下,那种"出师未捷身先死,长使英雄泪满襟"的慨叹,传达的正是死不足悲但悲开济邦国之志难酬的崇高精神。堪称杜甫夔州时期代表作的《秋兴八首》,要是用类似白居易的"刺美现事"的标准,求之以实,可能像是对灵芝草进行化学分析,不免令人失望。然而只要从追踪诗人的感情入手,体会何以身在夔州,而八首诗魂牵梦绕,首首离不开长安,就会感到诗人热泪涔涔,不是由于个人的不幸。"每依北斗望京华",组诗在对人生执着追求和忧念祖国命运的感情基础上抚今追昔,倾吐的是深沉浩瀚的爱国热忱。它的价值不在于刺美一两件"现事",而在于"一卧沧江惊岁晚"、"故国平居有所思",那种坐卧不宁、忧心泣血的情绪,在直接影响着、震撼着读者的心灵。循着这条途径,我们对杜甫的《登楼》、《江汉》、《登高》、《登岳阳楼》、《岁暮》等一系列名篇历来为人传诵的原因,认识也许会深一些。

像杜甫式的忧国忧民,对盛唐诗人来说,一般地还表现得不太突出,而到了中晚唐,在国家和人民的艰难处境中,诗人们的这种情操,就更多地受到激发。代宗时期,元结在诗中沉痛地揭露时弊,那种宁可违诏获罪,不肯"绝人命"的人道主义精神,极受杜甫推崇。其后,从白居易和新乐府诗派的创作,一直到李商隐的《行次西郊作一百韵》,杜牧的《早雁》、《泊秦淮》,聂夷中的《咏田家》等,也都体现了对国家和人民命运的关切。这一类诗,文学史上评价虽高,但往往只着眼于其因忧念国家和人民而揭露的社会问题,至于诗人的人格精神,仍然重视不够。如杜甫的《自京赴奉先县咏怀五百字》,有些论者就只取其揭露,而比较忽略诗中通过种种内心剖析所表现的崇高思想情操,甚至在一段时间内对此还有过很苛刻的批评(如把主观动机归结为只是企图巩固封建统治)。这虽不能说是买椟还珠,但被慷慨地泼掉的也决不只是污水。

　　对唐诗所表现的精神美，我们应该采取历史唯物主义的态度。它固然带着过去历史时代和封建阶级的印记，但毕竟比较健康深厚，为后代的封建正统文学所不及。由于唐以后地主阶级走向下坡路，思想境界也随之下降，那种精神之花（比如花间派和北宋词），便常常不免带着病态。唐人的可贵处，在于他们对生活富有希望和信心。他们在健康积极的精神基础上，从生活中发现了更多的诗意。进而使得作为他们生活和精神写照的唐诗，具备了生活美和精神美的这样有力的两翼。

　　唐诗在表现生活美和精神美方面，以其大量成功的作品向后世表明，优秀的艺术创作应该是健康的、热情的，而不应该是对人生的冷漠相视，甚至麻木不仁。回避矛盾和斗争、对生活进行粉饰固然可厌，但单纯解剖、让人仅仅看到伤痕，也还不够。白居易的讽谕诗，触及的社会问题比杜甫更多，但深切而沉痛的感情不及杜甫，对生活美的追求和表现也不及杜甫执着而突出，激动人心的程度和给人的美感享受，也就相应地逊杜甫一筹。文艺作品需要有一种审美力量，需要有理想光彩的照耀，它不应只解剖生活和人性的异化，还应同时表现出一种回归力，这才是美的力量的更充分的表现。鲁迅在《故乡》中深情地回忆自己和闰土的童年时代，欣慰于宏儿和水生的友谊，正是表现了希望"大家不再隔膜起来"的回归力。杜甫在《北征》中既痛心疾首地揭示了乾坤疮痍，又欣慰地写下了山中幽美的自然景象和与家人团聚的场面，也是表现了对于恢复人间正常生活的向往。从这些优秀作品里，我们有理由引出这样的信念：艺术应再现生活美和人的精神美，应有一种扬弃异化、指向健康生活的回归力。

　　生活美和精神美的发现，只能来源于真实的生活体验。唐代那样一个社会，在封建时代固然得天独厚，使唐诗有可能在这方面获得丰富多彩的表现，但唐代诗人对于生活的态度，对我们也有启发。由于他们特别倾心于生活，热情地加以追逐，他们的生活内容也就丰富而充实。这对于另一些时代的诗人，往往显得欠缺。它有力地成全了唐诗，使之与书卷气几乎绝缘。唐人不是靠把学问演绎成诗，也不是以思考代替生活。他们亲自置身于生活浪潮之中，对于时代潮流的涨落、生活的冷暖，有着直接的切肤的感受，从而表现了对于实际生活的最热心的关注和从中迸发出来的真正歌哭。

　　"唐人之诗……其色泽妍，如旦晚脱笔砚者；今人之诗……才离笔砚已似旧诗矣。"（江盈科《雪涛阁集》卷八《敝箧集引》）所谓色泽鲜妍，正因为其中贯注了生活的气韵和当事人的真实感情，它不仅仅是一般地带着生活美和精神美，而是表现得更加真实、生动和真切。

第二章 地域、民族和唐诗刚健的特质

把唐诗放到中国几千年的文化背景上去比较观察,会给人留下一种什么印象?

我国黄河和长江流域的人民,世世代代从事农业生产,礼乐教化的熏陶,以及比起欧洲、中亚等地区相对安定的环境,培育了一种比较倾向静态的文化。就文学艺术,特别是诗歌而言,给人总的感觉,优美多于壮美,阴柔之美多于阳刚之美。《诗经》"首乎《关雎》,六义首乎风"(何大复《明月篇序》),而风又是"主文而谲谏","发乎情,止乎礼义"(《毛诗序》)。这部古代诗歌总集,基本上表现了一种刚柔参半的中和之美。"屈原之词,优游婉顺"(王逸《楚辞章句序》)。《离骚》包含着严肃博大的政治内容,却以缠绵怨悱乃至求女等形式出现,托香草美人以比兴,"《九歌》、《九辩》绮靡以伤情"(《文心雕龙·辨骚》)。其阴柔的一面,较《诗经》更为突出。秦汉以后,建安文学是一座高峰,以风骨见称,呈现"梗概多气"的阳刚之美。究其所以,有着"世积乱离"的时代背景。它的为时较短,至曹丕《燕歌行》、曹植《美女篇》,已改变了邺下时期慷慨激昂之风。其后经两晋过渡到南朝文学,则是习华随奢,一步步陷入绮靡。隋唐诗坛,经过革新斗争,梁、陈宫掖之风得到廓清。中唐以后,随着五、七言古近体诗高潮的过去,新的抒情诗体——词兴起。宋代诗词都有相当的成就,但学者气很重的宋诗,论雄迈刚健自然逊于唐诗,而更能反映宋代士大夫精神特征的宋词,则是以婉约为宗。苏、辛豪迈之作,在宋词中所占的比重较小,辛弃疾某些词摧刚为柔,"变温婉,成悲凉"(周济《宋四家词选序》),更说明词体本身就倾向于阴柔之美。纵向的回顾,似乎约略可见中国诗歌经常倾向于阴柔之美。在这个背景上看唐诗,它的刚健特质则显得比较突出,且维系的时间亦比较长久。不少诗篇,或雄放,或沉着;或磅礴宏肆,或遒劲壮实;或飘逸中挟带鹏飞千里的气势和力度,或以情韵风神取胜而又自具劲气贞骨。可谓姿态万千而皆内秉刚健之质。这是唐诗在表现出特有的生活美与精神美的同时,所具的又一方面带总体性的风貌特征。其所以能够如此,常常被从当时政治经济背景上,找出种种原因加以解释。

但一代诗歌风貌的形成，根源是复杂的，既有当代生活的影响，又有历史的积淀；既受文学本身发展规律支配，又受从事创作的主体（人）诸方面素质的制约；既表现出时间性，又表现出空间性。它是多元的复合。对于这种多元，我们还处在排比材料、逐一认识过程中。本章拟就地域和民族两方面的因素，探讨它对形成唐诗刚健特质所产生的影响。

一、地域

魏征《隋书·文学传序》曾说：

> 江左宫商发越，贵于清绮；河朔词义贞刚，重乎气质。气质则理胜其词，清绮则文过其意。……若能掇彼清音，简兹累句，各去所短，合其两长，则文质斌斌，尽善尽美矣。

魏征这段话，基于隋朝灭陈之前，南北文学发展，在风貌上存在着明显差异的客观事实。中国文学南北地域差异，从《诗经》《楚辞》的时代，就已显露。东晋以后，在南北对立的形势下，分别向两极拉开了更大的距离，引起人们对双方差异性的普遍关注。梁代江淹指出："楚谣汉风，既非一骨"，"河外江南，颇为异法"（《杂体诗序》）。北齐颜之推更从山川水土方面探究其原因："南方水土和柔，其音轻举而切诣，失在浮浅，其词多鄙俗；北方山川深厚，其音沉浊而钝，得其质直，其词多古语。"（《颜氏家训·音辞篇》）南北文风的不同，确如颜氏所论，有山川水土的原因。但与此同时，社会生产和生活的地域性差异，也起重要作用。黄河流域风沙、黄土、干旱、洪水、荒山、碱泽给从事垦殖者的锻炼；中原作为中国古代阶级和民族斗争最为频繁激越之地，给予历代人民的种种血与火的考验；再加以颜氏论中已涉及的华北古老的山川形貌留给人们的恒久印象，通过长期积淀，形成如魏征所概括的北方人的贞刚的表现，它包含刚强、质朴、坚韧等素质。这一切都与南方的自然和社会条件助长着风俗人情朝柔婉、文静的方向发展颇为不同。南北文学差异，在一定程度上正是受着这种具地域特征的人民精神传统、心理素质的支配。诗歌带着地域的差异，在一定时期各自循着自己独特的轨道向前发展，对于多方面开拓中国文学，本来大有好处。但南北朝时期，由于北方动乱，而南方又是一个由腐朽士族统治的病态社会，双方在文学上便不免各有不足，乃至流弊，有待于一个健康的时代给予全面总结，并推向更高阶段。魏征正是从隋和唐初大一统的形势出发，展望南北文学能够在融合中取长补短，实现文与质的统一。

唐初与魏征同受朝廷委托编纂南北朝诸史的一批文臣，和魏征都有类似的认识。而且他们评论南北文风时，又往往表现出一种值得注意的立场，即较多肯定北朝文风，对南朝方面则持严峻态度。如李百药《北齐书·文苑传序》称："江左梁末，弥尚轻险，始自储宫，刑乎流俗，杂恁懘以成音，故虽悲而不雅。爰逮（北齐）武平，政乖时蠹，唯藻思之美，雅道犹存，履柔顺以成文，蒙大难而能正。"批评了江左文风的"轻险"，却对北齐末世的文学，仍给以"雅""正"的称许。令狐德棻《周书·王褒庾信传论》在批评南朝文风"轻险"的同时，肯定西凉的文章"清典"、北魏"词义典正"、北周"纂遗文于既丧"。今天就文学创作实际情况看，南朝的诗文创作成果无疑是繁富的，在艺术上有过很重要的探索和建树。而北方除民歌内容充实、风格劲健、气质殊为可贵外，由于迫于仓卒，牵于战争，就文人而言，只是以章表符檄为先务，"体物缘情"的诗歌，则是"寂寥于世"。所以唐初批评家的意见，从地域角度看，是伸北而绌南的。这固然由于唐初惩于南朝覆灭的教训，但同时也应看到隋唐承袭北周，唐初追随李世民开创基业的一些成员，多出于北方关内、河北、河南、河东四道，代表着北方对南方的统一，以北方贞刚之气，改造江左的绮靡，正是新王朝在文化上的自然要求。闻一多说："继北朝系统而立国的唐朝的最初五十年是一个尚质的时代。"（《四杰》）唐初君臣的文学主张确实体现了尚质的精神。

唐初统治集团对南北文风在理论批评上所体现的立场，还可以启发我们重新认识历史上的某些现象。西魏宇文泰对"文章竞为浮华"不满，命苏绰作《大诰》；北齐后主溺于声色，朝政腐败，而文学"雅道犹存"；隋文帝多次用行政手段干预文风，似都不能简单认为仅仅出自一两个人的好恶，或儒学正统思想影响，而应看作是同时与地域因素有联系的文风斗争。在这方面，隋炀帝的表现值得注意。魏征说："炀帝初习艺文，有非轻侧之论，暨乎及位，一变其风（指轻侧），其《与越公书》、《建东都诏》、《冬至受朝诗》及《拟饮马长城窟》，并存雅体，归于典制。虽意在骄淫，而词无浮荡，故当时缀文之士，遂得依而取正焉。"（《隋书·文学传序》）隋炀帝是比齐后主、陈后主等更加淫奢的皇帝，在文学方面也曾受南朝宫体的影响，但又毕竟"稍知尚质"（《诗薮·外编》卷五）。他的两首《春江花月夜》也如闻一多所说，对"南方那美丽的毒素"，"表现过一点抵抗力"（《宫体诗的自赎》）。这种"独特的二重性"（程千帆《张若虚〈春江花月夜〉的被理解和被误解》），至少在一定程度上可以说是南北文风斗争在他身上的反映。把隋、唐对照起来看,文学发展是呈螺旋式上升的。隋代文学已像是给南北文学融合做了某种预演:"江汉英灵,燕赵奇俊,并该天网之中,俱为大国之宝。"(魏征《隋书·文学传序》)虽然这种预演,很短促,很不充分,但已多少预兆了下一阶段文学发展的趋势。沈德潜《古诗源·例言》指出:"隋炀帝艳情篇什同符后主。而边塞诸作,矫然独异,风气将转之候也。杨处道(素)清思健笔,词气苍然,后此射洪、曲江,起衰中立,此为之胜、广矣。"

但是,南北文风斗争中,北朝文学虽有刚气,而数量有限,声律词藻也不甚讲究,影响远逊于南朝文学,唐初诗坛上依旧"禁不起南方那美丽的毒素的引诱"(《宫体诗的自赎》),而尚存梁陈宫掖之风。为了对抗南方"美丽的毒素",需要从传统中寻找一份正面的能发挥竞争效能的遗产,来支持现实的斗争。北朝后期至隋唐,一再有人打出复古的旗号,正是这种寻求的表现。但无论从苏绰到李谔,还是从王通师徒到四杰,都没有解决这一问题。只有当陈子昂高倡汉魏风骨、推尊建安文学时,南北文风斗争在局面上才有了根本的改变。就地域角度看,建安文学属于北方系统,曹魏中心在邺,建安诸子生长于北方。从一个方面丰富了建安文学的女诗人蔡文姬,其创作更是基于在匈奴的生活体验。西晋以后,后赵、前燕、东魏、北齐皆定都于邺。北齐、北周有少量篇章,甚至颇具建安诗的刚健之气。循北方文学上溯,从传统中寻找一面旗帜,有高度思想艺术成就的建安诗歌,乃是最为理想的对象。建安风骨足以对照出齐梁诗风的委靡,揭举这面旗帜,南北文学在融合中,就有了明确的方向和依归。

以上所述,是关于南北诗歌传统,通过斗争,实现正确结合的纵向考察。再就唐诗初盛中晚四个阶段跟地域因素的横向联系去寻索,前三个阶段,无论从诗歌创作的主体(作者)还是客体(描写对象)看,创作主要基地都在北方,而晚唐则更多受南方风土人情影响。明代李东阳说:"汉魏西晋皆北方之诗,唐之盛时,称作家者大抵多秦晋之人也。"(《麓堂诗话》)据《全唐诗》、《全唐诗外编》粗略统计,①唐代存诗 1 卷以上的诗人共 233 家。初唐至中唐(文宗大和以前),约 134 人,其中籍贯待考者 7 人,出身于北方(以襄邓淮河为界,蜀地划入南方)的诗人 94 家,在籍贯可考的诗人中占 74%。晚唐共 99 人,籍贯待考者 16 人,出身于北方的 25 家,在籍贯可考的诗人中仅占 30%。这种变化是由于唐代中叶以后,黄河流域遭受战乱的破坏,河北地区藩镇割剧,关辅以西为吐蕃、回鹘所

---

①所据《全唐诗外编》(全二册)为王重民、孙望、童养年辑录,中华书局 1982 年 7 月出版。诗人籍贯统计,参考周勋初主编《唐诗大词典》(江苏古籍出版社 1990 年 11 月出版)对有关诗人所作的介绍。

陷,北方衰敝,南方经济文化逐渐超过黄河流域,故文人出于北方籍者减少,南方籍增多。不仅文人籍贯有这种变化,而且晚唐出于北方籍的几位主要诗人如杜牧、李商隐、温庭筠在南方生活和仕宦的时间都很长。唐诗中所展现的形象,以前多为北方的乔岳平陆与慷慨悲歌之士,至此转为南国的烟雨楼台、才子佳人了。唐诗最后阶段正是随着创作方面南方因素的增长,气质发生了由刚向柔的转化。

二、民族

上述南北文风、诗人籍贯,乃至作品描写对象,与唐诗刚柔气质变化之间的联系,当然是从地域角度去看的,但如果由此再联系到中国古代民族融合的历史,从比较笼统的地域观念中,还可以进一步引出丰富的民族内容。

汉人,从历史上看,是多民族的复合体,经常处在历史的流动变化中。汉魏以后,汉民族拥有黄河流域和长江流域两大基地,在这两块基地上,南北民风表现出差异,北方强劲,南方温文。但这种差别不光与山川、地貌、生活、生产等因素密切地相联系,也与所谓“南染吴越,北杂夷虏”（《颜氏家训·音辞篇》）,亦即居民的来源和成分有关。中国历史上,人口南移是主要流向,汉民族出于种种原因,由黄河流域转向长江以南,而北方游牧部落,又南下到黄河流域的农耕地区,逐步融入汉人之中,成为汉民族的新血液。可以说中国古代北方始终是民族新血液、新成分的输入口。单是从东汉到隋,就经历了好几次大的动荡和组合。如东汉末和曹魏时期南匈奴、乌桓以及西凉羌、氐等族内移;十六国时期,匈奴、羯、氐以及鲜卑慕容部进入中原并建立国家;北朝时期,鲜卑拓跋、宇文等部内迁及汉化。这几百年间,民族迁徙（包括互相掳掠）极其频繁,而且经常多至几十万人乃至百万人以上。他们进入中原后,一般很难再回到原居地,而成为中原地区新的居民户了。胡三省在《资治通鉴》注里曾说:“自隋以后,名称扬于时者,代北之子孙十居六、七矣,氏族之辨,果何益哉!”（《晋纪》三十）胡三省所讲的是实情,氏族之辨如果从严格华夷界限的角度看,确实没有意义和必要。北朝至隋唐之际,正如陈寅恪曾经指出的:“胡汉之分,不在种族,而在文化。”（《隋唐制度渊源略论稿·礼仪》）著籍于中原,而且在文化上与中原相融合,一般也就被视为汉人了。隋唐两代皇族,都杂有鲜卑等族血统,但无论在当时或现在,人们都承认隋唐是汉族建立的统一王朝。

作为中国古代各民族互相融合的溶剂,无疑是发展水平较高的汉人的经济文化。这中间,少数民族接受汉人的文化是主流,但任何事物矛盾着的对立面双方,总是互相渗透的。少数民族也决不能只是完全被动地接受汉族文化,在接受过程中,必然会有反馈。这种反馈,至少有两类重要形式:一是少数民族文化中,某些成分被汉族吸收。如西域等地音乐的传入,导致隋唐时期中国音乐史上出现灿烂的新时代。二是少数民族用武力进攻中原,乃至在中原建立国家,在汉人中无疑要引起包括精神文化在内的种种方面的应战。如导致风尚和气质上的某些改变,以适应少数民族暴勇的挑战。"太平之人仁,崆峒之人武",如果说随着封建文明的发展、礼教的加强和统治阶级的日益奢靡,汉民族的刚勇之气,在西汉以后有逐步减弱的趋势,那么少数民族剽悍、粗犷,乃至原始部落的野性,通过民族间的撞击,必然要在中原的"太平之人"中引起"抗原"反应。十六国时期,中原汉人往往集结为武装集团,设坞堡自卫,便普遍助长了尚武的风气。著名的《李波小妹歌》,即反映了当时北方人民在斗争中培养起来的勇武精神和崇拜英雄的情绪。其后更带有传奇色彩的《木兰诗》,所表现的精神情绪也与《李波小妹歌》完全一致。又如北齐文宣帝高洋的皇后李氏是汉人,生子高殷,温和好学。高洋嫌他得汉家性质,文懦不堪继承帝位。其实北齐高氏祖籍渤海蓨,先世本是汉人,只不过鲜卑化了。到高欢、高洋所表现出的强戾性格,亦可作为民族融合过程中精神气质变化的例证。世界史上曾有过不少民族分离出某些部分,"参加了其他某一民族的民族生活","这种情况最终地带来不小的好处;政治上形成的不同的民族往往包含有某些异族成分,这些异族成分同他们的邻人建立联系,使过于单一的民族性格具有多样性"。① 古代北方少数民族与汉族的融合,尽管中间伴随着种种灾难和痛苦,但有助于增强中原人民的雄强之气,毕竟是一种补偿。

在封建时代各个民族政权统治的国家里,除对全民具有普遍性的精神传统和心理素质可能影响于文学艺术外,控制了国家政权的那个民族的地主阶级,更有可能将他们的思想意识,在文学中强烈地表现出来。魏晋以来,汉族地主中的门阀士族,具有高度的寄生性和极端腐朽性。士人们熏香傅粉,沉迷声色。可谓刚气都尽,委弱之极。南朝浮靡的诗文,传达的正是其中信息。因此,隋以前南北文风差异,不仅关系着两地民风,同时也突出地反映了统治阶级的精神状态。十六国和北朝,少数民族"长戟乱中原",从某种意义上讲,对士族是一种惩创,使之人数大量减耗、特权受到摧抑。诸部族在入主中原、迅速转化为封建

---

① 《工人阶级同波兰有什么关系》,《马克思恩格斯全集》第 16 卷,人民出版社,1964 年版。

阶级过程中，若干氏族制度因素、"前封建主义因素"，乃至像鲜卑族"母权制时代的遗风"等等，通过种种分解、扬弃和转化，被揉合到中原的生产关系中，对原有的生产关系起了调节作用，北魏的均田制即是显例。而由部落大人、酋长之类迅速转化为地主阶级的统治集团，虽然具有某些从低级社会带来的落后性、野蛮性，但他们长期与所属部落相联系，生活在鞍马锋镝之间，躬亲实务，对士族腐朽作风，仍然具有一定的抵制能力。主要源于胡汉各族上层，包括少量由军功等途径进身的新贵所组成的隋唐统治集团，比魏晋和南朝的士族，要有生气、有作为得多。这种现象正像德意志人摧毁罗马帝国，具有使腐败社会"返老还童"的功效。① 陈寅恪说："李唐一族之所以崛兴，盖取塞外野蛮精悍之血，注入中原文化颓废之躯。旧染既除，新机重启，扩大恢张，遂能别创空前之世局。"（《李唐氏族之推测后记》）这一论述是符合历史事实的，有助于我们放开眼界，越过把汉族的政治经济，尤其是精神文化，当作始终处在固步自封状态的陈旧框框，敢于相信，在隋唐文化诞生的阵痛前，少数民族的活动，曾给中国中古社会注入过新的生命力。

顺着文化融合的发展潮流看，从魏晋南北朝到隋唐，由于中原社会融入各种血缘和文化成分，经历时日已久，人民已渐渐习惯，不再有以之为"夷狄"的意识了。有些习俗文化，经过嬗变，已经成了传统的组成部分。这些因子进入中原文化中，自然会诱发某些新变。不过，从西晋末到北朝，文化较高的汉人处于遭受武力进攻的压抑之下，因境地的艰困而难得开出像样的精神文化之花，正像严冬冰雪覆盖下的植物须待大地回春之后，方能抽枝发荣。

隋唐之世，在文化方面，对于前代来说，是经过长期酝酿，终于绽发芳华之时。而就它自身看，又是一个更为崭新的民族融合和文化交流时期。这一时期的特点，是改变了南北朝被动的、受压抑的局面，在汉民族政权处于强大和主动的情况下，展开了地域更为广阔的民族间互相接触与渗透。范围上除由中原扩展到江淮流域和天山南北地区外，并与中亚、南亚和东亚各国进行频繁的交往。唐前期，"万姓获安，四夷咸附"，曾数次大规模地接受突厥、高丽、铁勒诸部人内附或向内郡迁徙。如贞观四年（公元631年）破东突厥，诸部降众数十万人，被安置于朔方之地，酋首授官"五品以上百余人，因而入居长安者数千家"。在唐高祖亲自主持的宴会上，可以有突厥可汗起舞、南越酋长咏诗，出现"胡越一家，自古未有"（《旧唐书·高祖本纪》）的局面。有唐一代出自胡人的将领和屯卫边疆

---

① 《家庭、私有制和国家的起源》，《马克思恩格斯全集》第21卷，人民出版社，1964年版。

的诸蕃武装部落,在军队中占有重要位置,胡人出身的宰相,在数量上也多达十分之一左右。[①]　至于胡人的乐师、画师、医师、歌妓、酒妓、商人、僧侣,更是广泛地在长安和各处活跃着。一时胡化成风,上层中出现过像唐太宗废太子承乾那样胡化的迷狂者,下层更有如唐传奇《东城老父传》中所谓"今北胡与京师杂处,娶妻生子,长安中少年有胡心"的情况。而更积极的影响,则是丰富和活跃了唐代社会物质与精神文化生活,开阔了人们的视野,突破了长期囿于中原文化圈的某些狭隘见解和观念。同时在艺术、宗教、科技等方面带来许多新的东西,这种胡汉诸民族间精神文化的摩荡和融合,正是唐诗滋长发荣的土壤。

三、唐诗刚健的特质

唐诗是在国土空前辽阔、南北混一、民族交融的背景上展开的,显现它特出的、富有阳刚之美的面貌。这种阳刚之美,在气象、内质、情态等几个方面,都有突出的表现。

唐诗气象非凡,具有壮阔的面貌。壮阔,是处在国家大一统时代唐人心胸气度的表现。唐王朝的奠基者李世民实首开其端。尽管在当时不可能摆脱齐梁的影响,但他性格中混一海内、臣服胡越的气魄,终究要突破浮艳诗风的局限,不少诗篇仍然表现了宏放壮伟的气象。胡震亨说:"太宗文武间出,首辟吟源……'一朝辞此地,四海遂为家'、'昔乘匹马去,今驱万乘来',与'风起云扬'之歌,同其雄盼,自是帝者气象不侔。"(《唐音癸签》卷五)胡氏所举的自然是质朴宏放的佳句,而像《正日临朝》:"条风开献节,灰律动朝阳。百蛮奉遐赆,万国朝未央"等句,也是整丽中见宏伟。尽管诗的形象还嫌不足,但这种内容转到杰出的诗人手里,自成情采焕发、形象飞动的伟辞。《震泽长语》谓:"(王维)铺张国家之盛,如'九天阊阖开宫殿,万国衣冠拜冕旒';'云里帝城双凤阙,雨中春树万人家',又何其伟丽也!"(《唐音癸签》卷五引)如果说王维所铺张的是"万国朝未央"的景象和帝城宫阙的气象,那么开元宰相张说手题于政事堂的王湾的名句:"海日生残夜,江春入旧年",则把类似《正日临朝》首二句所蕴含的辞旧迎新、萌生着无限展望的情绪,表现得更为"神韵超玄,气概闳逸"(《诗薮·内编》卷四),透露着盛唐的时代气息。

唐诗是一片空前的广阔的伟大国土。而这一诗国的灵魂,可以说是从"东

---

① 参看《汉人考》,载《中国社会科学》1985 年第 5 期。

至安东，西至安西，南至日南，北至单于府"（《新唐书·地理志》）的唐朝疆土上孕育升华起来的。唐诗中"千秋"、"万世"、"乾坤"、"日月"、"万国"、"八方"、"大漠"、"长河"等词语，出现频率特别高。肤廓的是少数，多数从空间上、时间上表现出种种阔大的意象和境界。诗人们以最饱满的热情、最宏放的笔触，歌颂了中原地带，乃至江南塞北，而同时在唐人的心理上，又形成一种以关中和长安为中心的意识观念；"日月低秦树，乾坤绕汉宫"、"北极朝廷终不改，西山寇盗莫相侵"。诗人们无论是在边疆绝域，或是在巴蜀江南，精神的轴心始终指向长安。"夔府孤城落日斜，每依北斗望京华"、"长安宫阙九天上，此地曾经为近臣"、"异域东风湿，中华上象宽"，一个受到八方拱戴的中华上国的形象，始终浮现在诗人眼前，引发出种种壮美的歌唱。诗人们是这种心情，民间也同样如此。"北斗七星高，哥舒夜带刀。至今窥牧马，不敢过临洮。"这首《西鄙人歌》是居住陇西一带边民的歌，歌颂的又是出自于少数民族的将领，但完全是站在多民族的唐帝国的立场上说话，是典型的唐代边歌。首两句写哥舒巡边的夜景，境界宏阔，近于写实，而如与上引杜甫诗"北极朝廷"两句联系起来体会，"北斗七星高"又显得肃穆庄严，带有某种象征意味。代表着华夏大一统的北极朝廷唤起的是这种崇高阔大的情感，而偏安和疆土逼仄，则往往被轻蔑。"王濬楼船下益州，金陵王气黯然收"、"休夸此地分天下，只得徐妃半面妆"，显然是在南北统一的辽阔地理背景上看逼仄的江南政权所具有的口吻。

　　唐诗又一突出之点，是它强劲的骨力。这种骨力与在当时历史背景下人民刚强、雄健、尚勇、侠义之气得到增强有直接联系。如行侠之风，在战国和西汉初盛行，东汉以后，逐渐销声匿迹。唐代又一次显露身手，并大量形于歌咏，乃至宣称"儒生不及游侠人，白首下帷复何益"（李白《行行且游猎篇》），即显然是刚勇之气复归的表现。虽然随着社会环境的变化，侠在唐代已不可能恢复在秦汉时期的声势了。但是"三杯吐然诺，五岳倒为轻"（李白《侠客行》）、"白刃仇不义，黄金倾有无"（杜甫《遣怀》），仍然表现了"刚猛为强"的大丈夫风骨。

　　唐代边塞诗无疑最具刚健特色，所表现的将士们献身祖国的精神、军幕文人从戎赴边的意气，令人振奋。对于一向视为荒远可怕的异地风光景物的赞赏，把历来视为野蛮的、近乎禽兽的"夷狄"，写得勇决而又富有人情味，同样取得美学上的崇高效果，有很强的刚健之气。从边塞诗的发展看，它在唐初诗坛上就独树一帜，不受委靡之气影响。大历后，一般题材的诗歌，普遍趋向平软，但"李君虞（益）生长西凉，负才尚气……所作从军诗，悲壮宛转"（《唐音癸签》卷七）。卢纶是河中蒲人，又曾佐朔方节度使浑瑊幕，其《和张仆射塞下曲》等篇，奇拔沉雄,为世所称。可见,边塞诗在大历后尚堪接武盛唐。其所以如此,地域等因素的作用,显然是不可忽视的。唐帝国与南诏之间,也曾发生过多次战争,但反映南方边疆生活和斗争的诗,数量既少,气骨亦难与北方边塞诗相比。对照之下,尤足以见出地域和民气对诗歌的制约作用。唐代边塞诗多写北方军旅生活,成边于其地者,又多北方籍战士,作品风貌直接受到所反映的生活内容影响。而从诗人主观方面看,他们自身又往往亲历边陲,受其生活环境的熏染,得北方风土之助。如崔颢"晚节忽变常体,风骨凛然。一窥塞垣,说尽戎旅"(殷璠《河岳英灵集》)。又如岑参早年诗歌,风格清新中带有奇丽,而骨力并不突出;晚年入川的作品,多哀惋之思,悲而不壮;唯独从军西北时,诗风豪壮瑰奇。"侧身佐戎幕,敛衽事边陲。自逐定远侯,亦著短后衣。近来能走马,不弱幽并儿。"(《北庭西郊候封大夫受降回军献上》)西北军旅生活锻炼着诗人,也就同时锻炼了他的诗歌的风骨。同样,高适"北上登蓟门,茫茫见沙漠。倚剑对风尘,慨然思卫霍"(《淇上酬薛三据兼寄郭少府》),也反映了北国风尘如何感发激荡着男儿的血性。高诗遒壮的风格,正由此而得到磨砺和增强。《旧唐书·高适传》称:"适年过五十,始留意诗什。数年之间,体格渐变,以气质自高。""五十始留意诗什"之说固然有误,但认为高诗有过"体格渐变"的过程,较《新唐书》"年五十始为诗,即工,以气质自高"云云,显然可信得多。现存高诗写于第一次北上蓟门之前的不多,气骨也弱一些。他的作品表明,"体格渐变"当发生于"北上蓟门"之后。

除边塞诗人外,从大诗人李白、杜甫的创作中,也能窥见西北地域和民风的影响。李白在巴蜀、江南生活过很长时间,爱好六朝诗歌,语言优美,所谓"心肝五脏皆锦绣也",但他的诗歌,并不因为华彩而削弱了气骨,这与他先世长期流寓西域,本人生于碎叶,得西域豪侠之气有关。"世传崆峒勇,气激金风壮"(李白《赠张相镐二首》其二)。正像北方乔木的根株,又得南国雨水的滋润,遂能挺劲而秀美。至于杜甫,从公元756年携家逃难至陕北,至公元759年经陇入蜀,这段期间古体写得特别多。《北征》、《羌村》等篇,有近乎西北黄土高原给人的苍茫雄直之感。及至诗人弃官西走秦州、同谷诸作,更有陇山莽莽、关塞极天之象。施补华说:"蔡琰《悲愤诗》、王粲《七哀》'路逢饥妇人'一首、刘琨《重答卢谌作》,已开少陵宗派。"(《岘佣说诗》)王闿运说:"《北征》学蔡女。"(《王志》)杜甫与蔡琰等人之间的联系,除了时代乱离之感外,北国风土也起着遥相接引的作用。

就时代而论,唐诗的骨力,在盛唐作品中表现得最为突出。殷璠选诗,标举风骨。他在《河岳英灵集》的序、论以及对众多诗人的评论中,反复用了"风骨"、"气骨"、"气质"以及"骨鲠有气魄"、"语奇体峻"一类评语，可见他的这一著名选本所代表的时代风尚。其中所选，即使是王维、孟浩然、储光羲等人的山水诗，也是"格调高远"，具有内在的风骨。盛唐一批诗人离开诗坛后，大历诗风"艰于振举，风干衰，边幅狭"（《唐音癸签》卷七），一度趋向浮泛庸熟。但这一段为时不长。贞元、元和，出现韩、孟、元、白等众多杰出诗人。韩、孟诗派"横空盘硬语，妥贴力排奡"（韩愈《荐士》），有意矫正大历后的庸熟诗风。尤其是韩诗"若掀雷抉电，撑抉于天地之间"（司空图《题柳柳州集后》）。相形之下，元、白有一部分作品不免显得平弱。但元、白篇什丰富，平弱亦非主流。其优秀篇章，在才具泛澜、顺适惬当的笔墨中，变化纵横，略无痕迹，自具精神气质，实非庸近者可拟。袁枚说："伤往悼来，感时纪事，张、王、元、白所宜也，使钱（起）、刘（长卿）为之，则仄矣。"（《再与沈大宗伯书》）仄与不仄，除关系性情才具外，有无相应的骨力在背后撑拄，也是重要原因。胡应麟说唐代七古，至钱起、刘长卿"气骨顿衰，元相、白傅起而振之"（《诗薮·内编》卷三）。唐诗的骨力，在大历之后，复又振起，说明它在相当长的一段时间内，有一种抵抗委弱、保持劲健的传统和耐力。这，一直到李商隐的《韩碑》一类古体和杜牧拗峭的诗风，仍然有明显的反映。而此种抗委弱的传统和耐力的形成，离不开唐诗赖以产生的背景和土壤。

　　唐诗突出地给人以刚健之感，不少地方又是与它解放的气质相联系的。

　　唐代的民族和文化背景，使得它比起汉代和宋代等统一的封建王朝，在施行封建礼教的精神禁锢方面，有一定程度的松解。朱熹说："唐源流出于夷狄，故闺门失礼之事不以为异。"（《朱子语类》卷一一六）唐诗中描写宫人、女冠、贵家姬妾乃至闺秀，在两性观念上确实比较开放。与宋词中同是写两性关系的作品相比，较少那种礼教压抑下的病态。"知君肠断共君语……暗合双鬟逐君去"（白居易《井底引银瓶》），这种"淫奔"，比起唐代以后诗词中的一些爱情描写，也可以说是"奔"得毫无顾忌。而较早地多写这类题材的元稹和白居易，就家世渊源看，一出于鲜卑，一出于西域，虽然不能机械地认定这种家世对他们有多大影响，但两人礼法观念比较淡却是事实。因此，即使是论唐代爱情诗，民族和文化背景也是不可不加以考察的。当然，这种背景对于诗歌，更主要的影响，是通过活跃社会思想，给唐诗带来了解放的气质。就其与唐诗两大高潮的关系而论，盛唐时在精神较为解放的空气下，诗坛成批涌现脱略小节、豪荡使气、富有开拓精神的才士，发出中国诗史上音量最足的浪漫主义合唱；到了中唐时期，更出现文化思想形形色色、多种多样的活跃景象。各种流派杂然纷呈，撑拄世间，则在某些方面起着精神上抗拒衰委的作用。故韩、孟、元、白、刘、柳的诗歌，皆能意态不凡,独辟蹊径,以各自的姿态笔墨,卓立于世,演出了中唐诗坛多元化的场面。

论及唐诗解放的气质、发越的精神状态,还不能不涉及由西域传入的音乐、舞蹈、绘画、雕塑等部门技艺所带来的影响。与诗歌相比,南北朝以至隋唐,中国在音乐、舞蹈、绘画、雕塑等部门,接受西域和印度的影响要更为明显一些。这可能因为这些艺术品种地位不及诗歌尊贵,夷夏之防薄弱,同时技艺方面中原又相对落后,迫切需要来自外域的借鉴和移植。而这些艺术部门特别是乐舞,和诗歌关系极为密切。当它们吸收了外来文化养分时,又不能不转而影响诗歌,唐代十部乐有八部源于西域。李商隐的诗句"羯鼓声高众乐停"(《龙池》),很有象征性地反映了隋唐时代胡乐独盛的场面。不仅在一般场合下,"歌者杂用胡夷里巷之曲",就连庙堂雅乐,也掺入胡音。贞观时祖孝孙受命修定雅乐,因为"陈梁旧乐,杂用吴楚之音;周齐旧乐,多涉胡戎之伎。于是斟酌南北,考以古音,作为大唐雅乐"(《旧唐书·音乐志》)。周秦古音,祖孝孙还能知道多少,实在大可怀疑,所谓"斟酌南北"不过是一种折中,岂能全部排斥胡音。所以唐代乐舞,是在已经带有胡夷成分的情况下,继续从外域大量引进。胡乐风靡一世,一些诗人习染颇深。《通典》卷一四二描述胡乐:"铿锵鞺鞳,洪心骇耳。""感其声者莫不奢淫躁竞,举止轻飙,或踊或跃,乍动乍息,跷脚弹指,撼头弄目,情发于中,不能自止。"可见胡乐音响和节拍是强有力的。演奏时声情激荡,富有刺激性。岑参在西域,见美人表演西域歌舞,为之赞赏不已:"此曲胡人传入汉,诸客见之惊且叹。"又说:"始知诸曲不可比,《采莲》《落梅》徒聒耳。"(《田使君美人如莲花舞北铤歌》)可见歌声和舞姿多么令人倾倒。这类乐舞,能使人感动激发、才思发扬,有助于增强诗歌的解放气质。同时,唐代"声诗"是配合乐曲歌唱的,包括胡乐成分在内的乐曲本身,又必然要从声音的高下清浊和旋律节奏方面,给诗歌创作以直接影响。我们读《凉州词》、《伊州歌》一类声诗,读岑参那些"戎夷蛮貊莫不讽诵吟习"(杜确《岑嘉州诗集序》)的边塞诗,以及李颀《听董大弹胡笳弄兼寄语房给事》、杜甫《观公孙大娘弟子舞剑器行》等篇,不难体会到西域风习乐舞与唐诗刚健解放气质之间的特殊关系。

唐诗壮阔的面貌、强劲的骨力、解放的气质,通过作品给人的总体感受,无疑具有较多的阳刚之美。黑格尔曾把包括中国文学在内的东方文学的美,称为"神经衰弱的美"(《历史哲学演讲录》),这种看法有片面性,但中国古代诗歌,多数呈现阴柔之美,而不及西欧作品雄强粗犷却是事实。唐诗在中国古代文学中,大量作品相对地显得笔力雄壮、气象浑厚。往往挺拔健举,而不流于卑弱。这种刚健的表现,作为唐诗的一种特质看,应该是符合事实的。继唐之后,刚健之气在宋代诗词中无疑表现得不足,但越宋而至金元,情况又发生变化。金朝诗风近唐,杰出诗人元好问仰慕建安时期"曹刘坐啸虎生风"（《论诗三十首》其二）,赞赏李白"笔底银河落九天"（《论诗三十首》其十五）。潘德舆说:"诗中大语,李杜而后绝矣,然元好问亦有大语。"（《养一斋诗话》）元代文学以曲为代表。元杂剧所用的北曲,是以辽、金以来传入中原的"马上杀伐之音"与慷慨激昂的北方歌曲相结合所形成的新的音乐体系。元代杂剧、散曲,有不少作家出自少数民族。而前期元杂剧在中国戏曲发展史上,也最具阳刚之美。此后,南戏兴盛,则愈发展愈趋向阴柔之美。沿流而下,甚至可以一直追踪到近代女子越剧等剧种的出现。所谓"绝句少宛转而后有词,词不快北耳,而后有北曲,北曲不谐南耳,而后有南曲"（《唐音癸签》卷十五引王世贞语）。戏曲的这种发展变化,与南北朝经隋唐到两宋的韵文演变情况,值得联系起来加以思考。似乎汉民族当文化上缺少外族"精悍之血"补充时,其审美情趣有向阴柔方面倾斜的趋势。并且随着文化重心南移,时或有所加强。而历史上来自北方和西北方少数民族与汉族的融合,则往往给处于相对静态的汉族文化带来新的活力。鲁迅说:"旧文学衰颓时,因为摄取民间文学或外国文学而起的一个新的转变,这例子是常见于文学史上的。"（《门外文谈》）闻一多论述宫体诗的发展变化时说:"专以在昏淫的沉迷中作践文字为务的宫体诗,本是衰老的、贫血的南朝宫庭生活的产物,只有北方那些新兴民族的热与力才能拯救它。"（《宫体诗的自赎》）梁启超则针对唐诗说得更为具体:"经南北朝几百年民族的化学作用,到唐朝算是告一段落。唐朝的文学,用温柔敦厚的底子,加了许多慷慨悲歌的新成分,不知不觉便产生出一种异彩来。盛唐各大家,为什么能在文学史上占很重的位置呢？他们的价值在能洗却南朝的铅华靡曼,参以伉爽真率,却又不是北朝粗犷一路。拿欧洲来比方,好像古代希腊罗马文明,搀入些森林里头日耳曼蛮人色彩,便开辟一个新天地。试举几位代表作家的作品。如李太白的《行路难》（金樽清酒斗十千）（诗略,下同）、杜工部的《后出塞》）（朝进东门营）、《前出塞》（挽弓当挽强）、高适的《燕歌行》。这类作品,不独三百篇、《楚辞》所无,即汉魏晋宋也未曾有。从前虽然有些摹写侠客的诗,但豪迈气概,总不能写得尽致。内中鲍明远最喜作豪语,但总有点不自然。所以这种文学,可以说是经过一番民族化合以后,到唐朝才会发生。那时的音乐和美术都很受民族化合的影响,文学自然也逃不出这个公例。"（《中国韵文里头所表现的感情》）可见,研究中国文学,不能只看到自周秦以来的统一不变,要看到统一中有变化。当少数民族文化成分处于正被汉族文化消化或二者相融合摩荡的时候,往往正是中原文化得到富有铁质的新血液的补充,乃至发生新变的时候。"五四"以来,中国新文化在取得重大成就的同时,有人嫌其缺少"阳刚之美"和"男子汉风格",①这与中国审美传统的影响,无疑有一定关系,鲁迅先生曾经慨叹:"伟美之声不震于吾人之耳鼓者,亦不始于今日。"(《摩罗诗力说》)因此,在面对中国传统文化进行反思的今天,唐诗刚健的特质,让我们感到弥足珍贵,而围绕它所涉及的一系列有关文学史方面的问题,也值得我们认真探讨。

---

①黄子平、陈平原、钱理群:《论"二十世纪中国文学"》,载《文学评论》1985 年第 5 期。

第三章　初唐诗坛的建设与期待

宏观地看,唐诗在我国两千多年诗歌史上是发展中的一个环节,但唐代长达二百八十多年之久,唐诗自身又有它发展、繁荣到衰落的过程,有其内在发展阶段,光把唐诗看成一个混沌的整体是不够的。明初的高棅,曾给研习唐诗的人提出这样一个要求:"今试以数十百篇之诗,隐其姓名,以示学者,须要识得何者为初唐,何者为盛唐,何者为中唐、为晚唐。"(《唐诗品汇总序》)稍后的李东阳也说:"试取所未见诗,即能识其时代格调,十不失一。"(《麓堂诗话》)高棅和李东阳所悬的标准未免过高,对所未曾见过的诗,仅凭风容色调的直觉去判定其时代,即使是他们自己也不能做到准确无误。① 但要求对诗歌时代特点、对初盛中晚四期风貌的不同能够有所辨识还是非常必要的。读唐诗和研究唐诗,应该于此有所留意,以提高对诗歌的品味能力和对唐诗的宏观把握能力。

从宋代起,研究唐诗的学者,就力图把握唐诗不同时期的特点与发展轨迹,开始给唐诗划分阶段。到目前为止,出现过多种分法,但影响最大的,是把唐诗分为初、盛、中、晚的四分法。

四分法的建立有一个过程。北宋学者杨时,论诗歌发展时指出:"诗自《河梁》之后,诗之变至唐而止。元和之诗极盛。诗有盛唐、中唐、晚唐。五代陋矣。"(《龟山先生语录》卷二)南宋严羽多次谈到唐诗发展各个阶段的不同,如说诗体有唐初体、盛唐体、大历体、元和体、晚唐体;又说:"大历以前分明别是一副言语,晚唐分明别是一副言语。"严羽实际上已揭示了唐诗几个主要阶段的不同,不过提法上还不够明确。元代杨士弘根据严羽在《沧浪诗话》中所阐发的观点编唐诗选本《唐音》,分唐诗为始音、正音和遗响。始音是四杰,正音于古、律、绝各体中依世次编排。又在卷首将162位诗人划分为"初、盛唐诗人"、"中唐诗人"、"晚唐诗人"。明代高棅引严羽《沧浪诗话》之说,沿杨士弘《唐音》的途径进一步扩展,编成《唐诗品汇》。《品汇》将时代先后、艺术风格、诗体三者结合

---

① 高棅《唐诗品汇》中有许多隶属某时某人的诗,根据更可靠的文献资料应属另一时期诗人之作。

加以排列,可算标志着四分法的正式形成。①

　　由于任何时期诗歌风貌都不可能完全整齐划一而无例外,因而如果将四唐绝对化是不科学的。"盛唐人诗亦有一二滥觞晚唐者;晚唐人诗亦有一二可入盛唐者,要当论其大概耳。"(严羽《沧浪诗话·诗评》)贺知章的名诗《咏柳》比喻新巧,有点接近宋代杨万里等人的作品。唐刘方平的《月夜》:"今夜偏知春气暖,虫声新透绿窗纱。"感觉纤细,稍类晚唐。清初以来,学者如钱谦益、冯班等人抓住四唐划分有其机械一面的缺点,曾对高棅加以诟病,但如果不过分在细微处计较,应该说唐诗不同阶段在风貌上的差别还是客观存在的。分期有助于让人们认识这些差别,而四分法与其他一些分法相比,又有以下一些优长:其一,能揭示唐诗从端正方向到繁荣、发展、消歇的过程。其二,能适当照顾到作家群的自然出现和消失,反映唐诗各段发展风貌的不同。其三,不嫌过简或过繁(与二分法或八分法等相比)。正是由于这样一些原因,高棅的四分法已为明清以来多数学者所接受,在文学史和有关唐诗研究著作中被广泛使用。林庚先生说:"(唐诗)被传统地分为初、盛、中、晚,起伏分明的四个时期;我们也很少看到其他时代的诗坛有这么完整的时代性的划分,这当然也由于它是一个波澜壮阔巨大持久的高潮,所以才能分得清它的潮头、潮尾、顶峰与转折。而这个初盛中晚的四个时期,又恰恰与唐代整个社会的起伏发展,如影随形,相为终始……这里值得我们探索的问题也就不限于诗歌本身,而是诗歌与时代的关系。诗歌作为一个特殊的语言艺术,它的发展有其自身的内部规律,而它的发展如何才能获得充分的成熟,则又取决于它所处的那个时代的客观条件。这里包含着政治、经济、文化等各个方面的广泛生活内容,是我们研究唐诗的广阔领域。"(《从唐诗的特色谈起》)林庚先生在这里结合唐诗初、盛、中、晚四个时期的发展变化,指出了唐诗有待充分开发的研究领域,下面我们将以四章篇幅介绍唐诗四个时期的风貌特征,而与此同时,将努力揭示唐诗所处的"那个时代的客观条件"。这一章先从初唐说起。

一、宫廷诗在初唐诗坛的地位

　　初唐诗歌纵向地看可以说是走向盛唐诗歌高潮的一个漫长的准备过程。在这个过程中,追随时代与因袭前朝、创新与不成熟、敷饰六朝锦色与寻求气骨

---

① 《唐诗品汇·总序》:"至于声律兴象,文词理致,各有品格高下之不同,略而言之,则有初唐、盛唐、中唐、晚唐之不同。"

性情等特点和倾向同存并见。它在近百年的时间内,未出现一流作家和太多的佳作,"或看翡翠兰苕上,未掣鲸鱼碧海中"(杜甫《戏为六绝句》其四)。但虽未曾出现盛大的局面,却又不让人感到它平庸和死水一潭,它或许迟迟未能把某些陈旧的东西推开,但并不朽腐,并不委琐,而是始终敞开着一个阔大的殿堂,在诗人的聚会、吟唱、切磋中,表现出对于更为热烈盛大场景的期待。让人感到它拥有一个良好的发展前景,并处在不断推进中。

初唐诗歌的演进,是在宫廷内外相互影响带动中完成的。横向地看,宫廷诗苑始终以其汇集着大量高层人材,联系和沟通多种方面的创作而居于中心地位。据清编《全唐诗》所收的初唐诗进行统计,不难发现宫廷诗在诗坛呈覆盖之势。首先是宫廷诗人在初唐作家中占绝对多数。《全唐诗》中存有作品的初唐220多位作家,绝大部分是宫廷文臣、帝王、后妃。处在这个圈子之外的中下层文士,只有四杰及王绩、陈子昂、刘希夷等少数作家,仅占初唐诗人的十分之一左右。即便在这些人中,骆宾王亦曾为东台详正学士,陈子昂曾为麟台正字、右拾遗,杨炯曾为珠英学士。① 宫廷诗人地位高,集中地活动在京都上层,容易造成影响,与作家数量和地位上的优势相应,初唐宫廷诗的作品数量也占优势。清编《全唐诗》自1卷至106卷,其中除去郊庙乐章(10卷至16卷)、乐府(17卷至29卷)、唐睿宗以后之帝王后妃、张九龄(47卷至49卷)、姚崇、宋璟(64卷)、苏颋(73卷、74卷)、张说父子(85卷至90卷)、卢僎(99卷内)等人的作品,以及姜晞、赵冬曦为首的两卷(75卷、98卷),共存诗2444首。② 这些诗中,奉和、应制、郊庙乐章,具宫廷色彩的咏物诗、乐府诗、帝王后妃挽歌,以及寓值、从驾、早朝、宫廷景物、美人歌舞、皇帝大臣宴赏、朝士交游之作,约1523首,馀下不属宫廷范围的诗,仅921首。宫庭诗笼罩诗坛的再一优势是人材集中绵延。从开国时的秦府十八学士,到武后朝的珠英学士、中宗朝的景龙学士,前后承续不断。这种学士集团中,还有像许敬宗那样自武德初即已为秦府学士,永徽中又加弘文馆学士,以"文学宏奥"历仕诸朝达五十馀年者;有像李峤那样交接几代文人:初与王(勃)杨(炯)接踵,中与崔(融)苏(味道)齐名,下接二张(说、九龄)的文章宿老;有像上官仪、上官婉儿那样先后在宫廷主文柄的嫡亲祖孙,构成一个顺着时代绵延的群体,对诗坛起着支配作用。相形之下,这个群体之外

---

① 四杰中王勃、卢照邻虽未曾在宫廷任职,但皆曾为王府从事。王府与宫廷关系至密,诗文艺术交流活动甚多。

② 未剔除重出互见之诗。《全唐诗》已标出的虞世南入唐前7首、蔡允恭在隋时1首,以及陈子良上杨素诗未计入。

的四杰及王绩、陈子昂等人则显得分散和孤单。这样比较，当然并不意味着作品的质量也和作家作品数量、诗人社会地位成正比，但至少能清楚地显现出如把初唐诗歌演进的巨大而复杂的历史任务看成似乎只与四杰及王绩、陈子昂等人有关，该是何等地以偏概全。事实上，初唐诗歌演进，始终离不开宫廷诗苑这样一个最为重要而持久的基地。

　　初唐宫廷诗所具有的诗歌演进性质，一个明显的标志是表现了新的时代气息。论者多有把初唐宫廷诗和齐梁宫体诗混为一谈，以为初唐诗继承了齐梁的淫亵，实在是未能细察初唐诗与齐梁诗之间的区别。魏征在《隋书·经籍志》集部总论中评述齐梁宫体为"清辞巧制，止乎衽席之间；雕琢蔓藻，思极闺闱之内。""清辞巧制"、"雕琢蔓藻"，初唐宫廷诗可谓因多革少，但这终究是辞藻形制上的表现。"止乎衽席"、"思极闺闱"才是标志根本属性的精神实质，初唐宫廷诗在这方面的表现如何呢？据笔者统计，在上述1523首诗中不过90首左右，淫靡而可能带有色情暗示的，大约主要是杨师道的《初宵看婚》："轻啼湿红粉，微睇转横波。更笑巫山曲，空传暮雨过。"许敬宗的《奉和七夕宴悬圃应制二首》其二："荐寝低云鬓，呈态解霓裳。"《七夕赋咏成篇》："情催巧笑开星靥，不惜呈露解云衣。"李义府的《堂堂词二首》其二："春风别有意，密处也寻香。"李百药的《少年行》："一搦掌中腰。"《妾薄命》："横陈每虚设。"《火凤词二首》其二："自有横陈会。"上官仪《八咏应制二首》其一："残红艳粉映帘中，戏蝶流莺聚窗外。"《咏画障》："未减行雨荆台下，自比凌波洛浦游。"以上若无重要遗漏，总计不过9首。其数量之少以及语言上的雅化，当可见笼统谓初唐诗坛沿袭齐梁宫体之说并无充分依据。

　　《全唐诗》开卷第一题为唐太宗《帝京篇十首》，①首篇起二句为"秦川雄帝宅，函谷壮皇居"。这一开头给人的印象是：由于唐代开国的大形势，它给宫廷诗歌带来雅正和宏丽的时代特点。唐太宗等开国君臣于营构空前强大帝国的同时，对南朝极度腐朽的宫廷生活和淫靡诗歌抱有戒心，感到需要有一种变淫放为有益于政教的雅正之音。《帝京篇十首序》即指出："观文教于六经，阅武功于七德……皆节之于中和，不系之于淫放……释实求华，以人从欲，乱于大道，君子耻之。"宣称："庶以尧舜之风，荡秦汉之弊。用《咸》、《英》之曲，变烂熳之音。"诗中又云："去兹郑卫声，雅音方可悦。"以帝王之尊，既从理论上提倡，又作实践示范，态度可谓郑重而明确。李世民所要求于诗坛的就是鼓吹大唐新气象

①以《帝京篇十首》居《全唐诗》之首虽出于后人编排，但按时代顺序和多种综合条件，纂集唐诗也只能如此开头。

的宏丽雅正之音。研究者有举太宗曾作宫体要虞世南赓和一事,①证明他带头写宫体诗。其实,李世民以戏言的方式与虞世南交换对宫体的看法,不是没有可能。似可不必罗织为因遇谏故作自我掩饰之辞。而且,李世民是一位把政治得失放在首要地位考虑的君主。对他来讲,私心的爱好与影响全局的政策性措施是完全可以分开的。

李世民周围的唐初第一代宫廷诗人大部分经历了陈、隋末年的动乱,对荒淫腐朽带给社会的危害有切身的体会。"偏尚淫丽之文,徒长浇伪之风,无救乱亡之祸"(《陈书·后主本纪》),亦大致成为他们的共识。因此,不能认为这些人入唐之后,就自然把梁陈宫体诗带进初唐诗坛。现存虞世南在隋时的作品,明显地比较婉缛,且有《应诏嘲司花女》那样的轻佻之作。入唐后,婉缛即非其主要特色。他的边塞诗历来为人所重,沈德潜谓其《从军行》"犹存陈隋体格,而追琢精警,渐开唐风"(《唐诗别裁集》卷一)。他的奉和应诏之作,如《奉和幽山雨后应令》:

> 肃城邻上苑,黄山迩桂宫。雨歇连峰翠,烟开竟野通。排虚翔戏鸟,跨水落长虹。日下林全暗,云收岭半空。山泉鸣石涧,地籁响岩风。

境界开阔,显出雨后自然界的生机和宫苑一带的祥和气氛。语言疏秀,而无前期的堆砌琐屑之病。这种诗风变化,与入新朝后的思想情趣变化有关。虞世南此诗属相对省净之作,多数宫廷诗人则更重铺排和藻饰。如《奉和正日临朝》题下状环境气氛之辞为:"拂霓九旗映,仪凤八音殊。佳气浮仙掌,熏风绕帝梧。"(岑文本)写群臣趋朝与皇帝驾到为:"锵洋鸣玉佩,灼烁耀金蝉。淑景辉雕辇,高旌扬翠烟。"(魏征)华丽宏赡、美好祥瑞的意象联翩而出。这类诗,内容多半止于歌功颂德,但追求的是雅正,而不是齐梁的侧艳。以宏大整肃代替六朝琐碎柔弱,以和乐代替颓靡,显示了帝国初兴的时代气息和诗歌面貌的演变。

宫廷诗发展的第二阶段是高宗朝前期以上官仪为代表的"龙朔变体"。所谓变,是颂体式的铺排减弱了,体格不及贞观时宏整,质地纤弱,藻饰相对地更显突出,故人目为"绮错婉媚"。婉媚而欠宏整,在上官仪死后,受到王勃等人的批评。但上官仪讲究词藻能稍事融化,其诗增强了动词在句中的作用,喜用迭

①《新唐书·虞世南传》:"帝尝作宫体诗,使赓和。世南曰:'圣作诚工,然体非雅正。上之所好,下必有甚者,臣恐此诗一传,天下风靡。不敢奉诏。'帝曰:'朕试卿耳!'赐帛五十匹。"

字,比贞观时的宫廷诗显得流畅。至于他在对仗和格律上的建设,更是徐陵、庾信之后的一轮重要推进。上官仪诗还有注意营造意境且语言省净的一种,著名的《入朝洛堤步月》:"脉脉广川流,驱马历长洲。鹊飞山月曙,蝉噪野风秋。"尽管题材未出宫廷范围,但已说明将他那种诗学修养用于自我抒情,会达到怎样的水平。

宫廷诗第三阶段的代表"四友"、"沈宋"等人,继上官仪之后,取得了三方面显著进展:一是律体定型;二是把追求辞藻之美引向自然流丽的方向;三是在篇章结构上由平板滞重稍趋灵动自如。这样,宫廷诗就不再是一味繁缛,而是在语言格律、布局谋篇上,都有了可以写出高档次诗篇的准备。中宗朝沈宋、杜审言等被贬,身份接近宫廷以外的诗人,以他们把宫廷中锻炼出来的技巧,用于流窜落魄、山程水驿的自我抒情,诗歌在宫廷内外近百年演进的积极成果,在一定意义上也就通过他们得到了进一步的汇合。以后则再由他们经过张说、张九龄等往盛唐诗坛传递。

二、宫廷内外诗歌在发展中的互补

初唐宫廷以外诗人最有影响的是四杰和陈子昂。他们对宫廷诗风有过激烈批评。但宫廷内外诗歌创作原是相互沟通而非隔绝的。随着宦海浮沉,宫廷诗坛成员时有变动,四杰及陈子昂等即曾进入过宫廷或诸王府中。同时,诗人之间又有各种交往,①诗艺彼此影响。因而从总体看,宫廷内外双方在初唐诗歌发展中实是一种互补。

就诗歌追随时代、表现时代面貌而言,宫廷诗和四杰及陈子昂的诗歌都曾透露了时代气息,而方式、途径的不同则具有互补意味。宫廷诗对大唐鸿业的种种直接颂美,多承袭齐梁声色大开之后所形成的描写性模式,四杰及陈子昂所表现的则是时代背景中的人物。在写法上虽然一偏于描写,一偏于表现,却经常免不了互相吸收。骆宾王的《帝京篇》、卢照邻的《长安古意》、王勃的《临高台》、宋之问的《明河篇》、李峤的《汾阴行》等名篇,就是把类似宫廷诗描写性的对感官世界的刻画铺陈与传统的表现性的抒情结合在一起的。

在语言方面,按时代进程将双方的作品加以对照,亦能发现其交互影响。四杰之中,卢、骆年长于王、杨,卢、骆之作的六朝诗歌句法及藻绘馀习较王、杨

---

① 如骆宾王与宋之问、李峤之间,陈子昂与宋之问、杜审言之间,有唱和赠送之诗;杨炯和宋之问先曾同为崇文馆学士,后同在习艺馆供职。

明显。卢照邻《山庄休沐》："龙珂疏玉井，凤叶下金堤。川光摇水绿，山气上云梯。"骆宾王《望月有所思》："圆光随露湛，碎影逐波来。似霜明玉砌，如镜写珠胎。"句法辞藻，酷似六朝。而类似的情况，在王、杨诗中则很难发现。王、杨句法相对显得省净、灵活，词藻更为融化。从卢、骆到王、杨的这种变化，跟宫廷诗语言演进，适成对应关系。上官仪的诗歌语言，比贞观宫廷诗流畅，上举《入朝洛堤步月》等诗且相当省净。可以说王、杨一方面抨击龙朔变体，一方面又吸收了当时宫廷诗歌创作的某些成果。从龙朔变体到王、杨的变化，诗坛上出现了一种推陈出新的局面。陈子昂正是在这种局面下，往质朴的方面又推进一步。他的诗歌语言，稍近杨炯。嗣后，杜审言和沈、宋的诗歌语言，一方面不同于上官仪的繁缛，一方面又比四杰纯熟，比陈子昂华润。这些，正是宫廷内外诗歌创作在语言上互补和推演的成果。

　　四杰和陈子昂在诗史演进中对宫廷诗的补救，最重要的方面是他们所强调的风骨。应该说宫廷诗人特别是贞观朝诗人并不是没有注意到风骨。魏征指出："江左宫商发越，贵于清绮。河朔词义贞刚，重乎气质。"希望南北合其两长，实际上已提出了风骨与声律结合的问题。贞观朝的宫廷诗宏整端庄而又有帝京、皇宫的盛大形影，不能认为柔弱细碎，但毕竟有体貌而乏神气。人为的铺排，侈大其词，壮大其势，写法和弱点，都很像挚虞所批评过的"以事形为本"的赋："假象过大，则与类相远；逸辞过壮，则与事相违；辩言过理，则与义相失；丽靡过美，则与情相悖。"(《艺文类聚》卷五六)宫廷诗以颂美为旨归，致力于描写型的外在铺陈，体貌骨架中缺乏强劲的生气灌注，虽宏整壮大，艺术力量毕竟不足。初唐宫廷诗发展到第二阶段，渐渐地不再致力追求壮大，转为趋向婉缛，情绪感有所增强，内中当有这方面原因。但宫廷诗人的情绪总不免贫弱，贫弱的情绪和婉缛的表现相结合，非但不能走上健康发展的道路，却又因为丢掉了宏整壮大更显得委靡无骨。针对宫廷诗这方面的缺失，特别是龙朔以后的某种倒退，王勃、杨炯、陈子昂先后尖锐地加以批评，提出"风骨"问题，并追求在实践中加以解决。王世贞评四杰："词旨华靡，沿陈隋之遗，气骨翩翩，意象老境，故超然胜之。"(《唐音癸签》卷五引)指的是四杰受宫廷诗华靡一面影响较深，但能以风骨超胜。杨炯在《王勃集序》中夸美王勃的作品："壮而不虚，刚而能润，雕而不碎，按而弥坚。"即指能以风骨充实作品，做到既壮健而又能容受藻饰。陈子昂诗歌的风骨比四杰之作更显突出，论者多强调他对梁陈之风的否定，但子昂写过《晦日宴高氏林亭》、《上元夜效小庾体》、《洛城观酺应制》等宫廷诗。他的《与东方左史虬修竹篇》所赠的对象东方虬是著名的宫廷诗人，曾以应制诗得到武后赏识。① 子昂在序中赞其《咏孤桐篇》:"骨气端翔,音情顿挫,光英朗练,有金石声。"除首句所说"骨气"为一般宫廷诗所不具备外,馀三句所指,则与声律词藻方面的成就有关。子昂又以晋代诗人张华比美东方虬。张华诗"其体华艳"、"务为妍冶"(锺嵘《诗品》卷中),对齐梁诗风形成有先导作用。子昂论风骨,是在与东方虬这样一位朋友交流唱和时引发出来的。对东方虬的肯定和对齐梁以来颓靡诗风的批评交见于一篇之中,应该说他跟当时的宫廷诗并非互不相容,而是欲以风骨加以引导和补救。

三、风骨离不开性情——初唐诗坛的期待

初唐诗经过长期互补性的交流发展,而且在四杰及陈子昂之后,又有四友和沈、宋等新一轮的推进,照说到中宗朝可望有高潮出现。殷璠称"景云中颇通远调"(《河岳英灵集序》),也正是对中宗朝以后诗歌内涵已较为广远而非意穷句下,给以足够的估价。但尽管如此,拿沈、宋等人及其同时代的作品与盛唐比,无论是整个的气势规模,还是具体篇章的精彩焕发程度,仍都明显隔着一层天地。初唐诗在其前期可以说因多方面演进未能完成而难得臻于至境,但何以即使延至此时,离盛唐似乎还很遥远呢?此时究竟在等待什么?殷璠把"风骨声律"兼备作为高潮到来的标志,缺一不可。此时诗坛的期待,是声律,抑或风骨?声律,初唐人在近体诗等方面奠定的基础,盛唐人只是作了创造性的发挥,而没有大框架的突破,说明初唐在声律上的准备是充分的。既然如此,盛唐之姗姗来迟,依旧只能是风骨问题。

风骨问题从根本上看离不开性情。《文心雕龙》以《风骨》篇继《体性》之后,且云:"结言端直,则文骨成焉;意气骏爽,则文风生焉。"意气,应属于性情范围之内,而语言是否"端直"亦根于性情,即所谓"情动而言形"(《体性》),《风骨》篇又特别强调"气",认为气导致风力遒劲。古代文论中"气骨"与"风骨"用意亦常常不分。② 而气又是与情相生相伴,所谓"情与气偕",故风骨的生成,取决于性情。明代何良俊云:"诗有四始,有六义……六义者……本之性情而已。不本之性情,则其所谓托兴引喻与直陈其事者,又将安从生哉?今世人皆称盛唐风骨,然所谓风骨者,正是物也。"(《四友斋丛说》卷二十四《诗一》)明确了性情在

---

① 《唐诗纪事》卷十一:"武后游龙门,命群官赋诗。先成者赐以锦袍。左史东方虬诗成,拜赐。坐未安,之问诗后成,文理兼美,左右莫不称善,乃就夺锦袍衣之。"
② 杨炯《王勃集序》即既用"气骨",又用"风骨",而用意无多大区别。

诗歌发生学上的意义，再由此考查初唐诗歌的发展进程，对一些问题自会取得新的认识。袁行霈先生指出："性情与声色的统一是初唐人为盛唐诗歌高潮到来所作的主要准备。"（《百年徘徊》，载《北大学报》1994 年第 6 期）的确，从南朝"性情渐隐，声色大开"（沈德潜《说诗晬语》），浮文弱质泛滥，到盛唐人风清骨峻，篇体光华，主体精神既充分发扬，同时又有相应的声律词藻为之附丽。这中间的周折，还是性情和声色如何充分发扬，并由彼此参差错忤归于新一轮的统一问题。总之，盛唐高潮到来前的期待，也就是对使风骨真正能够树立起来的性情的期待。

初唐宫廷诗的性情无疑是贫乏的，并因性情贫乏而风骨不扬。由唐太宗《帝京篇》等诗所奠定的时代审美文化取向，就不曾重视性情。比较起来，齐梁宫体诗虽然淫靡，但其中尚多少透露了一点盘旋于诗人心底的情绪意趣。《帝京篇》指示给诗歌创作的，不是从根本上改造性情，而是抽去齐梁诗中品位不高的情调，转向可以不与性情相干的对外部世界的铺陈。胡应麟所谓"视梁陈神韵稍减，而富丽过之"（《诗薮·内编》卷二），即已准确地把握了其间的变化得失。《帝京篇》等诗，把文教、武功、台榭、金石、沟洫、麟阁等作为咏歌对象，风气既开之后，宫廷诗人往往围绕应制、颂美，以语言辞藻供给应付，而实际性情则可以搁置一边。宋之问著名的《龙门应制》："彩仗虹旌绕香阁，下辇登高望河洛。东城宫阙拟昭回，南陌沟塍殊绮错。林下天香七宝台，山中春酒万年杯。微风一起祥花落，仙乐初鸣瑞鸟来……"竭力展现作者颂美的才能，整篇都是带祥瑞气息的铺陈，而非真情真性的表现。宋之问诗压倒了东方虬同题之作，夺得武后所赐的锦袍，荣耀之极。可以想见，一时间审美文化导向，就是这样只要巧妙颂美而忽视真实性情。宫廷诗的审美风尚限制了宫廷诗人性情的表达和发扬，而宫廷诗人自身的不足，又正好投合了宫廷诗的审美风尚。诗歌的性情问题，在宫廷诗人和宫廷诗的范围内是解决不了的。此时诗歌要想重新拥有性情，只有走出宫廷，实现审美文化从宫廷到社会人生的转化，才有可能在表现日常生活和人生价值的同时，充分弘扬诗人主体性情，展开理想的新局面。

诗中得见性情的，在初唐主要是宫廷以外诗人，以及沈佺期、宋之问、杜审言等在贬逐失意中的作品。但性情是有不同类型和等差的，王绩的情调与时代主潮分离。"此日长昏饮，非关养性灵"（《过酒家五首》其二），他的性情在远离世俗和长日昏饮中消歇而未能得到发扬。对盛唐人的性情有导夫先路意味的是四杰。四杰在开朗、热情、富有进取意识方面，跟盛唐人比较接近。但四杰较多地承袭六朝的藻绘习气，性情有时不免让藻绘所掩。如王勃的行旅、送别诗虽有名篇，但多数作品大部分笔墨用于描绘景物，结尾处的一点抒情往往因其薄弱而与写景不够相称。骆宾王的边塞诗,主要用力亦在于铺排,如与岑参同类之作相比,一是奇情奇境相得益彰,一则被典实辞藻占据主要篇幅,削弱了慷慨之气。四杰有功名的意念,有所向往,有所不平,又毕竟缺少宏大的社会理想和人生抱负,难免“浮躁浅露”(《大唐新语》卷七)。他们寄希望于上层,抱怨嗟于命运,在仕途上惶惶然踟蹰张望。给人的感觉还是信心不够,精神力量不强,青春少年式的情调和内质稚弱正相表里。四杰主体精神之弱,在短篇中也许难见,在长篇中则比较明显。卢照邻的《长安古意》、骆宾王的《帝京篇》,以主要篇幅铺叙长安的繁华和王公、富豪、贵少、娼家的奢靡享乐生活,那种客观描绘,似讽似羡,诗人的主体意识并不突出,而结尾一自伤寂寞,一自述遭回,谓其对权贵的批判缺乏力量虽不免皮相了一点,但以赋体结末婉然寓讽为其辩解,亦终嫌勉强。从通体看,尚缺乏李白、杜甫长篇那种笼罩全局、贯通各个关节的精神力量。

　　陈子昂高倡风骨,作品亦以此为突出特征,但陈诗的艺术感染力并不强。拿他的理论与创作对照,可以看出有风骨的意识,尚需有相应的性情予以充实。陈子昂《感遇》一类作品似乎主要凭兴寄显其风骨。兴寄可以偏于理性,与性情的自然流露和表现不一定相同。“其诗以理胜情,以气胜辞”(《唐音癸签》卷五引《吟谱》)。理和情、气和辞本应统一。当前者胜过后者的时候,必定人为之功多而自然生气少。王世贞云:“陈正字……托寄大阮……而天韵不及。”(《艺苑卮言》卷四十)姚范云:“射洪风骨矫拔,而才韵犹有未充,讽诵之次,风调似未极跌荡洋溢之致。”(《援鹑堂笔记》卷四十)王世贞与姚范是就才韵风调言其不足。而胡应麟则把历来论陈子昂时如影之随身的“风骨”给离析开了:“唐初承袭梁、隋,陈子昂独开古雅之源……高适、岑参、王昌龄、李颀、孟云卿本子昂之古雅,而加以气骨者也。”(《诗薮·内编》卷二)论述中以“古雅”属陈子昂,而以“气骨”属高适、岑参等人。又云:“子昂《感遇》尽削浮靡,一振古雅……第三十八篇外,馀自是陈、隋格调,与《感遇》如出二手。”(同上)再次以“古雅”相许,而不提“风骨”。可见胡氏改换通常的提法,并非出于偶然。陈子昂的古雅,缘于效法阮籍《咏怀》。而其效阮,又有“局于摹拟”(厉志《白华山人诗说》)之病。当他离开《咏怀》的模式,写其他类型的作品特别是律诗的时候,由于主体性情投入不足,自然就难以脱尽陈、隋格调。朱庭珍曾有一段议论,未必针对陈子昂,但在风骨问题上却颇能说中初唐诗某些短处:“骨有馀而韵不足,格有馀而神不足,气有馀而情不足,则为板重之病,为晦涩之病,非平实不灵,即生硬枯瘦矣。初唐诸人、西江一派是也。”(《筱园诗话》卷一)朱氏所说的“韵不足”、“神不足”、“情不足”,归根结蒂是性情不足,骨格离不开性情,离开了性情,作品就板重不灵了。贞观朝宫廷诗有此病,陈诗在一定程度上亦有此病。

　　沈佺期、宋之问的后期诗歌,特别是其贬谪诗,在性情和声色结合方面,较四杰及陈子昂前进一步。问题是沈、宋等人缺少气节,又不幸遇上初唐宫廷中斗争最为激烈的时期。从武后废中宗改唐为周,至李隆基诛韦后、杀太平公主,三十年间六次宫廷政变,乃至改朝换代。在这种局面下,作为依附性极强的文学侍从之臣,沈、宋等人的性情是被扭曲的。媚附张易之那样的丑类,又因之而遭贬,负罪的心理,羞愧而又自我掩饰的暧昧态度,使有关诗中的性情缺少盛唐时期那种真放磊落的表现。"度岭方辞国,停轺一望家。魂随南翥鸟,泪尽北枝花。山雨初含霁,江云欲变霞。但令归有日,不敢恨长沙。"(宋之问《度大庾岭》)情哀意苦,读之令人心恻,确属上乘之作。但诗人的性情此时被负疚感和渴望恩赦的愿望包裹着,与读者之间难得有更深的情感交流。由于表现了乞怜之态,诗之风骨也显柔弱。

　　我们讨论了初唐诗人在性情表现方面的具体情况,不是要把导致缺点和不足的原因简单地归之于个人。抒情诗中的性情,固然受作者思想、情操、气质等因素制约,但如果不过多地计较个体之间的差别,而把视野扩大到群体和时代,还可以在个体的种种表现背后,看到时代社会条件对孕育该时期诗人性情的重要作用。初唐诗人在作品中注入的性情未能如盛唐醇畅健全,未出现一流诗人,不能仅在具体诗人身上找原因,要同时看到时代条件怎样影响了诗人及其创作。具体诗人的情况可以是偶然的,时代条件(特别是文化背景)的左右则带有必然性。下面我们将看到历史进程由初唐推向盛唐时,影响及于诗歌性情的诸般条件起着怎样深刻的变化。

四、大潮涌起——伴随盛唐的各种
社会条件对性情的催发

　　由初唐到盛唐,对诗人性情起制约作用的一个重要方面是由诗人门第出身、在朝与在野等因素所标志的身份地位的变化。

　　文人处身宫廷或宫廷之外,思想作风和创作会表现出很大的差异。宫廷文人以供奉帝王为职责,自有其御用性和依附性,其诗在某种意义上与宫廷建筑物的雕龙画凤、诸般彩饰一样,是一种妆点陪衬,不过一者用物质材料,一者用语言材料而已。它所需要的是妆饰性而不是诗人特有的个性。与宫廷诗人不同,那些四方浪游,或应考求官、作吏风尘、从军边塞者,由于实际的人生阅历、

多方面的磨砺,以及社会生活、自然风光的激发,则能培养丰富深厚的性情。这是身处宫廷内的诗人所不可能得到的。但初唐宫廷之外,少有诗人。贞观时期自不必说,武后、中宗时期,宫廷以外诗人亦为数不多。这种情况,到盛唐大变,开元、天宝时期,重要诗人孟浩然、王之涣、李颀、高适、刘昚虚、常建、薛据等都未曾进入宫廷。① 岑参仅在军事机关右内率府任过兵曹参军。李白、杜甫,一仅曾以布衣供奉翰林,一仅在安史之乱爆发前夕受过右卫率府兵曹参军的任命。王维在开元二十三年任右拾遗前,仅于开元九年任短期的太乐丞,旋即外贬。可见,初唐到盛唐,创作队伍的主体,由宫廷以内迅速转向宫廷以外。这一巨大变化,与盛唐时期文教昌盛、人材大量涌现直接相关。初唐人材有限,武后控制政权时期又不次用人,文才杰出而又在野者自然很少。盛唐时期四方人材辈出,宫廷不可能全部容纳,散在下层的属绝大多数。他们或漫游于江湖,或隐居于山林,或就食于州郡,或应举于都城,广泛分布于多种社会生活圈子之中。开元前,地方州郡官府延揽文士的情况史籍少有记载,开元、天宝以后,各处节镇官高权重,节度使乃至州郡长官延揽文士入幕的情况日益普遍。如孟浩然依张九龄于荆州幕府,崔颢依杜希望于代州幕府,②王维依崔希逸于河西幕府,岑参依高仙芝于安西幕府,岑参、张谓、李栖筠依封常清于北庭幕府,高适、严武、吕諲依哥舒翰于河西幕府。这些,也造成宫廷与地方文人的分流。有利于诗人多方面体验生活,培养性情。

　　从初唐到盛唐,诗人中不同阶层出身的人数对比,发生重大变化。由士族占多数转为庶族占多数。这无疑由于科举制的实行给下层文士提供了走上文化舞台的机会。但唐代贡举从武德五年即已开始,而诗人出身发生显著变化在其后,其间有一演变过程,开元之际则是演变取得多方面积极效应的时期。科举与学校紧密相关,唐代建国之初,在战乱中隳废的文教不可能立即恢复发展起来。其时,由于军功和施行均田制,一些政治经济地位获得上升的中小地主和自耕农,其子弟在就学上无疑仍有困难。再者,唐代科举早期录取对象偏重于两监生员,所谓"场屋先两监而后乡贡"(《唐摭言·进士归礼部》)。由于两监生在入学资格上有较严格的门第限制,"先两监"即意味着在很大程度上偏向于世

① 李颀,殷璠谓其"只到黄绶(县尉)"。《唐才子传校笺》卷二据其《送司农崔丞》诗:"同时皆省郎,而我独留此",谓"颀曾为尚书省郎"。按:李颀诗此处意思与岑参《敬酬杜华淇上见赠兼呈熊曜》:"是君同时者,已有尚书郎"相近。"同时",犹言同辈。除岑诗外,韩愈《又寄周随州员外》:"陆孟丘杨久作尘,同时存者更谁人。"亦可证。

② 见《唐才子传校笺》崔颢条下傅璇琮先生考证。

家贵族。《唐摭言·乡贡》云："咸亨五年……复试十一人，内张守贞一人乡贡；开耀二年，刘思立下五十一人，内雍思泰一人；永淳二年，刘廷奇下五十五人，内元求仁一人；光宅元年……刘廷奇重试下十六人，内康庭芝一人。长安四年，崔湜下四十一人，李温玉称苏州乡贡。"上述总共录取一百七十四人，内中乡贡只五人，①可见勋贵出身之两监子弟在科场上居垄断之势。但这种情况随着京城上层子弟厌学风滋长和郡县文教日益兴盛逐渐发生变化，总趋势是由乡贡应试与被录取者数量逐渐超过两监。开元十七年，国子祭酒杨玚云："自数年以来……天下明经、进士及第每年不过百人，两监惟得一二十人。"（徐松《登科记考》卷七）据此，知开元中期两监生在登第士子中已下降到不足十分之二。而上引《唐摭言》在列举咸亨至长安年间录取情况之后，接下即云：景龙元年以后，"尔来乡贡渐广，率多寄应者，故不甄别于榜中"。乡贡"不甄别于榜中"，是由于乡贡形势看好，托名者增多，实亦标志着两监已失去当初的优势。可见开元时期，两监和乡贡的科场录取率在比例上发生重要转化。"开元以前进士不由两监者，深以为耻"（《唐摭言·两监》）。换言之，开元以后这种观念已随乡贡在录取中取得的优势发生反向转化。此时乡贡的优势自然带来了下层文士在文坛上的优势。

从初唐到盛唐，对诗人性情发展起重大推动作用的又一重要因素是思想解放进程。大体说来，初唐儒风较盛，活跃开放不足。此后，随着政治经济、文化学术的发展，以及庶族地主地位与作用的上升，思想逐渐趋于活跃和解放。至开元之世，终于出现了非常生动活泼的局面。这种社会思想趋于活跃、主体精神日益得到充分发扬的进程，可从与之息息相关的学术、宗教的发展中得到相当明确的信息。现仅就儒、道、佛三家发展中的有关情况作一些考察。②

———————————

① 《唐摭言》于此处所载，仅咸亨五年至长安四年进士考试中有乡贡被录取的五场考试。其外，尚有若干场考试，乡贡无一人取者。又，《唐摭言》所依据者，为官方所放之榜。初唐被录取的乡贡进士如此之少，并不意味着其馀录取者全是在两京就学的勋贵子弟。《新唐书·选举志》云："举选不由馆学者谓之乡贡，皆怀牒自列于州县。"《摭言》以上所列的"乡贡"当仅指未曾在任何学馆就学、更未曾列名于两监者。"乡贡"与地道的两监生之间，仍有来自地方州县而获得生徒资格或凭证者。如开耀二年进士及第除雍思泰外，还有陈子昂、刘知幾。陈子昂是家在蜀地而"游"于太学者。刘知幾家非居京城，且未有入太学记载。可见该年录取者除雍思泰之外尚有其他外郡人。
② 侠亦是当时一种不可忽视的思想潮流。北方少数民族尚武习气的影响，商品经济的发展，都市的繁荣，以及社会变革引起的封建礼教相对松弛与人的主观精神的昂扬奋发，促使任侠成为时代风尚，盛唐诗人经常对侠士和侠义行为进行赞美。由于侠不光是思想方面的表现，而更多地表现在行为上，不好与儒、道、佛三家并列，故在正文中不作论述。

儒学　孔颖达等奉诏撰定的《五经正义》结束了东汉以来经学各派系的矛盾争执,促进了儒学的统一。但《五经正义》拘泥训诂,墨守经文,不免死板。这种倾向,到唐玄宗时代屡屡受到冲击。景云三年二月(同年八月改元为"先天"),李隆基以皇太子身份释奠时,批评当时国学的学风:"问《礼》言《诗》,惟以篇章为主。"(徐松《登科记考》卷五,此段以下所引均见该书卷五至卷八。)认为"谈讲之务,贵于名理,所以解疑辩惑,凿瞽开聋"。实际是要求国学里的儒经讲授,突破训诂章句的局限,做到"使听者闻所未闻,视者见所未见"。开元七年,玄宗又以《孝经》、《尚书》古文本孔、郑注"其中旨趣,颇多踳驳"为由,"令诸儒并访后进达解者质定奏闻"。结果引出刘知幾对于《孝经》郑注、子夏《易传》真伪的批评意见。事后,玄宗在诏书中公开声称:"欲使发挥异说,同归要道,永惟一致之用,以开百行之端。"开元二十五年,玄宗降诏批评明经以"帖诵为功,罕穷旨趣"。指示明经、进士考试减少试帖,加试口义。可以说玄宗在儒学方面是对训诂章句之学表示不满的带头人。从开元时代起,儒学渐渐由拘泥训诂旧说,转向自由说经,以致经中晚唐而最后走向穷理尽性的宋儒之学。盛唐人处在风气初开的背景下,习儒书而不过分为章句所拘,李白在《嘲鲁儒》中肯定经世致用的叔孙通一类儒者,而对"谈五经"、"死章句"的腐儒给以嘲弄。高适宣称:"大笑向文士,一经何足穷"(《塞下曲》),王维亦云"岂学书生辈,窗间老一经"(《送赵都督赴代州》),都与盛唐特定的思想学术风气有关。

道教　武后朝,佛教受扶持,道教相对冷落。盛唐时期,道教因得到玄宗的推崇而显赫。道教富于幻想,强调对于世俗的超越,有助于破除世俗对性情发展的某些羁束。李白即因道教大师司马承祯称其有"仙风道骨"而一生充满自信,潇洒飘逸。开元二十九年,玄宗令天下道观转读反映道教各系交融与统一的《本际经》。《本际经》反复强调道性"即众生性",对人的真性给予重视。①玄宗诏令虽下于开元二十九年,但《本际经》无疑在此之前即已发生重大影响。与《本际经》相一致,道教学者王玄览(626—697)提出"即道是众生","即众生是道"。司马承祯(647—735)承认人皆可以成仙,不主张在教徒中划分等级。这些皆表明初盛唐之交的道教学派注意尊重个人价值,甚至把众生性和神圣的道性加以沟通。

佛教　唐前期,天台、法相、华严等佛教各宗派,都大力论证并肯定人人成佛的可能性,这种论证随着时间的推移,越来越彻底。后起的禅宗慧能一派认

①参看姜伯勤《〈本际经〉与敦煌道教》,载《敦煌研究》1994年第3期。

为"本性是佛"、"自性悟，众生即佛"。强调顿悟，反对念经坐禅。这是肯定人的自我，把心性和佛性统一起来，从佛性的角度强调人的本质就是自我发现和个性发展，并在行为作风上追求解放。慧能出身穷苦，禅宗的兴起，一定程度上代表着下层僧侣的追求，亦与世俗社会中庶族地主在政治思想领域的活跃相呼应。慧能宗教学说建立正当武后——睿宗时期。慧能逝世之年（713），孟浩然25岁，王维、李白均13岁。为慧能传法最得力的弟子神会（686—760）则基本上与王维、李白等盛唐诗人同时。王维与神会且有非常密切的关系。可以说禅宗的产生，是在性情走向自由发展的时代环境中酝酿起来的；禅宗的传播则更助长了一个时代个体意识的张扬。

以上从诗人身份地位变化与思想解放过程看，性情的充分发扬与表露，在初唐时期尚处于酝酿和渐进阶段，而到玄宗开元时期，这一过程趋于完成。盛唐政局稳定，国力强大，经济繁荣，以及唐玄宗的开明风流，爱好文艺，无疑起了加速作用。我们看到盛唐诗歌高潮的来势，犹如春汛汹涌，其最为动人的景观，正是那生动活泼、精力弥满的众多诗人的性情表现：孟浩然之清雅风流，洁身自好；王维之禅心睿智，泉石膏肓；贺知章之纵诞诙谐；王之涣之慷慨倜傥；常建之性僻意远；储光羲之乐在畋渔；王翰之豪迈不羁，自比王侯；岑参之意气风发，热情好奇；王昌龄之不矜细行，玉壶冰心；李颀之豪宕疏简，契心玄理；高适之务功名，尚节义，好言王霸大略；李白之意兴飘逸，合儒仙侠以为气；崔颢少时之轻薄与入塞后之刚肠侠气；杜甫生活上之放旷不检与政治上之忠君爱国……种种性情的表现与抒发，是那样自由舒展，淋漓尽致。那种由主体精神产生的支起诗歌的力量，体现为充实健全的风骨，且与自然灵气、与情韵浑为一体，千姿百态，磅礴渊颢，构成盛唐气象。盛唐诗歌所表现的这种特征，是在特定社会条件下，对个性自由的肯定，对精神解放的追求。殷璠所云好诗创作的"神来，气来，情来"和臻于化境的"声律风骨"兼备（见《河岳英灵集序》），正是需要有这种精神条件。而这种精神条件的充分具备，只有到了开元时期才能成为现实，前此只是一种期待而已。讨论至此，我们对初唐的长期徘徊，以近百年的时间来准备盛唐，似乎也就可以不奇怪了。中国古典诗歌是需要有高度技巧的，但诗（尤其是抒情诗）这种文体，从更本质意义上说，是超越技巧的，是性情的升华。初唐在格律辞藻方面的准备，即使完成得比较早，甚至在追求风骨上有了一定的理性认识和实践，但万事俱备，没有性情的东风，仍不能达到理想境界，而性情的东风劲吹，则是有待于盛唐。

初唐的期待，其时间之长，如果单纯着眼于所谓文学内部因素，也许令人困惑。单是诗艺的演进,似乎无需百年。长期徘徊,其症结所在,当能说明诗史的研究仅着眼于形式的演进是不够的。中国古代诗歌潮起潮落,从根本上看,是受民族精神变迁支配。在五言诗的语言艺术不算十分精巧的时代,可以出现建安诗歌那样的高潮;在诗艺达到顶峰的唐朝之后,可以出现五代时期那样荒陋的低谷。因而诗史研究是一项复杂的系统工程,这项工程中不可缺少的一环是必须深入探寻各个时期民族性情特征,以及影响于性情的多方面因素。

第四章　盛唐气象[①]

一、盛唐诗歌风貌的主要特征

自开元至大历前,在诗史上称为盛唐。这里所谓的"盛"与经济、政治、军事等方面的"盛"并不是一回事。从时间上看,它固然把"开(元)天(宝)盛世"包括在内,但同时也包括安史之乱发生后的十年。后一阶段就政治上讲已是乱世。因而诗史上盛唐之"盛",是就诗歌创作而言。并且,这种"盛"也不是与作家作品数量成机械对应关系。若论时间跨度与作家作品数量之比,盛唐尚在中晚唐之下。盛唐之"盛",主要是表现在诗歌的质量与诗歌的韵度风貌上。盛唐诗歌艺术水平高,同时具有可以称为"盛唐气象"的美学风貌。从美的产生和创造看,这种诗美的出现是一次性的,不可重复。以致后世读其诗,就无限缅怀那样一个诗歌创作的黄金时代,称其诗为盛唐之音。

盛唐诗以整体水平之高显示了它在诗史上的重要位置。说盛唐诗无一首不佳或许绝对化,但盛唐人笔下空洞无物、粗滥鄙陋的诗确实很少。盛唐诗人存诗不一定很多。清编《全唐诗》所收,王之涣、张旭、刘湾皆只6首,王湾10首,王翰14首,刘眘虚15首,陶翰17首,贺知章19首,他们的存诗数量即使跟后代一些鲜为人知的诗人相比,也算少得可怜,然而他们的诗名却很高。仅五十年的时间、六千首左右的存诗,却不仅拥有李白、杜甫两颗巨星,还有王维、孟浩然、高适、岑参、王昌龄、李颀、崔颢、崔国辅、储光羲、祖咏、王翰、王之涣等十多位艺术成就很高的诗人,以及大量为人传诵、为众多书籍引用、选录的优秀作品。那种"文质相炳焕,众星罗秋旻"(李白《古风五十九首》其一)的局面,实在令人景仰赞叹。

盛唐诗坛犹如春天的百花园,各类花卉,万紫千红,各有其美好的姿态与诱

① 本章撰写,颇受林庚先生《盛唐气象》启发。文中有据先生之论加以发挥处,不一一注明。

人的芬芳。从题材看,除政治诗、边塞诗、山水诗外,其他如友情、送别、行旅、宫(闺)怨、咏史、咏物、登临、怀古、访隐等等,均有题咏;就艺术看,著名诗人各有自己的精到独诣。殷璠《河岳英灵集》选评玄宗开元二年至天宝十二载二十四家诗,一一指出诸家特点,并不雷同。高棅《唐诗品汇总序》云:"李翰林之飘逸,杜工部之沉郁,孟襄阳之清雅,王右丞之精致,储光羲之真率,王昌龄之声俊,高适、岑参之悲壮,李颀、常建之超凡,此盛唐之盛者也。"殷璠所评、高棅所述,已经够多样了,但对盛唐来说,尚仅限于举其要者。由于盛唐诗歌之丰富,本章不可能一一介绍,下面着重揭示足以涵盖整个盛唐诗歌的最为突出的风貌特征,至于李、杜的政治诗,高、岑的边塞诗,王、孟的山水田园诗,则待将四唐诗歌风貌逐一介绍之后,再分章加以论述。

　　盛唐诗在呈现丰富多彩面貌的同时,又表现为和谐统一。在开、天时期教育兴盛、文化建设热情空前高涨的情况下,大批人材从各州郡、从庶族阶层中涌现出来。他们摆脱了对宫廷的依附,靠自己的才情学识,靠自己的拼搏,寻求政治出路。人材辈出犹如春来万物齐发。春天的群芳有其多姿多彩,有其鲜活新艳的共同季节特征。盛唐诗人处在相同的时代气候条件下,时代本身又比较健康和谐,因之诗人创作亦有春芳同时的那种和谐一致的一面。另外庶族出身的诗人,为了适应社会,寻找出路,并使自己的诗文产生影响,又需广交朋友,寻觅知音。我们看到盛唐诗人相互间交游频繁,如李白与孟浩然、杜甫、张旭、贺知章、高适、崔宗之、崔国辅、崔成甫、王昌龄、魏万;杜甫与高适、严武、贾至、岑参、王维、裴迪、郑虔;孟浩然与张九龄、王维、王昌龄、张子容;王维与王昌龄、张九龄、贾至、裴迪、卢象、崔兴宗、储光羲、祖咏、李颀、薛据、綦毋潜、严武;李颀与张旭、高适、裴迪、崔颢、魏万、刘方平;高适与王之涣、颜真卿、张旭、任华、崔颢、沈千运、薛据、綦毋潜、刘眘虚、贾至;岑参与高适、颜真卿、王昌龄、贾至、李颀、薛据、畅当、储光羲、严维、王季友,等等。不少诗人彼此间都是关系密切,友谊真诚,或互赠诗篇、互相唱和,或一起把酒论文。通过交游酬唱,自然增进了他们创作上的沟通交融,使盛唐的合唱,更加协调和谐。

　　盛唐诗歌协调和谐的统一风貌是怎样一种表现呢? 换句话说,盛唐诗歌的主要风貌特征是什么呢? 这可以说从盛唐诗评家殷璠开始,历代都是人们感兴趣并加以探索的课题。不少人在这方面发表过有益的见解,但从既简括而又能抓住盛唐的主要特征来看,似以严羽说得比较好。严羽在完成《沧浪诗话》之后写的《答吴景仙书》中说:"盛唐诸公之诗,如颜鲁公书,既笔力雄壮,又气象浑厚。""笔力雄壮,气象浑厚"八个字能够概括盛唐诗歌风貌,若再求省括,还可以缩简为"雄壮浑厚"四个字。

　　严羽对盛唐诗歌风貌所作出的概括，在盛唐诗史研究上可以说是一次飞跃，但严氏的简要概括内涵深广，需要结合盛唐诗歌创作加以理解。

　　"笔力雄壮"指不同于齐梁时期的委靡、纤弱，造语朴实而有力度，给人的外在印象多为"雄词健笔"（岑参《送魏升卿擢第》）。"笔力雄壮"，更指那种"笼天地于形内，挫万物于笔端"的强大表现力，而与题材和体裁没有必然联系。古体诗固然健举有力，但盛唐的律诗和绝句亦不流于柔弱。政治诗与边塞、游侠等题材固然多雄健之作，而山水隐逸之作，亦以其表现之简约自然，以及宁静致远、意在象外的艺术效果，显示其笔力之超常。

　　如果说"笔力雄壮"离不开作品的语言因素，"气象浑厚"则更主要地指向作品的内涵与精神面貌。有人说："气象如人之容仪。"（陶明濬《诗说杂记》）这种解释易于把握，但未免太执着于形貌（象）而忽略了"气"。"气象"应是生命本元之气的一种显现。韩愈《荐士诗》："逶迤抵晋宋，气象日凋耗。"能够凋耗之"气"，当然是一种元气、生气。因而气象也就是诗歌内在生命力、内在元气所呈现的感性风貌。作品不同，气象会有所不同，但气象浑厚的作品都有由其整体艺术美所呈露的朴茂之气。美得深厚自然，无雕琢之痕。

　　总之，"笔力雄壮，气象浑厚"，是指盛唐诗歌给人以充实饱满、旺盛有力之感。元气内充，真力弥满，使作品精彩动人具有整体的生命意义而难以句摘。明代王世贞云："盛唐之于诗也，其气完，其声铿以平，其色丽以雅，其力沉而雄，其意融而无迹。"（《徐汝思诗集序》）指出盛唐诗歌元气完足，力量沉雄，有很高的艺术而外在融化无迹。他的认识和严羽很接近，可与严羽"雄壮浑厚"之论合看。

　　由于盛唐诗歌的丰富性，其风貌特点可以从多方面去阐发。我们引严羽之说，仅仅是想努力把握一种最富有时代性的特征。此外，历代学者关于盛唐诗歌特征的种种概括，亦往往各有所得，可备一说。如殷璠曾以"风骨声律兼备"作为盛唐诗歌高度成熟的标志，亦可视为对盛唐诗歌风貌的一种概括。只不过严羽是在将盛唐诗歌与其他时代之诗进行比较的角度上，揭示其独特艺术风貌；殷璠是站在盛唐人的角度，估价当代诗歌在对前代文学遗产进行继承革新方面所取得的成就。认为盛唐诗歌追求风骨，荡涤了六朝绮靡之风，但对六朝声律的成就，却能加以总结和吸取。声律风骨兼备主要着眼于两种成分的融合，而不是像严羽那样着意揭示集中统一的艺术风貌。声律风骨兼备可以用来衡量诗歌的艺术水平和层次，但不一定是指一个时代的特征，如中唐贞元、元和

时代的诗歌,也很难说不是声律风骨兼备。殷璠在《河岳英灵集》里还多次说到
"兴象",其评陶翰诗云:"既多兴象,复备风骨。""风骨"为情辞劲健;"兴象"为
情与景毫不着意地相融且时带比兴意味。兴象与风骨结合,给人的艺术感受与
严羽所云之"雄壮浑厚"也是比较一致的。因此,除了"雄壮浑厚",从其他角度
对盛唐诗歌风貌加以探讨和概括无疑是可以的,有助于更深入、更多面地认识
盛唐诗歌。

　　盛唐诗美是一种渊灏博大的诗美,开敞大方,自在自足。这在开元时期和
天宝初年一些诗中表现得尤其明显。明代胡应麟曾举出三首同是五律的行旅
诗加以比较说:"盛唐句,如'海日生残夜,江春入旧年';中唐句,如'风兼残雪
起,河带断冰流';晚唐句,如'鸡声茅店月,人迹板桥霜',皆形容景物,妙绝千
古,而盛中晚界限斩然。"(《诗薮·内编》卷四)胡氏所举的三首诗,的确体现着时
代风貌的不同。现将三诗进行对照,以获取对于三诗特别是盛唐诗歌风貌具体
切实的认识。先看开元时代诗人王湾的《次北固山下》:

　　　　客路青山外,行舟绿水前。潮平两岸阔,风正一帆悬。海日生残夜,江
　　春入旧年。乡书何处达,归雁洛阳边。

首联"客路"二句,一开始就形成开展的、向前行进的气氛。诗人眺望眼前的山
水,带着欣赏的意味。而"青山"、"绿水"实际上已经透露了一种季节特征。颔
联写出长江下游水势浩淼、风帆高举情状。王夫之说"风正"句"以小景传大景
之神"(《姜斋诗话》卷上),指从"一帆悬"中传出阔大顺畅景象。腹联写残夜还未
消尽之际,海上一轮红日已喷薄欲出;旧年还未过尽之时,春天的气息已经预先
进入大江。虽是一年将尽而又一夜将尽,且又在旅途之中,然所表现的却是一
种光明展望、辞旧迎新的情绪。尾联写年节将到之际对故乡的怀念,但没有客
愁,而是借归雁乡书,把诗人的心理空间扩展至唐时繁盛无比的东都洛阳。诗
在阔大的境界中有一种和乐的气氛、雍容的气度。那种残夜中已见红日涌现、
旧年中已有春气潜入的景象,诗人虽可能只是写一时感受,但无意中对于盛唐
时代具有一种象征意味。殷璠记载说:"'海日生残夜,江春入旧年',诗人以来,
少有此句。张燕公(说)手题政事堂,每示能文,令为楷式。"(《河岳英灵集》)诗是
如此丰富而不平凡,但在表达上却极其自然朴实,多加吟味,自能领会其雄壮浑
厚的特点。再看晚唐温庭筠的《商山早行》:

> 晨起动征铎,客行悲故乡。鸡声茅店月,人迹板桥霜。槲叶落山路,枳花明驿墙。因思杜陵梦,凫雁满回塘。

同样写行旅,但不同于前诗的和悦畅快,而是一开始就点明"悲故乡"。都是天色将明未明之际,但"海日"二句见光明与生机,此诗则给人以迷茫之感。残月与海日自是不可比,枳花呢?仅茉莉花般的大小,居然泛出明色,正可见背景之暗。就季节看,《次北固山下》写于冬残,但感受到了春的萌动;《商山早行》时值仲春,反见寒霜落叶。前诗作者于船头放目眺望,视野辽阔,而《商山早行》的诗人注意到低矮的枳花和脚下的板桥,视线无疑很低。《次北固山下》仅腹联"生"、"入"二字作为动词用于句子正中,稍微吃重。其馀"行舟"之"行"、"归雁"之"归"、"一帆悬"之"悬"、"何处达"之"达",虽可算动词,但均在句首或句尾,用得比较随意。全诗在整体上于平稳舒缓中见浑厚。《商山早行》首、腹两联均在句子中心位置用动词,颔联两句则又全用名词,无一动词,极见语言锤炼之工,而浑厚自然则逊于前诗。

中唐于良史《冬日野望寄李赞府》被胡应麟按时代顺序排在前两首诗之间,从风貌演变上看,确实有居中的意味。

> 地际朝阳满,天边宿雾收。风兼残雪起,河带断冰流。北阙驰心极,南图尚旅游。登临思不已,何处得销忧?

不再是大江顺风,而是风卷砭人肌骨的残雪,河带刺人眼目的断冰。人向南去,心恋北阙。并且以"何处得销忧"的问话作结。如果说前两首诗各有内在的和谐,此首则具有不和谐的意象和躁动不安的情绪。王湾诗的和谐是自在自足的和谐,温庭筠诗的和谐是低迷暗淡的和谐,此诗以其躁动不安居于两种和谐之中,表现出中唐诗歌特点。三诗对照,更能见盛唐诗歌自在与浑厚。

除以上三首五律外,胡应麟还举三首七绝进行比较:"'数声风笛离亭晚,君向潇湘我向秦','日暮酒醒人已远,满天风雨下西楼',岂不一唱三叹,而气韵衰飒殊甚。'渭城朝雨',自是口语,而千载如新。此论盛唐、晚唐三昧。"(《诗薮·内编》卷六)按:郑谷《淮上与友人别》云:"扬子江头杨柳春,杨花愁杀渡江人。数声风笛离亭晚,君向潇湘我向秦。"许浑《谢亭送别》云:"劳歌一曲解行舟,红叶青山水急流。日暮酒醒人已远,满天风雨下西楼。"与上两诗相比,王维的《送元二使安西》没有郑谷、许浑在意境和风调上的刻意追求,只似脱口而出,但自然新鲜,神采动人。朝雨浥尘,杨柳青青,与渭城客舍相衬,在古老的乡土背景上,洗发出一片春天的清新之气。更进一杯,直指阳关,别绪绵绵,却爽快豁朗,不显软弱,确实体现了盛唐诗歌的健康饱满,自然浑成。

二、雄壮浑厚与感激怨怼

"笔力雄壮,气象浑厚"的盛唐诗歌,常被诗评家以更简括的"盛唐气象"四个字将它与其他时代的诗歌风貌相区别,这种概括有助于更明确地把握盛唐诗歌特征。但对于这样的概括,一方面有人望文生义,把"盛唐气象"理解为单纯的对时代的颂歌,对唐帝国文治武功的夸耀,以及对躬逢盛世、如鱼得水的情感抒发。另一方面有人回转过来通过检查盛唐诗歌发现其中并没有多少歌颂盛世之作,相反,许多诗歌是表示对现状的不满,包括对种种阴暗面的揭露、抗议,因而认为"盛唐气象"一词,是对开元、天宝诗歌主流的歪曲。以上两种看法皆失之片面,而根源在于对"盛唐气象"涵义的理解存在偏差。

唐诗学上"盛唐气象"的概念来自严羽。严羽《沧浪诗话·考证》云:"'迎旦东风骑蹇驴'绝句,决非盛唐人气象。"①严氏辨其"非盛唐人气象",显然是指"迎旦东风骑蹇驴"瑟缩委琐,见不到盛唐人的笔力,也缺少盛唐劲健的主体精神。这与《答吴景仙书》所云:"盛唐诸公之诗,如颜鲁公书,既笔力雄壮,又气象浑厚。"可以说是分别从正反两面对"盛唐气象"涵义的一种阐发。因此"盛唐气象"指的是诗歌风貌,具体即指诗歌"笔力雄壮,气象浑厚",与内容上是否直接歌颂国家之盛,歌颂文治武功,乃至粉饰太平,本不是一回事。

具有"盛唐气象"的诗可以分两类:一类是感动激发,希望趁时而起,建立功业;一类是理想与现实矛盾,针对自身所受到的不公平待遇和社会上的不公平现象发出怨怼之词。感激与怨怼看似相反,但实际上联系非常紧。感激而望成就功业,遇挫即成怨怼。所以在具体作品中,两者常常交织在一起。感激与怨怼,盛唐人所注入的情感都是非常充沛的。有关作品,在风貌上往往都具有"笔力雄壮,气象浑厚"的特点。

盛唐人感动激发,不安于现状,希望趁时而起的诗作,理想主义色彩很浓。

---

① 《沧浪诗话·考证十九》:"'迎旦东风骑蹇驴'绝句,决非盛唐人气象,只似白乐天言语。今世俗图画以为少陵诗,渔隐亦辩其非矣;而黄伯思编入杜集,非也。"按:胡仔《苕溪渔隐丛话·后集》卷八云:"世有碑本子美画像,上有诗云:'迎旦东风骑蹇驴,旋呵冻手暖髯须。洛阳无限丹青手,还有工夫画我无?'子美决不肯自作,兼集中亦无之,必好事者为之也。"

"时来整六翮,一举凌苍穹"（岑参《北庭贻宗学士道别》）、"大鹏一日同风起,抟摇直上九万里"（李白《上李邕》）、"家园好在尚留秦,耻作明时失路人"（常建《落第长安》）,它是为时代的召唤、时代的需要所吸引,要轰轰烈烈大干一番的人生意气和事功精神的表现。"常怀感激心,愿效纵横谟"、"感激遂弹冠,安能守固穷"、"周旋梁宋间,感激建安时"、"空传歌《瓠子》,感激独愁人"、"伊余寡栖托,感激多愠见",盛唐人的这种感激奋发,颇不同于一般狭隘的个人名利追逐,它往往表现出建功立业的荣誉感与使命感乃至奉献精神的结合。"济人然后拂衣去,肯作徒尔一男儿"（王维《不遇咏》）、"苟无济代心,独善亦何益"（李白《赠韦秘书子春》）、"小来思报国,不是爱封侯"（岑参《送人赴安西》）,以济世报国为荣,不愿徒作无用的男子。诗人不赞成无济世之心的独善,表现了使命感;而要功成拂衣,不爱封侯,则表现了奉献精神。由于主体精神强旺,盛唐人谈起建功立业,又往往表现得情绪激昂,富有信心。李白"长风破浪会有时,直挂云帆济沧海"、杜甫"会当凌绝顶,一览众山小",可谓壮怀激烈。李颀"男儿立身须自强,十年闭户颖水阳。业就功成见明主,击钟鼎食坐华堂"（《缓歌行》）,则把激昂的情绪和强烈的信心表现得更为充分。岑参"花门楼前见秋草,岂能贫贱相看老"（《凉州馆中与诸判官夜集》）、高适"穷达自有时,夫子莫下泪"（《效古赠崔二》）,在不甘贫贱的激切心情中,同时也包含着对前途的信念。盛唐人的信心不是徒然的自我安慰,而是伴随着一种很强的自我价值的认定与乐观浪漫的情绪。李白的"仰天大笑出门去,我辈岂是蓬蒿人"、"天生我材必有用,千金散尽还复来",毫不含糊地高度认定自我价值,直接痛快,坚信不疑;杜甫的"骁腾有如是,万里可横行"、"五花散作云满身,万里方看汗血流",虽为咏物,但其中所寓对自我价值的信念,以及与之相伴的奋发浪漫情绪,亦并不难于体会。因此,像盛唐时期诗歌所表现的感动激发,它在笔酣墨饱中腾发的理想、信心、使命感,以及对自我价值的肯定,所显示的盛唐气象,常常比较正面,比较直接。

上文指出,感动激发遇挫会化为怨怼。在理想和现实矛盾中发出怨怼之词,各个时代都有。盛唐时期由于文人事功精神强烈,这类情绪甚至较其他时代表现更为充分。但同样是怨怼之词,所散发的时代气息往往并不相同。李白的"大道如青天,我独不得出",通过开门见山的大声呼喊,表现的是一种积极向上的态度;孟郊的"出门即有碍,谁谓天地宽",则变激切昂扬为碰壁后的无奈,情调自是不同。而一谓大道如青天之宽,一则连天地之宽也表示怀疑。开阔与收敛之差别,亦分明可见。天宝时期,对权贵愤怒地加以抨击,对时代阴暗面大胆地加以揭露,对糟蹋人才的现象激烈地抗争,从种种方面表现理想与现实的尖锐冲突,无疑以李白的诗歌最为突出。因此可以着重通过李白有关诗歌,认识天宝时期诗人怨怼之作的风貌特征。

李白等人怨怼情绪产生的社会基础不同于历史上其他一些时期。李白等人的怨怼情绪,不是那种"君恩如水向东流,得宠忧移失宠愁"(李商隐《宫辞》)的哀怨。不是低沉软弱,而是带有巨大的气势和力量;不是和空虚无聊结合在一起,而是和有才力得不到发挥密切相关。像"弃我去者昨日之日不可留,乱我心者今日之日多烦忧",与后世流行歌曲中"昨日像那东流水,离我而去不可留"绝不相同。前者表现的是强烈地想抓住时机的激情以及对失去时机的痛惜,后者则纯属寻欢不得的闲愁。李白《将进酒》、《宣城谢朓楼饯别校书叔云》、《答王十二寒夜独酌有怀》一类诗篇,那种雷霆般的愤怒情绪,在衰颓靡烂的社会中是难得出现的。它的产生,首先要有一个宏大的社会培养起人的信心和理想(如唐前期给中下层文士进身提供了较宽广的门路),而由于封建制度的根本弱点和时代的急遽转折,使他们深感黑暗势力强大,前途障碍重重,因而愤怒地发出了巨大的吼声。通常认为远大的理想来源于阔大的社会(历史上某些新兴阶级代表人物理想的土壤问题另作别论),而往往忽略巨大的怨怼情绪,也需要有阔大的社会做基础,这只是一个问题的两个方面。

盛唐诗人的怨怼之作,诗人的自我形象或诗中的人物形象,往往突出表现了一种强有力的意气。《将进酒》、《宣城谢朓楼饯别校书叔云》、《答王十二寒夜独酌有怀》一类诗篇中,诗人的情感像"黄河之水天上来"一样奔腾激荡,爆发的时候就要烹羊宰牛,典裘卖马,"一饮三百杯","同销万古愁",这类诗虽表现理想不能实现以及生活不能自由称意的怨怼,却格力遒劲,意气喷涌。"与君论心握君手,荣辱与余亦何有","抽刀断水水更流,举杯消愁愁更愁",即使是言及"辱"与"愁",也显得性格倔强,意气横生。李颀的名篇《别梁锽》是生动的人物特写:"梁生倜傥心不羁,途穷气盖长安儿。"精彩动人之处,正在于梁生的怨怼不是一般的怨悱,而是化为昂藏倜傥的意气表现。

盛唐诗人的怨怼,包含着诗人与时代社会的冲突。但盛唐诗人要求于那个时代的往往不是简单的仕途出身,不是薄禄微官问题。像高适放弃封丘尉、杜甫不就河西尉、孟浩然告辞张九龄幕府、李白告辞翰林院等,说明只要肯接受上层统治者的笼络羁束,对于这些诗人来说,一官半职还是可以得到的。问题是李白等人"俱怀逸兴壮思飞,欲上青天览明月",往往不愿局促阶下,而要做稷、契、姜尚、管仲、张良、谢安一类人物,要成就"济苍生,安黎元"的大事业。这种宏愿,在玄宗统治后期是只好落空的。似乎社会问题不仅在于它有许多阴暗面,还在于它培养了许多理想太高、热情太过的诗人,以致出现了类似鲲鹏太大,海水和风力无法支持的矛盾。但冲突的内容既然是在较高的层次上展开的,就仍然带有理想色彩和非同一般的气魄与力度。

可见,盛唐怨怼之作,仍然以它追求理想的热情、抨击现实的胆量、飞扬跋扈的人生意气,体现了整个时代的生气和魄力。说明天宝年间还有一股强大的精神力量在社会上鼓荡。一些中下层文士并没有颓唐下去,许多诗篇从巨大深刻的矛盾中还是反映出了盛唐气象。

三、盛唐后期诗歌与前期诗歌在
艺术风貌上的共同点

唐诗的盛唐阶段跨越半个世纪(主要是玄宗、肃宗统治时期),但以公元755年爆发安史之乱为界,前期与后期诗歌在内容上、情调上发生了很大变化。前期各类诗歌都不同程度地散发着浪漫的气息,而安史之乱爆发以后,反映在诗歌里的景象,却是"所遇多被伤,呻吟更流血"、"路衢唯见哭,城市不闻歌"。沉痛地面向现实的描写,代替了浪漫情绪的抒发。发生了这样重大变化之后,盛唐后期的诗歌与前期还有没有共同一致的地方?

清代叶燮说:"有世运,有文运,世运有治乱,文运有盛衰,二者各自为迁流","异轨而自为途"(《百家唐诗序》)。盛唐后期诗歌内容变化主要源于社会生活的变化,而非诗歌本身在素质上发生变化。可以说"世运"虽变,而"文运"并未立即发生重大转变。传统上把玄、肃两代诗歌都划归盛唐时期,正缘于它们在艺术风貌上的一致。

"笔力雄壮,气象浑厚",这种艺术风貌在盛唐后期诗歌中同样鲜明突出地呈现着。一方面经过唐代开国后一百多年的酝酿所形成的宏伟壮丽的美学理想,在开元、天宝之际蓄积了充分的能量,这种能量在安史之乱以后仍然要继续释放。甚至因为动乱突然爆发的刺激,其内蕴之力,要加倍地冲决而出。杜甫在安史之乱期间,创作的空前丰收,正是这种美学理想遇着患难现实,在撞击中所留下的精神产品。另一方面,开、天盛世造就了一代文人胸襟开阔、富有热情和自信的精神状态,也造就了他们的才思和艺术手段。而这批诗人中最杰出的代表李白和杜甫,其创作历程又恰好跨越了盛唐诗歌的前后两期,使之连贯起来。故时世虽由治而乱,诗歌内容情调亦有相应变化,但孕育植根于盛唐的总体风貌仍然在发展中保持了完整统一。杜甫、李白面对安史之乱以后的惨痛现实，更激发了他们那种拯时济世的要求。"流滞才难尽，艰危气益增"（杜甫《泊岳阳城下》）、"抚剑夜吟啸，雄心日千里"（李白《赠张相镐二首》其二），即使个人遭受冷落和遗弃，却是痛苦越深，毅力越强。他们的心始终是热的，渴望用世，渴望王室中兴、太平重现。

李白的《忆旧游书怀赠江夏韦太守良宰》写于流放夜郎遇赦之后，为集中第一首长诗。诗人结合叙述交游、追忆生平许多重要经历以及重大历史事件，表达了强烈的报国热情。末段云：

> 五色云间鹊，飞鸣天上来。传闻赦书至，却放夜郎回。暖气变寒谷，炎烟生死灰。君登凤池去，勿弃贾生才。桀犬尚吠尧，匈奴笑千秋。中夜四五叹，常为大国忧。旌旆夹两山，黄河当中流。连鸡不得进，饮马空夷犹。安得羿善射，一箭落旄头！

可以看出，诗人虽然经受了下狱流放的沉重打击，且已进入暮年，但壮气未见衰减，一如既往地渴望从政，忧国忧时，企盼早日平定叛乱。《唐宋诗醇》云："通篇以交情时势互为经纬，汪洋灏瀚，如百川之灌河，如长江之赴海，卓乎大篇，可与《北征》并峙。"诗人如果缺少笔力与渊灏博大之气，这样的大篇是写不出的。

杜甫在安史之乱中创作的大篇，象《北征》、《洗兵马》等诗所体现的气魄与笔力向为人知，无须赘述。下面让我们再看诗人晚年漂泊至湖北一带所作的五律《江汉》：

> 江汉思归客，乾坤一腐儒。片云天共远，永夜月同孤。落日心犹壮，秋风病欲苏。古来存老马，不必取长途。

诗的前半，说自己思归不得，流落江汉，就好像跟一片浮云一起在遥远的天边飘荡，寂寞中只有孤月为伴，共度长夜。接下去五、六两句又是落日秋风的惨淡萧瑟的环境，照说诗人应该尽情写他的沦落之痛。但恰恰相反，诗人内心中却有一股热流，有一股遏制不住的生命力在激荡。眼看落日，不是想到晚景暮年，万事皆休，而是觉得桑榆未晚，雄心尚存，还想在垂暮之年有所作为。面对秋风，不是浮起生命无多的慨叹与悲哀，相反觉得自己严重的肺病、风痹就要痊愈了。末联诗人希望朝廷能拿他当一匹识途的老马来对待，用他一点馀力和长处，体现杜甫只要一息尚存就还想为国尽力的坚韧不拔精神。这首诗围绕"思归"，写了诗人晚年的处境、心情和愿望。它从逆境中焕发出积极用世的精神与永不衰竭的政治热情，闪耀着献身主义的光辉，苍凉中见悲壮，惨淡中见热忱。诗人把他的深情苦志，用一匹老马的形象来表现。虽不像秦州诗中的马"哀鸣思战斗，迥立向苍苍"，显得壮健奋发，却是虽老而顽强执着，使人觉得诗人的用世精神，在他经历的国家灾难、人民痛苦和个人悲剧里锻炼得更加深厚切实了。由于寓高昂于沉郁，把燃烧不息的用世热情和冷静切实的考虑，把积极的追求精神和朴实的、绝无浮夸的艺术形式结合起来，因而尤其显得深厚，显得博大有力。这正见出杜甫后期诗歌尽管在内容上反映了动乱的现实，而在艺术精神上却依然充分体现出盛唐诗歌的美学风貌。

第五章　中唐韩白诗风的差异与进士集团的思想分野

一、中唐诗歌之变

盛唐之后，经历大历、建中一段诗歌创作相对薄弱的时期，到了贞元、元和年间，唐诗又掀起第二次高潮，人才辈出，鸣声鼎沸。"唐诗至元和间，天地精华为发泄，或平或奇，或高深或雄直，旗鼓相当，各成壁垒"（方南堂《辍锻录》）。它不像盛唐在丰富多样的同时有比较统一的主要风貌特征，而是"各人各具一种笔意"（陈衍《石遗室诗话》卷十八），因此中唐诗坛难以见到盛唐那种和谐的局面，它突出地呈现了多元化的倾向。这既是安史之乱以后，集中统一受到破坏、社会趋向纷纭复杂、思想文化更加五花八门在诗歌创作中的反映，即诗论家所谓"盛世尚同，而衰世尚异"（许学夷《诗源辩体》卷三十四）的现象；同时也是诗人们在盛唐高峰之后，自觉地从多方面寻找出路，追求创新的结果。中唐诗人求新求变，形成强大的潮流。韩愈矜夸他与孟郊、张籍等人的诗歌"险语破鬼胆，高词媲皇坟"（《醉赠张秘书》）；白居易说："诗到元和体变新"（《馀思未尽加为六韵重寄微之》）；刘禹锡说："请君莫奏前朝曲，听唱新翻杨柳枝"（《杨柳枝词九首》其一），这几位中唐诗界巨子对诗风之变，均感到自豪。而在他们之前，诗论家皎然已率先在理论上强调变化创新，《诗式》云：

> 作者须知复、变之道，反古曰复，不滞曰变。若惟复不变，则陷于相似之格，其状如驽骥同厩，非造父不能辨。能知复、变之手，亦诗人之造父也。

皎然不仅提出"复古通变"，而且在复与变中更注重变："复、变二门，复忌太过……变若造微，不忌太过。"皎然在这里大力求变的意愿非常明显。正是由于从观念到实践的求新求变，使中唐诗歌大放异彩，而且成为中国古代诗歌史上一个重要的转折点。高棅在《唐诗品汇总序》中，于大历至晚唐前这段时间内，点出"韦苏州之雅淡，刘随州之闲旷，钱、郎之清赡，皇甫之冲秀，秦公绪之山林，李从一之台阁"，"柳愚溪之超然复古，韩昌黎之博大其词"，"李贺、卢仝之鬼怪，孟郊、贾岛之饥寒"，以及"张王乐府"、"元白叙事"，可见中唐诸家各出新变，风格多样。叶燮进一步从宏观的诗史演变角度指出："贞元、元和之间，有韩愈、柳宗元、刘长卿、钱起、白居易、元稹辈出，群才竞起而变八代之盛，自是而诗之调、之格、之声、之情凿险出奇，无不以是为前后之关键矣。"（《百家唐诗序》）叶燮不仅认为中唐诗苑群才竞出，极为昌盛，而且认为中唐是五、七言诗歌发展史上最关键性的转折时期。

　　变化急遽、流派纷繁的中唐诗歌，有没有比较共同性的风貌特征？应该说还是有的。比如：

　　1.相对盛唐而言，像是人到中年，思考多了，风华少了。诗歌往往以意取胜，而元气不及盛唐自然充沛。明代陆时雍云："中唐人用意，好刻好苦，好异好详。"又云："中唐诗近收敛，境敛而实，语敛而精。势大将收，物华反素。盛唐铺张已极，无复可加，中唐所以一反而之敛也……中唐反盛之风，攒意而取精，选言而取胜。所谓绮绣非珍，冰纨是贵，其致迥然异矣。然其病在雕刻太甚，元气不完。"（《诗镜总论》）陆氏认为中唐诗注重"用意"，诗境趋向于实，以及"雕刻太甚，元气不完"，都是经得起覆按的精辟之见。

　　2.除韦应物等少数几家，其他一些诗人之作，一般都比较直致发露。上引陆时雍的话亦已谈到这个问题。由于"攒意而取精"，"好刻好苦，好异好详"，诗歌往往缺少浑成之气、自然之致。王士禛曾举盛唐常建的"松际露微月，清光犹为君"与刘眘虚的"时有落花至，远随流水香"，以为"妙谛微言，与世尊拈花、迦叶微笑等无差别。"（《蚕尾续话》卷一《昼溪西堂诗序》）王士禛意在宣扬他的神韵说，另当别论。但如把世尊拈花、迦叶微笑那种和谐蕴藉，看作对盛唐诗歌风貌的形象概括，则中唐诸家不免"现诸变相"（由云龙《定厂（庵）诗话》卷下），诗人们的艺术个性突出了，"各人各具一种笔意"，却不免突出得让人感到太露。

　　3.贴近日常生活，贴近世俗。盛唐诗人潇洒浪漫，写边塞，写山水，写理想，写友情，怀古送别，歌咏种种有诗意的题材。中唐人要适度避开初盛唐写熟的诗题，再加以他们生活的进一步世俗化，因而诗歌写日常生活、写社会上形形色色诸般事物更为普遍了。欧阳修说："退之笔力，无施不可……资谈笑，助谐谑，叙人情，状物态，一寓于诗，而曲尽其妙。"（《六一诗话》）可见韩愈虽是儒学大师，但当其"馀事作诗人"的时候，却常常不离日常的谈笑谐谑与人情物态。至于白居易,单从集中的《咏慵》、《沐浴》、《足疾》、《戒药》、《早梳头》、《感发落》、《对镜吟》、《初病风》、《醉戏诸妓》、《卢侍御小妓乞诗座上留赠》等诗题上,即能知其诗之家常俚俗。除韩、白外,贞元、元和时期许多诗人一般都有贴近世俗、贴近生活的倾向。由于这种倾向的出现,盛唐诗歌的那种高雅气派大为削弱,气格亦有所下降。从意象上看,自然意象在诗歌中所占的比重明显减少,人事意象相应增加。

应该指出,由于中唐诗歌突出的多元性,缺少像盛唐诗歌那种和谐统一的风貌特征,因此上述若干共同性方面,似乎没有各派自身的那些风貌特征更值得注意。对于中唐诗歌,与其更多强调其统一性,不如更看重它的多元性。而在多元之中尤其值得注意的是韩、白两大派的各自独特风貌。

韩诗奇险,白诗平易,在诗歌创作上是两个极端。何以在一个时代,诗歌同时向两极发展,且都取得极高成就,它在诗史上究竟是怎样演变起来的,这很自然地会引起人们的注意和探讨。尤其是韩诗的奇险,为诗史上所罕见,其起因更让人觉得非同一般。清代叶燮即曾为此进行过推论,他说:“开宝之诗,一时非不盛。递至大历、贞元、元和之间,沿其影响字句者且百年,此百馀年之诗,其传者已少殊尤出类之作,不传者更可知矣。必待有人焉起而拨正之,则不得不改弦而更张之。愈尝自谓‘陈言之务去’,想其时陈言之为祸,必有出于目不忍见,耳不堪闻者。使天下人之心思智慧,日腐烂埋没于陈言中,排之者比于救焚拯溺,可不力乎?”(《原诗·内篇》)叶燮这段话中两处所谓“百年”,显然是指李白、杜甫逝世至韩愈登上诗坛之前一段时间,但实际上从天宝末(756)至元和初(806)仅五十年,至元和末(820)仅六十馀年,夸张为“百年”,则大历、贞元、元和无不沉溺在“百年”的深渊中。于是活跃在这几朝的重要诗人,包括元和年间诗名最盛的元稹、白居易都有被拉下水的嫌疑。而韩愈则是在沉溺既久之后,起而以使用大力气的奇险之作拯溺救衰的。如果说叶燮的话尚属含胡,没有明确地点出元、白,那么近代以来影响最大的一部中国通史在论述这一问题时,则可能是据叶说作了进一步的发挥:“(元稹、白居易)通俗化的诗,被新进小生转展仿效,变成支离褊浅庸俗化的诗,陈词滥调,充满诗苑……要挽救庸俗化的弊风,需强弓大戟般的硬体诗,来抵销元白末流的软体诗。韩愈一派诗人,很好地负起了挽救的责任。”又说:“孟郊等以穷僻和豪估(指元白)对抗,才显得自辟一境。”(《中国通史简编》第三编第二册)此说比叶燮更明确地把韩派诗人描绘成拨正元白弊风的后起者,为中唐诗歌演变排出通俗诗—庸俗诗(软体诗)—硬体诗的发展顺序,从而对韩、白两派诗人的创作何以形成截然不同的局面作出了解释。但复杂的具体历史进程常常不免跟看似非常合理的逻辑推导开玩笑。其实，韩、孟的年辈长于元、白，创作也早于元、白。四人的生年顺序是：孟（751）、韩（768）、白（772）、元（779）。其开始创作，孟不迟于建中元年（780），韩不迟于贞元元年（785）。元和之前，孟郊完成了现存诗篇的大部分，韩愈完成了现存诗篇的四分之一。就诗人间的交游聚会，逐渐形成诗派的过程看，韩、孟结交始于贞元七年赴京应进士试时。贞元十二年至十六年，韩愈、孟郊、张籍、李翱先后在汴州和徐州会合，韩孟集团已初步形成。元和元年六月，韩愈南贬还京，与孟郊、张籍、张彻等在长安聚会，佳篇迭出，此时韩孟诗派已经进入它的兴盛期了。而元白方面的情况是：两人订交始于贞元十八年左右，当时两人作品尚少。其后元、白进入仕途，篇什渐多。但真正形成广泛影响，尚待元和初白居易的《长恨歌》以及两人大量讽谕诗、唱酬诗问世后才有可能。此时韩愈之"声名塞天"（刘禹锡《祭韩吏部文》）已有十年以上。至于孟郊则卒于元和九年。元白以"豪估"的面目在诗坛上阔气起来的时候，他已经完成了"穷僻"的诗境而接近退场了，何来所谓"对抗"！

　　真实的情况与上面提到的构想相反，韩派起于贞元中期，白派起于贞元末期；韩诗盛于贞元末至元和初，白诗盛于元和中期至长庆年间。韩愈和白居易是一先一后在诗坛展开巨大影响的。长庆以后，两人的影响都相继逐渐下降。理清这一过程之后，"通俗诗—庸俗诗（软体诗）—硬体诗"的说法之出于假想就非常清楚了。这种推演既不可信，那么韩、白两派的产生和发展到底是在怎样的环境与条件下促成的呢？应该说，韩孟与元白这样大的诗派出现，均有其更深远的内在原因，有较长的孕育酝酿过程，不可能仅仅是诗人之间为了互相唱反调便陡然在平易和奇险之间拉开那样大的差距。就诗歌艺术的发展演变而言，上文已经提到的中唐诗人在盛唐之后自觉地从多方面寻觅新途径无疑是一个重要原因。前人于此有不少很精到的论述。锺惺云："唐文奇碎，而退之春融，志在挽回。唐诗淹雅，而退之艰奥，意专出脱。"（《唐诗归》）赵翼云："昌黎时，李杜已在前，纵极力变化，终不能再辟一径。惟少陵奇险处，尚可推扩，故一眼觑定，欲从此辟山开道，自成一家。"（《瓯北诗话》卷三）锺、赵二人是就韩愈艺术追求的动机进行考察，认为韩愈在唐诗已取得的成就面前，有意别开生面，并选择了艰奥奇险之路。至于白居易，毛奇龄说："其时丁开、宝全盛之后，贞元诸君皆怯于旧法，思降为通脱之习，而乐天创之，微之、梦得并起而效之。"（《西河合集》卷七）毛氏同样是把白居易放在由盛唐转入中唐的大背景下进行考察，指明白居易等人在"开、宝全盛之后"，蹈袭旧法已无出路，所以转而追求通俗流畅，"降为通脱之习"。可见韩、白都是努力独树一帜，从盛唐的圈子走出去，因其所长各自发展，这是中唐大变盛唐的总趋势和基本线索。在这一总趋势之下，如果再单论贞元、元和诗坛的新变，则还可以补上中唐前期大历诗坛对于后来者的效应。许学夷云："大历以后，五七言古、律之诗流于委靡。元和间，韩愈、孟郊、贾岛、李贺、卢仝、刘叉、张籍、王建、白居易、元稹诸公群起而力振之，恶同喜异，其派各出，而唐人古、律之诗至此为大变矣。"（《诗源辩体》卷二十四）盛唐极盛难继的挑战，以及大历委靡而需要振作的要求，无疑都是促使韩愈、白居易等人追求新变的原因。

　　以上所述，总的来讲是从诗艺需要不断推陈出新的角度对韩走奇险、白趋平易所作的解释。但诗歌艺术风貌本是由多种因素复合而成，诗艺问题对形成一种艺术风貌来讲，只是重要因素之一，而更为内在的因素，还是诗人直接受时代物质精神生活影响，由动之于心到向外抒发时的较为本原的情感状态，它与诗艺的追求，与意象、文辞、声韵等因素相结合，才能构成完整统一的艺术风貌。尤其是韩、白诗歌那样鲜活生动，富有个性，让我们相信：无论奇险或平易，都不可能仅由各自在艺术形式上的追求所导致，而是同时出自诗人展示其主体精神的需要，或者说是诗人心态的一种自然表现。因此，要更深入具体地回答韩、白两家何以一表现为奇险，一表现为坦易，只有进入诗人心灵内部，才能探寻出更为根本的原因。基于这种认识，我们打算从中唐进士集团内部思想作风入手，考察韩、白等人在进行诗歌创作时的心态，看韩、白大变唐诗时那种变奏与心源的关系，特别是韩、白诗风所以迥异的更深层的原因。由于白居易诗歌创作有叙事诗、讽谕诗、自我抒情诗等多种类型，其中抒情诗数量最多，与诗人内在情感关系最为密切，最能代表白诗的特点，而在诗史上又影响最深，所以分析时以其抒情诗为主，讽谕诗、叙事诗暂不过多涉及。

二、科举、文学、政治的三位一体

　　韩、白心态的不同，有哪些具体特征？根源何在？曾有学者在中唐文人中划分某为大地主阶级思想文化代表，某为中小地主阶级思想文化代表，或某属门第集团，某属进士集团，虽是受了一定时期不正常的学风影响，失于主观片面，但注意到中唐文人思想作风的分野，毕竟是研究这一时期历史文化所不应忽略的。今天看来，中唐文学巨子如韩愈、白居易、柳宗元、刘禹锡等，论家世与所达到的官位都比较接近（仅柳宗元官终刺史），他们又都忠于李唐中央王朝，热切希望改革弊政，实现中兴，当然不存在上述划分所标志的不同阶层的差异。韩、白、刘、柳等人，他们是以进士出身升于朝廷，作为中唐士人中一批最富学识才艺的代表，活动于政治和文化思想领域，他们各有与其性分、经历关系密切的独具风貌之作，但都属于中唐进士阶层巨大文化成就的一部分。因此，韩、白、刘、柳等人从思想到创作等方面的差别，只是进士群内部各类成员往不同方向发展，导致文化上丰富多彩的表现。研究进士阶层政治和思想作风的趋向和分野，有助于从根本上认识中唐文学特别是诗的分野。

唐代科举，尤其是最为人所重的进士科，考试中有一个很突出的现象，即文辞优劣在主司选人中居于决定性地位。进士科甚至经常被称为文学科。考之以文，而用之于政，形成科举、文学、政治三位一体的结合。这种结合，在唐代，特别是在贞元、元和前后，成为深刻影响士人前途，乃至政治、文化和社会心理、社会风习的重要因素。贞元、元和时期，人才辈出，其活动业绩，呈现在人们眼前，如果说像一圈五彩缤纷的巨大树冠，而循着树冠向枝干和根部追寻，则总要落到士子们赖之起家的科举与文学。宋代孙何说："唐有天下，科试愈盛，自武德、贞观之后，至贞元、元和以还，名儒钜贤，比比而出，有宗经立言如丘明、马迁者，有传道行教如孟轲、扬雄者，有驰骋管晏、上下班范者，有凌轹颜谢、诋诃徐庾者。如陆宣公、裴晋公皆负王佐之器，而犹以举子事业飞腾声称；韩退之、柳子厚、皇甫持正皆好古者也，尚克意雕琢，曲尽其妙。"（沈作喆《寓简》卷五引）孙何历举诸般名儒巨贤，充分说明科试之得人，而无论其人专长兴趣和突出成就在哪一方面，又都曾尽力从事过文辞举业。孙何揭示的，正是唐代进士群举业、文辞、政治三位一体的特征。

进士科最重文辞，却也最招非议。批评者认为文辞"无益于用"，且"务求巧丽"，导致"浮华轻薄"，因而多次有人主张停试诗赋，仅试经义、策目，或主张干脆取消进士科，恢复汉代的荐举制。但唐代设置科第，本来只是网罗才杰的一种手段，只要能使天下英雄入其"彀中"，即已达到目的，至于以什么使之入彀，乃属次要。支持进士科者，正是从它得人之多的方面予以肯定，权德舆说："文章之道取士……或材不兼行，然其得之者亦已大半。"（《送陈秀才应举序》）杜牧则更列举十九位名臣的功业，指出："国朝自房梁公已降，有大功，立大节，率多科第人也。"又说："至于智效一官，忠立一节，德行文学，不可悉数。"（《上宣州高大夫书》）进士科的利弊长短，不妨姑置勿论。而从有关争议中可以看到两个方面的基本事实：一是进士科与所谓"浮薄放荡"有一定的联系；二是进士科虽重文学，实又未尝排斥儒学与德行，就具体人而言，仅为或是文儒合一，或是各有侧重而已。这二者关系到唐代在取士上的开放精神和进士阶层内部的分野,颇值得进一步研究。案当时所谓:"风教偷薄,进士尤甚。"(皇甫湜《答李生第二书》)除少数邪僻 无行者外,一般无非是指经学根底不深,行为有时微乖礼法,恃文才而轻质实,作风浪漫而缺少检点,爱交游而不避品类庞杂,甚至追逐时风,跟都市社会生活呼吸相通。这一切实际上是一个富有活力的时代,士人精神发扬的体现,带有鲜明的唐代思想文化特点,而与衰世的乖张颓靡,迥然有别。进士等科,"为官择人,唯才是待",唐朝廷并不因为它可能"诱后生而弊风俗"就因噎废食,向魏晋或汉代的取士方式后退,这正是唐王朝较前代开明进步的地方。史家云:"方其取以辞章,类若浮文而少实。乃其临事设施,奋其事业,隐然为国名臣者,不可胜数。"(《新唐书·选举制》)可谓卓有见识。唐代进士阶层,在思想作风普遍比较开放的情况下,有些人更倾向于放达一端,追求自在畅适,醉心于个人才艺情志的抒发,思想行为不完全为儒学所囿,是世俗气比较浓的才子文学之士,有异于传统的儒生。这一类型或接近这一类型的人,在进士中无疑比较普遍。他们在仕宦中也能从不同方面为唐王朝作出贡献,但进士科作为选拔清要官员的主要渠道,朝廷还需要从中得到思想更正统、政治责任感更强、更能无条件为君主效忠的人才。这类人才的造就,在当时历史条件下需仰赖儒学。因而进士科在重视文辞的同时,实亦兼顾儒学。唐代从国子监到州学、县学,以儒家经典为主要教学内容。进士考试一般需要经过三场:杂文、经义、策目。主持考试官员,例须经明行修,德高望重。通过这样的培养和选拔,进士科中也颇有一些深于儒学,并坚定地以儒学从事政治活动和思想教化的人物。这类人物以儒家刚毅执着的精神,与上述文学才士的自由态度形成分野。这种分野,不仅体现在政治活动中,也体现在文学创作上。诗歌中韩愈一派,即有通之于儒学政教的雄桀瑰伟,而白居易一派则有俊才达士那种通脱自在。诗史研究,立足于进士科的这种分野,从两种类型人物不同的思想经历及其所铸成的心态入手,考察韩、白两派诗歌面貌相异的根源,可以发现它是怎样一种几乎带有必然性的走向,而非单纯出于形式技巧的追求。

三、韩诗——通之于儒学政教的雄桀瑰伟

"愈于进士中,粗为知读经书者。"(《答殷侍御书》)夫子自道,已经表明他在进士中所属类型。宋张戒《岁寒堂诗话》又称韩诗有"廊庙气";清钱谦益把韩愈、柳宗元的诗称为"儒者之诗"(《牧斋有学集》卷十九);陈廷敬以韩诗与杜诗相

比,认为"韩诗尤近于道"(《午亭杂编》)。这些学者更从诗学角度辨识了韩诗与儒道以及政教之间的关系。韩愈在进士出身文士中,可算属于儒学政教类型。此型人物,思想行为上的突出特点,一是尊奉儒学,排斥被其视为异端的佛道诸教;二是强调君权,干预政治的愿望强烈;三是思想作风严肃。这些特点,与韩愈一生的遭际命运密切相关,进而深刻影响韩愈的心态与诗歌创作。韩愈出生于儒学官僚家庭,幼年孤苦失怙。力学而仕、振兴家道和振兴朝廷的愿望,交融在一起。韩愈"非三代两汉之书不敢观,非圣人之志不敢存"(《答李翊书》),秉承的是正统的儒家之道,而恰值世衰文弊、佛道猖獗的时代,遂既想整顿朝纲、清除弊政,又立志振兴儒学、排斥佛老,乃至恢复六经所规范的文学传统,慷慨自任,有着很强的历史使命感。但"四举于礼部乃一得,三选于吏部卒无成"(《上宰相书》),"颠顿狼狈","辱于再三"(《答崔立之书》),未入仕途,就几经断羽铩翮。登朝之后,为了革除弊政、弹劾权佞、遏制佛教,更是屡遭打击。两次贬斥南荒,几乎丧命。就连反对骈文,提倡古文,也不免"群怪聚骂,指目牵引"(柳宗元《答韦中立论师道书》)。韩愈在阻力和打击面前没有退缩,上不怕违君主之意,下不怕犯众人之怒,是因作为正统的儒者,他不赞成"欲治其心,而外天下国家",把儒者身心的修炼、人格的完成,与为国献身效力看成是一体的。"为忠宁自谋","愈之志在古道",然而忠肠古道的结果,是"进则不能容于朝,退又不肯独善于野"(叶燮《原诗·外篇》),加以褊躁的个性,有时甚至弄到"忽忽如心狂"的地步(《此日足可惜一首赠张籍》),此类心境,藉诗歌表现,当然不可能奏出中和之音。"狂波心上涌,骤雨笔前来"(张祜《投韩员外六韵》),从心底的狂波骇浪到笔底的惊风骤雨,奇崛不平是发之于内心的。

"不平则鸣"是韩愈关于作家生平遭际与创作关系的一个著名命题。从命运的"无时停簸扬"到内心的不平衡,再到发为诗文,"郁于中而泄于外",韩愈体验得有比前人更深、更强烈的地方。"不平"具体到他与孟郊等人,主要是科场失意,仕途蹭蹬,以及自身的儒道与专长不被赏识、不为世用引起的愤郁不平。而诗境作为心灵的对应物,由于内心不平过甚,艺术上也就不可能走向平缓一路。沈德潜说:"大抵遭放逐,处逆境,有足以激发其性情,而使之怪伟特绝,纵欲自掩其芒角而不能者也。"(《姜自芸太史诗序》)所指的虽是韩愈贬阳山前后的诗篇,但推广之认为是论述韩愈遭际、性情与其独特诗风之间的关系也未为不可。

韩愈作为进士阶层中儒学政教型的代表人物,亲身卷进了当时激烈而复杂的政治和思想文化斗争之中,而一系列矛盾斗争,又在心底激起种种撞击,彼此互不相让,冲突不已。这种强烈复杂的冲突,反映在诗中,就与汉魏以来的诗歌多表现浑融优美的意境呈现明显差异,而给人以富有刺激性的奇险之感。如韩愈贞元十九年南贬,实由弹劾京兆尹李实所致,但他同时又怀疑同官刘禹锡、柳宗元不慎泄露了他的语言于仇家。其《岳阳楼别窦司直》是让刘禹锡属和的,诗中既写了佞臣对他的报复,又致疑于刘、柳。诗的前半写洞庭湖轰辀大波,见世路凶险与当初南贬途中颇历艰危,收尾处写虽受恩赦,仅为江陵法曹参军,以见一蹶不得复振,写出纠缠不清、无可休止的矛盾与自己所受的折腾,而不顾刘禹锡处于尴尬难明的境地。诗人所历所见,写诗时的心境及所展开的诗境,都让人感到怵目棘心,震怖险巇。其《归彭城》诗,开篇即历数汴州军乱、关中大旱、东都大水,直斥宰相失职。次写自己“刳肝以为纸,沥血以书辞”,想要呈献方略而“无由以达”。后半叙出使京都“屡陪高车驰”,本是陈策的机会,但“见待颇异礼,未能去毛皮”,朝中官僚,仅以虚礼应酬,更无可与言。归来之后,“连日或不语”,“茫茫诣空陂”,所谓“不减穷途之哭”。通过诗人的悲愤及与环境的格格不入,写出他虽举进士而仍不得其职的焦虑心情。儒家的血性、劲气、热情、执着,与周围的冷漠、混乱、虚伪,在尖锐冲突中衬出世相之险。韩愈坚持自己的处世原则,对看不惯的事物难忍于心,自身又难容于世,冲突对于他几乎无时无事不在。他恨未能亲手刺杀周围的群小:“不能刺谗夫,使我心腐剑锋折!”(《利剑》)又抱怨无法诛灭南山湫中的怪蛟:“吁无吹毛刃,血此牛蹄殷!”(《题炭谷湫祠堂》)他与佛教徒交往,心底激荡着文化信仰的冲突,表现出一副进攻的姿态。《送惠师》说:“吾嫉惰游者”,“子道非吾遵”;《送灵师》进而想强使对方还俗:“方将敛之道,且欲冠其颠。”交游诗中闪现这种念头,尤觉豪横奇险。他在互相倾轧的官场,逞强之心和懦弱之念相纠缠,勉强有所忍让之后,随之激起更强烈的内心冲突:“强怀张不满,弱念缺已盈。诘屈避语阱,冥茫触心兵。”(《秋怀诗十一首》其十)以类似精神分析的方式展示心灵的矛盾。

与体现多方面矛盾冲突相联系,韩诗深层的另一突出之点,是“利欲斗进……勃然不释”,充满着亢进奋发、躁郁不平的情绪。斗进奋发,可以说是继承了孔子“知其不可为而为之”的精神,而由于韩愈具体处境和个性,又添了一份躁郁抃急的情绪,“自进而不知愧”(《后廿九日复上书》),为自己的仕进拼搏,为建立理想的封建政治文化秩序拼搏。斗争进取,又不断遭受挫折,郁愤激切,化成奇杰横放之诗。其《赴江陵途中寄赠三学士》诗,一开始就突出他如火如焚的忧国忧民心情:“归舍不能食,有如鱼中钩。”上疏论旱,揭发佞臣,反遭斥逐。然后历叙被贬的屈辱、炎荒的可怕,归到目前宪宗继位、黜奸用贤,而自己仍然失志，"三贤推侍从……岂忆尝同裯？……空怀焉能果？但见岁已遒……兹道诚可尚，谁能借前筹？"强调时不我与、岁月煎迫，频频发问，语气逼人。意在扳援，却显得理直气壮。只有进士阶层中儒学政教型人物，怀着舍我其谁的迫切用世之心，才能这样直言不讳而又心安理得。全篇在复杂的矛盾斗争中不断展现其利欲斗进的精神和躁郁情绪，而风格归于奇崛。韩愈迫切希望国家和个人都能尽快有所作为，焦虑地感受着人寿与事业的矛盾。"用将济诸人，舍得业孔颜。百年讵几时？君子不可闲。"（《读皇甫湜公安园池诗》）怀着强烈的历史使命感，愈觉人生有限，不可一日而不汲汲，但社会方面偏给完成事业以种种磨难。"世累忽进虑，外忧遂侵诚"（《秋怀诗十一首》其十），于是忧虑就化生为躁。《感春四首》抒写"东西南北皆欲住，千山隔兮万山阻"，"画蛇著足无处用，两鬓雪白趋埃尘"的躁怨。《秋怀诗十一首》不言所感何事，只是怆然兴怀，但宋代陈与义却是看出了其中之躁（见钱仲联《韩昌黎诗系年集释》卷五）。"卷卷落地叶，随风走前轩。鸣声若有意，颠倒相追奔。"感觉叶落地尚不甘心，非躁而何？"惊起出户视，倚楹久汍澜。忧愁费晷景，日月如跳丸。"一声叶落，出户惊视，泪下不止，正缘心底原是忧惶不已躁动不宁的。韩诗"多悲"（胡震亨《唐诗谈丛》），有不少属于此类。由于怀着济世行道的使命感，人生有限、莫可等闲的念头特别强烈，韩愈的躁有时表现得更加怒张。《此日足可惜一首赠张籍》结尾云："男儿不再壮，百岁如风狂。高爵尚可求，无为守一乡！"本即君子自强不息之意。但他用否定的语式——"不再壮"，猛敲警钟；用速度上的强烈夸张——"百岁如风狂"，绝去因循之念；大言不惭，要博取高爵，就激切躁动，有一种在险山峭壁上号呼跃马之势。

中国诗歌传统崇尚宁静淡泊和温柔敦厚，韩愈把强烈的躁动情绪公然带进诗歌之中，是一种变奏。贞元、元和之际，由于各方面充满矛盾而又酝酿着变革，"躁"是一种相当普遍的心态。韩愈的躁和整个时代心理之躁是相通的，它包含着复杂深广的内容，而主要之点是要求国家和个人都能尽快有所作为。韩愈诗中的躁，一般表现为躁郁不平或躁动不宁。躁郁不平多与表现矛盾冲突的内容结合在一起，如上文提到的《岳阳楼别窦司直》、《归彭城》、《赴江陵途中寄赠三学士》。躁动不宁在韩诗中更为常见，除《秋怀诗十一首》一类外，如《双鸟诗》那种"二鸟忽相逢，百日鸣不休"也是躁动不宁的自我写照。《易·系辞》称："躁者多辞。"韩、孟等人的联句，一义牵连一义，此伏彼起，层出不穷，构成种种动荡寻取的意味。韩愈的山水诗率为险句大篇，极其笔力。《南山诗》写三登其山，终凌绝顶，铺张山形峻险，迭迭数百言。许多叙情长篇，将自身升沉起伏与朋友离合聚散交织叙写,见命运对人的播弄和人在这种播弄中的挣扎,无论是当时之心情还是事后之回想,都常常让读者有躁动不已之感。

矛盾冲突,躁郁斗进,精神总是处在履险犯难之中,是韩诗在意象、结构、语言、声韵等方面,与传统诗美显出区别的根本原因。

韩诗的意象峥嵘奇特、壮伟瑰怪,意象之间往往突起突结、撑挂突兀。意象瑰奇,源于处在矛盾冲突、斗进躁郁中的心灵,艺术上需要有这样的对应物。他的南贬诗中的山水,常以险巇、蛮荒、阴晦的面貌出现,正是跟作者道之不行,且陷身蛮夷的躁郁感受相对应,是内心矛盾冲突凭附山川风物,化成了光怪陆离的意象。《谒衡岳庙遂宿岳寺题门楼》诗中的山岳景象、鬼物图画以及阴晦不定的天气,跟作者世路艰难的感受和焦躁愤郁的情感处处纠结在一起。贬潮途中所作的《初南食》,写放走供食用的毒蛇:"惟蛇旧所识,实惮口眼狞。开笼听其去,郁屈尚不平。"情景意象,令人毛骨悚然,实乃韩愈心中躁郁和对南荒山川风物的恐怖感受,得到了蛇的形象作为对应物。韩诗意象组合的生硬,包括"狠重奇险"的笔法,也常常是内在情绪冲突躁动的反映。"肠胃绕万象,精神驱五兵"(《城南联句》),那些使劲用力地造就和组合起来的意象,完全出于表达情感发展的需要,而未遑多考虑造就和组装得是否自然天成。两次南贬,诗思像沿途拉开的巨大拖网,囊括了诸般意象,构成一系列"舒忧娱悲,杂以瑰怪之言"(韩愈《上兵部李侍郎书》)的诗篇,至于层出不穷的瑰怪意象之间则未必都能做到协调和谐。诸多联句以及《陆浑山火》、《月蚀诗效玉川子作》、《南山诗》之类铺排得接近于赋的诗,更是将种种意象生擒活捉,成为"凌暴万物"、意象辐凑的大观。

韩愈要表达身心承受各种矛盾冲突的错综复杂感受,而本人又恰好是散文大师,"言之长短,气之高下",皆能得心应手,遂促成了诗歌结构语言方面的散文化。韩诗的结构,一种是起落转换拗折矫变的。如《八月十五夜赠张功曹》,开头极写中秋夜景,中间借张署之口以大段笔墨叙述迁谪量移之苦。末段又以"我歌"作结,将上段排开。方东树评:"一篇古文章法。前叙,中间以正意苦语重语作宾,避实法也。"(《昭昧詹言》卷十二)就诗论诗,确实如此。但若论心理基因,则是迁谪之苦郁积于内,中秋美景动之于外,情感上是躁动的、冲突的,而由于诗人在冲突面前不肯示弱,把迁谪量移之苦置于宾位,用力排开,遂造成了章法上的虚实变化,陡转突接。韩愈另有不少诗,顺起顺接。如果有意在形式上追求,未始不能抟控腾挪。但韩愈在多种矛盾冲突中急于进取,劲气直达是他的内心要求:"吾尝示之难,勇往无不敢。蛟龙弄角牙,造次欲手揽。"(《送无本师归范阳》)追求诗境时取之以"勇",往往不免是直前而无迂回的。故韩的一些长篇,诗思较李杜来得快而直,有文之恣肆而较少诗之回荡停蓄。

"情激则调变",韩诗在语言上常有不能吐为舒缓泰贴、珠圆玉润的情况。从造语到音节韵律,往往打破传统,不循常度。韩愈"欲为而不能"的事十常八九,内心的怨愤郁躁要宣泄,遂不免峻厉激发,难以贴息。而要把情感的状态与力度通过语言辞气表达出来,上二下三、上四下三的五七言诗传统句式及韵律是有局限性的。出于要畅快地表达内心躁动的节奏,也出于韩愈那种外向的强梗的个性,常常不耐约束,把与口语、心声更接近的散文句法与音节带进了诗中,增加了诗格之奇。

韩诗"工于用韵"。欧阳修《六一诗话》曾言:"盖其得韵宽则波澜横溢,泛入傍韵,乍还乍离,出入回合,殆不可拘以常格,如《此日足可惜》之类是也。得韵窄则不复旁出,而因难见巧,愈险愈奇,如《病中赠张十八》之类是也。余尝与圣俞论此……圣俞戏曰:'前史言退之为人木强,若宽韵可自足而辄旁出,窄韵难独用而反不出,岂非其拗强而然欤?'"就欧阳修指出的现象,梅尧臣是据韩愈的个性作解释的。而从诗歌自身深层因素的向外投射来看,《此日足可惜》中之情事极为纷纭,作品深层的矛盾冲突异常强烈,用韵错杂,旁澜横溢,止是心声的表现。《病中赠张十八》写与张籍初识时纵谈辩论,先纵后擒,降伏张籍,事件单纯,但谐戏中又显得紧张。诗的韵脚越押越险,不给人停步换韵的地方,也是与韩愈"商论不能下气"(韩愈《答张籍书》)、心性褊躁有密切关系。韩愈押强韵处极多,身心为矛盾所困,而又烦躁地要在矛盾中奋力前进,就需要在相应的躁音中用强韵押住阵脚,故这种强韵也是深层的冲突在辞气中的反映。

韩愈的心灵在当时几乎是无法逃遁的。下文将会看到,进士阶层中比较放达的一群,为了排除精神负担,常常借助于吏隐或声色。而韩愈作为儒学政教型的人物,既与吏隐无缘,亦离声色较远。他嘲笑长安富儿:"不解文字饮,惟能醉红裙。"(《醉赠张秘书》)韩诗只于一两处因描写宴会偶见艳句,即使经过附会,能算作艳诗的,亦只《镇州初归》一首,这跟白居易、元稹的情况极不相同。张籍《祭退之》诗,虽然提到两位奏乐的侍女,但这在唐代官僚家庭是普遍现象,不能因此夸大韩愈的声色享受。韩愈比较独特的娱乐方式,不外好博塞之戏与滑稽诙谐。博塞之戏,韩愈接受过张籍的批评。滑稽诙谐,"为无实驳杂之说",他认为比之酒色尚有一间(《答张籍书》)。实际上,诙谐戏谑是韩愈发泄无聊、放纵精神的一种方式,对其诗文创作有重要意义。韩愈的诗文有强烈的复古精神,有浓厚的儒学味,但不失于板腐,复而能变,与诙谐驳杂颇有关系。由于好谑善戏,韩愈心理上的躁郁,常被变形扭曲,加以外化,奇诡滑稽,而内含尖锐冲突。

《谒衡岳庙遂宿岳寺题门楼》写自阳山北归,至衡岳庙逢场作戏地求神,卜得吉卦反而大发牢骚,以戏谑和亵渎神圣的笔墨来表现内心深处的狂躁不逊。《入关咏马》戏称马入潼关时"不知何故翻骧首,牵过关门妄一鸣",喻自己不肯缄默取容。《奉酬卢给事云夫四兄曲江荷花行见寄》说宫中要员事务繁忙,连花也无闲去看:"大明宫中给事归,走马来看立不正。"而自己则"我今官闲得婆娑,问言何处芙蓉多?撑舟昆明度云锦,脚敲两舷叫吴歌"。诗在朋辈戏谑中有不能俯仰随人之意,于貌似洒脱中又有不能忘情者在。《泷吏》借南荒险恶风土和泷吏对他的戏弄,让灵魂仿佛在地狱中经历险境和审讯:"胡为此水边,神色久惝慌?……不知官在朝,有益国家不?得无虱其间,不武亦不文。仁义饰其躬,巧奸败群伦。"表面上调侃滑稽,实则指桑骂槐,悍厉辛辣。因此,韩愈即使以文滑稽,也不是心灵的逃遁解脱,而是以夸张的笔墨,更为奇横诙诡地表现身心内外冲突。

剖析韩诗之奇,可以看出,作为进士阶层中的儒学政教型人物,一种刚毅果决之气和强烈的用世思想支配着韩愈,围绕儒家提倡的立德、立功、立言,韩愈不断拼搏斗争。"欲为圣明除弊事,肯将衰朽惜残年",与封建国家休戚与共,见危致命。但他的一生,"跋前踬后,动辄得咎",心志经常难得舒展,因而抒情言志之诗,也就难以心平气和,如他自己所说:"时有感激怨怼奇怪之辞。"(《上宰相书》)宋人魏了翁针对这种现象作过分析,认为"凡天下欲为而不能者其辞厉……夫欲为而不能者其愤必深。天下未有怀不能为之恨而泰然贴息于辞气之表也。"(《韩愈不及孟子论》)魏氏从心理基因上,对形成峻厉激发型文学风格的探源分析,极有见地。韩诗中那种奇崛险巇,正是在"欲为而不能"的心理基础上产生的。

四、白诗——俊才达士的通脱自在

跟韩愈相对照,白居易显然属于另一类型人物。白居易等世俗才子型进士,其立身行事、思想作风,与韩愈等儒学政教型颇多不同。主要表现为:其一,不为儒教所囿,习儒而兼奉佛道。白居易宣称:"上遵周孔训,旁鉴老庄言"(《遇物感兴因示子弟》)、"外服儒风,内宗梵行"(《和梦游春诗序》)。大体上周孔的一套只用以应付官场和人事,而修身养性,自我调节,则仰赖佛道。其二,自我意识增强,传统的朝士对君主的依附性下降。白居易宣称:"只有一身宜爱护"(《读道德经》);又说:"朝廷雇我作闲人"(《从同州刺史改授太子少傅分司》)。重视"一身"，把自身看成受"雇"于朝廷，传统的臣下无条件"委质"于君主、朝士与朝廷一体的观念趋于淡薄。又由此对朝廷逐渐获得一份旁观的态度，较易看轻朝廷的纷扰，更善于为个人考虑。其三，开放浪漫，思想作风接近世俗潮流。元白等人行为通脱，自负才情，留连诗酒，不为礼法所拘，才子诗客的习性，多于严谨端正的政治家气质。司空图称元白为"都市豪估"，虽意在贬抑，但元白确实是中唐都市社会中如鱼得水式的人物。白居易、元稹均三登科第，唐人所谓浮薄之风，在元白等科场得意者身上，体现得更为明显。

基于世俗才子型进士的思想作风，白居易抒情诗常常体现对身心内外矛盾的化解，有韩诗所缺乏的春容暇豫之态。"人言世事何时了，我是人间了事人。"（《百日假满少傅官停自喜言怀》）白居易因不执定于儒学一家，在宗教文化冲突面前，显得超脱。又因从传统的臣僚"委质"事君，走向爱重自我，且深达老庄之旨，立朝任事，虽能直谏于君前，却不愿卷入臣下的纷争。从白居易入仕到去世，朝廷经历四场重大斗争：永贞革新、元和中期对蔡州用兵、大和九年甘露事故、穆敬文武四朝牛李党争。前两场白居易未直接介入，或可用官低和遭贬在外解释，后两场则完全是有意避开。甘露事变后，白居易作诗云："祸福茫茫不可期，大都早退似先知。当君白首同归日，是我青山独往时。"（《九年十一月二十一日感事而作》）"海水桑田欲变时，风涛翻覆沸天池。鲸吞蛟斗波成血，深涧游鱼乐不知。"（《涧中鱼》）对导致时代巨变的大灾难，何尝不感慨系之，但他不是正面承受时代灾难的冲击，而是局外兴叹，一面悲天悯人，一面以"早退"自我宽慰。正因为他早已从朝廷的复杂矛盾斗争中脱身，游离于冲突之外，所以面对这场惨痛的大事故，仍然有悟道式的从容，冷静地出之以侧笔，风格平易。如果对照同一背景下李商隐所写的《有感二首》那种忧心如焚、感愤激切，更可以看出白居易的平易有其超脱世事的心理基因。

外部矛盾固然尽量摆脱，即使是事关自身的升沉进退，白居易也追求精神上的超脱。"无令怏怏气，留滞在心胸。"（《闻庾七左降》）元和十年江州之贬、长庆至大和年间的外任、大和至会昌年间的分司与致仕，是白居易在宠与辱、高与低、内与外、热与闲之间的几大转折。围绕一次次转折，白居易写了大量诗歌，但情绪不是陷入郁结中不能自拔，而是通过调节，将矛盾淡化或排开，让心灵得到宽解。江州之贬，是白居易一生所受的最大的一次打击，而白居易借州司马职务清闲，借九江、庐山风景以及佛道哲学，尽量宽解自己。他与僧徒结社，又在庐山筑草堂居处，终于做到了"合是愁时亦不愁"（《岁暮道情》）。其《东南行一百韵》写南贬途中及居江州的见闻感受，与韩愈《赴江陵途中寄赠三学士》等南贬诗大体相当。白诗没有对异乡景物的恐怖性描写，没有心灵冲突躁郁的表现。诗篇以大量篇幅追叙贬谪之前与元稹、崔群等友朋在京的游乐，又极写江州风景，在淋漓尽致地对游乐和景物铺叙中，穿插上自己的贬谪："日近恩虽重，云高势却孤。翻身落霄汉，失脚到泥涂。"就显得失落而并不可怕。"渺默思千古，苍茫想八区。孔穷缘底事，颜夭有何辜？……穷通应已定，圣哲不能逾。"以圣贤皆未免于穷厄，见己之应该听天由命。虽然无可奈何，但却没有那种使心灵内外纠缠不已的冲突。以"思千古"、"想八区"的心胸，去透视一己一时的不幸，使一切都化解得可以从容承受，显出作者主观精神在贬谪中仍具春容暇豫的一面。《琵琶行》也是诗人抒写"迁谪意"的代表性作品，处理方式更值得注意。白居易之前，此类诗歌向以弃妇比拟逐臣，弃妇与故夫之间当然存在深刻的矛盾冲突。《琵琶行》中诗人却以己之迁谪与歌女的老大沦落相比并。歌女的沦落系由年长色衰、事势变迁，谈不上怨谁、恨谁、与谁构成深刻的矛盾。相应地诗人的沦落，也就似乎属于事理之常，无可怨尤。全诗把迁谪意与一场美妙的琵琶演奏结合起来描写。诗人意外地获得"如听仙乐"的音乐享受。在寂寞中与琵琶女产生情感交流，又以此为创作契机，成就了《琵琶行》这首得意之作。"醉不成欢惨将别"的一夕迁谪意，就这样地得到了补偿。因此，诗歌创作本身不是情感的郁结，而是宽解和排遣。这种心境与诗之和谐优美、平易流畅，成对应关系。

白居易的《新乐府》、《秦中吟》等诗，主体精神与诗中展开的具体社会矛盾也是有间距的。创作这类诗，固然是正视社会矛盾，并作了积极的反映，但白居易新乐府与杜甫那些即事名篇之作产生过程并不一样。杜甫出于目击身遇，主观情感在时代灾难与矛盾中承受着深刻而强烈的撞击。《新乐府》李绅首唱，元稹和之，白居易再和，材料多是转手的，很少出自白居易自身体验。五十首诗，有美有刺，组织完整，体例一致，这一庞大的组诗创作，需要有从容不迫的设计酝酿过程。诗人自身并未直接卷入所反映的具体矛盾冲突之中。

白诗在情感表现上的另一特征，是通达识体，省分知足。有一种不忮不求、委运任化的态度。由于在政治上功业思想不及儒学政教型进士强烈，白居易不像韩愈那样汲汲于进取。加以受佛道处世哲学影响，白居易委顺思想发展得很突出，"冥怀齐宠辱，委顺随行止"（《长庆二年七月自中书舍人出守杭州路次蓝溪作》），坦然地进于不得不进，退于不得不退，乐天知命，无往不适。

讽人之嗜欲害性，不能省分知足，为白居易早年讽喻诗的重要内容之一。《感鹤》诗以鹤喻人，感慨"一兴嗜欲念，遂为矰缴牵。委质小池内，争食群鸡前"。《和雉媒》讽慨"稻粱暂入口，性已随人迁"。《伤宅》、《凶宅》讽权重位高，难于持久。《寓意五首》咏叹"权势去尤速"，"贫贱可长久"。《海漫漫》讽身为帝王之贵的秦皇、汉武妄求神仙。《杂兴》三首分别讽楚王、越王、吴王之侈心无止。《高仆射》、《不致仕》一赞一嘲，讽老耋仍不愿致仕。《草茫茫》讽"拟将富贵随身去"之厚葬。这些诗在讽喻的同时，兼以"知止则不殆"的精神自儆。诗人深慨世俗"贪荣不能止"，愈到中后期，破除尘妄、自我解剖、以省分知足自劝自勉的诗愈多。

"一生耽酒客，五度弃官人。"（《醉中得上都亲友书》）从大和三年开始，白居易先后以告长假的方式辞去苏州刺史、刑部侍郎、河南尹、同州刺史、太子少保等职。长庆三年守杭州，也出于主动。这几次弃官和外任，或因朝政昏乱、人事复杂、主张不被采纳，或因事务繁剧、图就闲逸。"事势排须去"（《过昭君村》），论其与外部关系，是顺应环境压力的推移，走向宽松自在之地；论个人行为动机，则是省分知足，不计官位高低，惟求适意。这种委运任化，有中唐世俗才子型进士的特点。它不是彻底屏退寂处，丢掉世俗社会的享受和乐趣，而是要在仕途上化险为夷、化拘束烦扰为闲适畅快。从摆脱形骸之累、追求放心自得方面看，白居易接近晋代的陶渊明，这一点白居易本人和金代元好问等都予承认。但白之委运任化，不是归向自然，而是体现在仕途中，留居在城市里，又颇与陶不同。仕途本即趋竞之途，白居易以委顺行之，可以说是把唐中叶以后世俗的一面与魏晋通脱之风结合的一种尝试。

白居易以委顺行之于仕途，集中表现在从吏隐到中隐过程中。元和三年白居易任翰林学士时，即有"形委有事牵，心与无事期"（《夏日独值寄萧侍御》）的闲适之想和悟道之语。贬江州时，借"吏隐"自我排遣。出守苏、杭，吏隐达到了更为满意的程度："忆我苏杭时，春游亦多处……两衙少辞牒，四境稀书疏。俗以劳侏安，政因闲暇著。仙亭日登眺，虎丘时游豫。寻幽驻旌轩，选胜回宾御……但令乐不荒，何必游无倨？"（《和三月三十日四十韵》）可以说，既以通达自在、委运任化的方式生活，亦以此道治郡，心情放佚，诗境畅快。

白居易以太子宾客分司时，进一步提出"中隐"。《中隐》诗认为大隐、小隐仍不够，"不如作中隐，隐在留司官。似出复似处，非忙亦非闲"。诗人极写中隐之可以恣情游乐："君若好登游，城南有秋山。君若爱游荡，城东有春园。君若欲一醉，时出赴宾筵。"最后说："人生处一世，其道难两全。贱即苦冻馁，贵则多忧患。唯此中隐士，致身吉且安。穷通与丰约，正在四者间。"分司是闲职，他人居此，皆有沦屈之感，而白居易以委运知足的眼光看分司，觉得正得其宜。诗人津津乐道,口吻语调皆似可闻可见。《唐宋诗醇》评云:"胸中无挂碍,乃得此空明洒脱之境。"确实由于放心自足,才能这样无一点造作安排,肆口而出,极超脱而又极平易近人。

元白较之韩愈等人,生活作风要浪漫得多,也更接近世俗。元白二人早年都有一段恋爱史。元稹于女方始乱终弃,固然突出表现其轻浮薄幸,白居易与邻女湘灵恋爱,虽形诸忆念而终未结成眷属,情况可能亦与元稹有某些相近。元和初居长安时,元白均极放浪:"忆昔嬉游伴,多陪欢宴场。寓居同永乐,幽会共平康……结伴归深院,分头入洞房。彩帷开翡翠,罗荐指鸳鸯。留宿争牵袖,贪眠各占床。"(白居易《江南喜逢萧九》)这样酣畅地铺叙早年的游乐,在二人的长篇中屡见。元白官高后,家中均蓄有歌舞妓女,赠妓以及歌咏妓女之作,数量上远远超过一般诗人。长庆、宝历年间,白居易外任,选择的是苏杭形胜佳丽之地。"白马走迎诗客去,红筵铺待舞人来"(《和薛秀才》)、"六七年前狂烂熳,三千里外思徘徊"(《忆旧游》),无论当时还是事后,苏杭时期的风流太守生活,都让他感到惬意。白氏最后十八年在洛阳度过,"老爱东都好寄身"(《赠侯三郎中》),洛阳有世俗的各种游乐,而无长安那种政治上的角逐,确实具备《中隐》诗所描述的多种乐趣。白居易等作风上的浪漫、生活上的享受,无疑能让心理获得更多的调节,韩愈式的动辄即来的内心冲突,以及精神常常陷于躁郁而无法排解的情况,在白居易等人身上是不易出现的。

精神委顺任化,接近世俗,在诗歌语言、意象、声韵、结构等方面,也就自然相应需要一种由艰难高古向平易浅俗的化解。那种刿目怵心的意象,诘屈聱牙的语言,变怪不测的结构,本身就是心灵扭曲、情感不能理顺的反映,与白居易的心性难以相合。通达和易的个性,放逸的情趣,只能用顺适惬当的语言,流畅的音节,任其自然的结构来表现,从诗人心地特征对创作的影响看,白居易省分知足,"穷通生死不惊忙"(《遣怀》),内心的一切尽可向人祖开。真实的、无所隐慝的情感,见之于诗,自然显得洞彻表里,平平易易,让读者如同面对坦率平易的朋友。白诗的明白恺切,所谓"无不达之隐,无稍晦之词"(赵翼《瓯北诗话》),不仅由于有意到笔随的表达能力,同时也由于笔之所到,内心能够倾情倒意而无保留。从创作过程本身看,以委运任化的精神行之于吟咏,会淡化求工见好的欲念,自适其适,言其所欲言,称心而出,信笔抒写,诗篇自会有随意真放之趣。从语言的身份口气看,白居易从众随俗,与韩愈一向自命不凡、欲以儒学从政化俗不同。袁枚说:"韩子以知命之君子望天下之常人,而白傅又甘以常人自待。"(《小仓山房文集》卷二十)对常人,韩愈尚且想通过儒学教化使之成为君子,自己作为化人者,语气辞气、身份气派,当然更是与众不同。而白居易以常人自待,表达接近世俗的思想感情,便会采用日常的题材和家常化的写法,吸收口语和民歌成分。白诗善于叙述,曲尽情态,也由于他如常人之话家常,免掉了客套,而贴近于生活;当其话及身心内外矛盾时,即以常人世俗的情理对待,客观通达,平静从容,因而不烦躁,不委靡,能井井有条,委婉详尽,以平易而最近乎人情的方式叙述出来。

五、以韩白为坐标看中唐诗坛的分野

　　典型的解剖给理解一般提供了参照。韩之奇险、白之平易跟他们的思想作风、立身行事之间的联系揭示以后,我们会清晰地看到,通常被称为韩派或白派诗人,同派之间不仅诗风有某些相近,并且在学识修养、精神气质方面,也有共同点。元稹和白居易许多方面均非常接近。韩派的孟郊,"古貌又古心"(韩愈《孟生诗》),盛赞孔子之书"周万古而行也",儒家的"道德仁义,天地之常也"(《上常州卢使君书》);卢仝深于经学,著《春秋传》,"辞简而远,得圣人之意为多"(许顗《彦周诗话》);皇甫湜、张籍等更是鲜明地崇尚儒学,贬低佛道。显然,通脱才俊、接近世俗、不为儒学所囿是元白结为亲密诗友的思想基础,韩派诸家则以儒学复古精神声气相通。今天如果想更概括地把握中唐诗歌,以韩白两家作为对中唐诗坛进行更大范围划分的标志,单就诗歌给人的外在印象,辨识某诗人与韩白哪一方为近,或许令人困惑。而如果着眼于进士阶层中文人的分野,进而从诗歌的内在精神气质去把握,则易见分晓。如柳宗元诗洁净、整炼,刘禹锡晚年与白居易为诗友,似乎都与韩诗距离遥远。但刘、柳前期参加永贞革新,"虽万受摈斥不更乎其内"(柳宗元《答周君巢饵药久寿书》),有政治家坚韧不屈的精神气质。柳宗元伦理思想核心是"大中"(见《惩咎赋》、《与吕道州温论非国语书》等),不出儒学范畴。柳诗和韩诗一样,多抒发政治上受抑的感受:"长吟哀歌,舒泄忧郁。"(《上李中丞献所著文启》)因而无论在诗歌精神内质或取象造语上都往往与韩相通。明代瞿佑认为他的《与浩初上人同看山寄京华亲故》诗,"造作险浑,读之令人惨然不乐"(《归田诗话》卷上);蒋骥认为《天对》"务为奇僻","震霆塞聪"(《山带阁注楚辞·楚辞馀论》);宋蔡伯衲《西清诗论》更从总体上认为柳诗"似入武库,但觉森严","若捕龙蛇,搏虎豹,急与之角,而力不敢暇"。这些,与韩诗给人的感受都非常相近。而且,蔡伯衲的"若捕龙蛇,搏虎豹"云云,恰恰是将柳宗元评韩愈《毛颖传》的话,转移给了柳诗。因而像清代王会昌等将二人并提,称"韩柳体",以及像上文提到的钱谦益将二人之作并称"儒者之诗",都是深有见地的。刘禹锡与柳宗元气类相同,刘诗虽较柳诗流利,但常于流利中见矫拔之致,在愤懑中表现出豪迈的气概,即包含有奇崛的一面。其属和韩愈《岳阳楼别窦司直》诗,波澜壮阔,骏悍夭矫,和韩诗而即类其风格。近人沈曾植曾用"韩孟刘柳之崛奇"(《海日楼札丛》卷七),把四家合在一起。可见刘与韩孟亦颇相通。刘较柳放达,晚年政治上进取心渐趋淡薄,与白居易诗酒唱和,诗风亦较前期平易,但白居易称其"诗豪者也,其锋森然"(《刘白唱和集解》),平易而不掩其奇雄警策,与白之平易和婉,仍有一间。

中唐进士阶层由思想作风差异所标志的分野,与诗歌方面派别形成、风格异同之间的内在联系,让我们更具体真切地看到,文学的发展变化,流派的形成,与作家主体所具的精神素质,在社会因素影响下,以其特定的心态形诸文字有极密切的关系。从大历诗的浅弱,到韩诗的奇崛、白诗的平易,固然大略可见后者挽救前者偏失,对诗歌进行更新的轨迹,体现文学内部演变推移的规律。但这种推移,所产生的力量不是太显著的。以至韩白之间,究竟是否有某一方曾意图纠正对方的流弊偏失,实在难以说清,甚至有被说错的现象。而进士阶层不同类型人物,在社会政治实践及其他多方面活动中,"喜怒窘穷,忧悲愉佚,怨恨思慕,酣醉无聊不平"(《送高闲上人序》),藉吟咏宣泄情感、展现心态,对诗歌面貌的影响,似乎更深刻。不同形式的文学艺术,有自己的特质与发展规律,诗剧、小说、戏曲,这些客观性或叙事性比较强的类型,需要经营制作,以吸引读者或观众。体制的演变发展,艺术经验的积累,在演进过程中似乎占有更重要的地位。而我国独具特色的抒情诗,由于是心声的直接表现、情感的文字载体,"哀乐之心感,而歌咏之声发"(《汉书·艺文志》),出于主体"舒忧娱悲"、宣泄情感的需要,自吟自足,不过分外求于读者,诗歌风貌总是逼肖其人的气质、性分,诗境与心境总是契合或相通。优秀的诗人,人与诗为一,"人外无诗,诗外无人"(龚自珍《书汤海秋诗集后》),作家对前代或同辈诗人的艺术成就,通过把玩探索,可能有很精深的领会。但在将对方的艺术精髓化入自己诗歌创作中的时候,总是要随着自身的性分和实际生活体验发生偏移。被追随者与追随者之间,如果心理基因、时代条件差异过大,追随的结果,有时甚至仅能获得皮毛。宋代西昆派学李商隐受"挦撦"之讥;明代前后七子,悬盛唐为准则,获"瞎盛唐"的嘲谑,都是很典型的例证。可见中国抒情诗各种局面的形成,不单纯依赖技巧的演进。而由社会政治、经济、文化背景所决定的诗人心理状态、胸襟气质,倒是经常对诗歌创作起着更深刻的作用。

　　中唐政治文化背景下科举、文学、政治三位一体的现象，给诗歌创作的巨大影响，在于它促成了士人的普遍文学化，也加强了文人与诗歌的政治化。进士、博学宏辞等科，有司以文辞为主要取舍标志，"取之以文"，使所有志在登上朝廷的士子，都要尽力习文，从而导致有唐一代文学极受重视，文学之士大量登朝为官，文学与朝政、与高层人事结缘极深的局面。用之以政，则使进士等科的文人，普遍卷入政治，受到政治风浪和社会生活的洗礼。唐代诗歌与政治关系之密切，是其他时代无法比拟的，科举则充当沟通二者的重要中间环节。尽管进士科群彦毕集，各类人才"靡所不有"（韩愈《送孟秀才序》），由作家材地性分的广泛性和多样性，带来了中唐诗坛多元化的局面，但济济群才，围绕对政治介入的态度，仍然能表现出大的分野。韩愈之积极干预，卷入复杂的矛盾冲突；白居易之委顺任化，化解身心内外各种矛盾，是当时进士集团中两种有代表性的倾向。与此相联系，韩白所代表的两种不同类型的诗歌，也最有影响。中唐诗坛，色彩纷呈，而又能显示出主要分野，其最深刻的思想文化根源或在于此。

第六章　晚唐绮艳诗歌与穷士诗歌

一、晚唐诗歌之变与诗人群体的划分

唐代在中国诗歌史上是诗歌艺术屡屡发生新变的时期。贞元、元和前后，当全社会酝酿着政治革新之际，韩愈充满怨怼情绪的抒愤诗和白居易揭露社会问题的讽谕诗，曾引起广泛共鸣。但当改革的浪潮在重重阻力下渐渐消退，士大夫躁动不安的情绪逐渐收敛的时候，情况就随之变化。一些人不再是抗争，不再是像韩愈、白居易那样，定要为"除弊政"或"补察时政"效力，而是把注意力转向自己的内心体验和日常生活琐事。因而不仅韩、白早期诗歌的内容与情感跟他们的心态有隔膜，就连韩、白那种倾向于奇险或平易同时又都缺少含蓄的笔法，也为他们在表达情感时所不适用了。与此同时，韩、白两派自身也处在演变过程中。孟郊卒于元和九年，使韩愈失去一位专从奇险方面与之"相伴鸣"的主要诗友。韩愈到后期官高位重，早期那种烦躁的心境有所改变，作品中律体和应酬诗增加，类似前期的"情炎于中"、"勃然不释"的古体长篇减少。以《南溪始泛》等闲适之作为标志，诗风也逐渐由奇险稍趋坦易。白派方面，白居易于元和后期已基本上不再创作讽谕诗，而代之以闲适诗。大和五年，元稹去世，白派亦叹凋零。白居易于大和三年以太子宾客分司东都，直到会昌六年逝世不再复出。他的最后十八个年头是在洛阳度过的。居洛期间，白居易与刘禹锡、裴度等唱和，形成以东都洛阳为基地，以退休及分司官员为主体的专写闲适生活的诗人群体。尽管这批人官高名重，但他们那种从高位退向闲局的心境，与一般士人的体验相距太远。而且中国传统诗歌一向关乎政教，唐诗和政治以及大众社会关系尤为密切，当东都诗人"闲适有馀，酣乐不暇，苦词无一字，忧叹无一声"（白居易《序洛诗》）的时候，他们在诗坛上的影响也就自然减弱。因此，可以说韩、白两派至少从宝历以后就渐渐失去了领导主流的力量，诗歌界也就自然会有新潮和新的诗人群体出现。

　　晚唐新起的诗人也是家数众多,交游和创作呈现纷纭复杂的情况,若求从大的方面加以把握,应该如何认识呢? 叶绍本云:"诗品王官莫细论,开成而后半西昆。"(《白鹤山房诗钞》)说开成年间以后,诗坛有一半在李商隐的势力范围之内。闻一多先生的论文《贾岛》则将晚唐五代称为"贾岛的时代",说:"由晚唐到五代,学贾岛的诗人不是数字可以计算的,除极少数鲜明的例外,是向着词的意境与词藻移动的,其馀一般的诗人大众,也就是大众的诗人,则全属于贾岛。从这观点看,我们不妨称晚唐五代为贾岛时代。"为了强调晚唐五代在作诗方面追随贾岛的人数之多,闻一多的话多少有些夸张。但就在这一段带夸张性的论述中,毕竟还是承认了在贾岛势力范围之外,还有"极少数鲜明的例外,是向着词的意境与词藻移动的"。虽未指名,人们也自然会想到李商隐、温庭筠乃至杜牧等人。这样看来,晚唐诗坛显然有两种类型的诗人或者说有两个大的诗人群体。

　　把晚唐诗坛的众多诗家大体归结为两种类型或两个群体,决不意味着忽视同一群体之内诗人创作的差异,也并不抹煞大群体之内还可能有一些小的群体。两大群体的划分,无非是同属一个群体内的诗家,在存异求同的时候,他们的一些比较共同或比较接近的方面,有明显区别于另一群体之处,因而由这些特征标志出他们在客观上构成了相对于另一群体而存在的一方。如杜牧的诗歌有拗峭的特征,与温庭筠、李商隐的绮靡,是显有不同的。但如拿杜牧、温、李与闻一多所说的那些追随贾岛的"大众诗人"相比,前者诗歌中那种都市色彩和政治色彩,几乎是在后者诗中难以觅见的,那种结合自身怀抱未展、遭遇不偶所抒发的对国家命运和时代的悲感,也与后者往往单纯表现为即身即事的愁怨不同。"温李"历来并称,代表晚唐一种新的诗歌风貌,而"小李杜"也历来并称,同样代表晚唐的风气。李商隐、温庭筠、杜牧均以近体擅长,他们近体诗的清词丽句,与贾岛及其后继者的清幽冷寂迥然不同。这样,把李、杜、温合在一起,而与另外的诗人们相区别,就不算勉强了。

　　温、李和杜牧以外的晚唐诗家,人数众多。历代学者对其流派颇多论析,这些论析,既有助于把握和认识在大群体中尚可进一步细分的中小群体,同时通过对中小群体的辨析,认识他们相通、相联系的方面,也为合众多诗人作大群体观提供了依据。最早在较大范围内给中晚唐诗人划分流派的,当推《诗人主客图》的作者张为。《主客图》所列的六个系列中,被列入"清奇雅正"与"清奇僻苦"系列中的"入室"、"升堂"、"及门"者,几乎是清一色的晚唐诗人,且都与贾岛、姚合、孟郊的诗风有渊源和瓜葛。"清奇雅正"、"清奇僻苦",在取名上两字相同,两字相异,能见出两系诗人在张为心目中是微有区别而又相近的。张为之后,关于晚唐诗歌渊源派系的研究进一步深入。南宋方岳《深雪偶谈》云:"贾浪仙,燕人,产寒苦地,故立心亦然……同时喻凫、顾非熊,继此张乔、张蠙、李频、刘得仁,凡晚唐诸子,皆于纸上北面,随其所得深浅,皆足以终其身而名后世。"这一论述,即为闻一多所本。明杨慎《升庵诗话》卷十一云:"晚唐之诗分为二派:一派学张籍,则朱庆馀、陈标、任蕃、章孝标、司空图、项斯其人也;一派学贾岛,则李洞、姚合、方干、喻凫、周贺(九僧)其人也。其间虽多,不越此二派……其诗不过五言律,更无古体。五言律起结皆平平,前联俗语十字一串带过,后联谓之'颈联',极其用工。又忌用事,谓之'点鬼簿',惟搜眼前景而深刻思之,所谓'吟成五个字,捻断数茎须'也。余尝笑之,彼之视诗道也狭矣。"①杨慎所谓学张籍,并非指张籍乐府诗,而是指其"字清意远"的近体诗。实际上不仅朱庆馀等受张籍影响,即贾岛本人早年以后学身份谒见张籍,与张籍、韩愈交游,也不免受张籍影响。因而杨慎虽分二派,却又合而论之,谓其诗"不过五言律"云云,正见两派有其一致性。其后,清人李怀民作《重订中晚唐诗主客图》,一方面继杨慎分为两派,一方面又承认:"虽称两派,其实一家耳。"李氏在对张籍、贾岛、姚合及其追随者的诗风辨析上,常指出彼此间的互相融合和交叉现象,通过这些现象,倒是更能见出张籍、贾岛、姚合的后继者们在诗风上有许多共同之处。

　　认清了张籍、贾岛、姚合及其后继者之间的关联后,让我们再来讨论唐末另一个较小的群体,胡震亨《唐音癸签》卷八云:"(唐)晚季以五言古诗鸣者,曹邺、刘驾、聂夷中、于渍、邵谒、苏拯数家。其源似并出孟东野,洗剥到极净极真,不觉成此一体。"胡氏在此列出的是一群"以五言古诗鸣"的诗人,与贾岛、姚合、张籍后继者以五律见长自然有较多不同。但由于他们源于孟郊,或者至少在人们的感觉上与孟诗有些相似,则又和贾岛一派构成了联系。孟郊和贾岛向来并称,郊、岛在情调寒苦、风格峭冷方面有许多一致处。因而源于孟郊的曹邺等人

---

①杨慎云:"二派见《张泊集》序项斯诗,非余之臆说也。"然陆心源辑《唐文拾遗》卷四七所收张泊《项斯诗集序》并无二派之说。序中仅云:张籍格律诗,"唯朱庆馀一人亲授其旨。沿流而下,则有任蕃、陈标、章孝标、倪胜、司空图等。"又云:项斯"特为水部之所知赏,故其诗格颇与水部相类。"是则张泊之序虽列举了对张籍诗风有所继承的一些诗人,但并未从总体上划分晚唐诗家派别。又,"九僧"为宋初诗僧希昼、保暹、文兆、行肇、简长、惟凤、宇昭、怀古、惠崇等九人并称。他们虽崇奉贾岛、姚合一派,但并非晚唐五代人,故于引文中用括号标出。

诗作,也就与贾岛的追随者在声气上显得接近。南宋胡仔《苕溪渔隐丛话》前集卷十九引张文潜语云:"唐之晚年,诗人类多穷士,如孟东野、贾浪仙之徒,皆以刻琢穷苦之言为工。"这是合孟郊、贾岛的后继者,包括虽非有意继承,但诗风上难免有些接近郊、岛的所有晚唐诗人在内,作了最大限度的概括。"郊寒岛瘦",所谓"孟东野、贾浪仙之徒",无非是取其穷寒作为主要特点,来标志晚唐最为广大的一群诗人。这群诗人从身份上看多为"穷士",从诗歌内容上看多为"穷苦之言"。有了这种更能抓住本质特征的概括,我们不妨即称温、李、杜牧等人创作之外的晚唐另一大类诗歌为穷士之诗。以"穷士之诗"为标志,不仅所谓"孟东野、贾浪仙之徒"尽皆可以包容在内,就连面貌特殊、在诗体和诗歌题材上有许多新尝试的皮日休、陆龟蒙也可以纳入其中,因为不管他们在题材和体裁上怎样搜寻,其所发出的亦无非是"穷苦之言"(并且皮陆诗还伴有孟郊式的矫激之气),是和孟、贾之徒一样,相当投入地参加了穷士角色的合唱。

二、晚唐穷士诗人的歌唱

晚唐穷士角色的歌唱在诗坛上能够连成一气,成为一种相当广泛的合唱,与时代社会条件以及当时士人们的心态密切相关。司马光在《资治通鉴·唐纪六十》中说:"于斯之时,阉寺专权,胁君于内,弗能远也;藩镇阻兵,陵慢于外,弗能制也;士卒杀逐主帅,拒命自立,弗能诘也;军旅岁兴,赋敛日急,骨血纵横于原野,杼轴穷竭于里闾。"指出唐末宦官专权,藩镇割据,骄兵难制,赋税沉重,闾里空竭。面对着严重的社会危机,唐王朝失去了自救能力,士人的前途一片暗淡。由于朝廷控制的州县减少,官位紧缺,朝中清要职位又为朋党及其他有背景者所据,一般士人在仕途上进身的机会很少;由于科场风气败坏,请托公行,交通关节,行贿纳贿现象严重,出身寒微、拙于钻营的士人即使唯求一第也很困难,许多有才之士在考场上长期受困,甚至终生不第,故而在晚唐社会出现大批失意文士。这批文士跟前代"贫士失职而志不平"不大一样,他们不再是虽处贫贱之中仍具有意气和理想。像盛唐人"但闻行路吟新诗,不叹举家无担石"(李颀《别梁锽》)、"主人何为言少钱,径须沽取对君酌"(李白《将进酒》)、"但觉高歌有鬼神,焉知饿死填沟壑"(杜甫《醉时歌》),似乎正因为他们虽穷而不以为穷,才格外引起人们对他们的兴致。晚唐穷士在很大程度上是认命了:"浮生只如此,强进欲何为?"(刘得仁《夏日樊川别业即事》)他们对自己的贫寒困窘的处境进行多方面的审视、发掘、体验,"刻琢穷苦之言为工",发出的常是典型的穷士无奈之音。

　　晚唐以穷士角色出现的诗人,在作品风貌上给人的感觉一是收敛,二是淡冷,三是着意。下面分别加以说明。

　　收敛　诗人的视野缩小,诗歌的境界缩小。盛唐以及中唐大家的诗歌所展开的空间和时间范围极为广泛,诗人呼吸吐纳,常与整个国家社会息息相通。而晚唐时期,诗人活动的空间范围(包括政治生活空间)大受限制。"终年此地为吟伴,早起寻君薄暮回"(方干《题越州袁秀才林亭》)。他们似乎是"政治生活中多馀的人",被抛弃在闲冷的角落,不能再像盛中唐诗人那样在祖国的土地上大幅度漫游,或登上朝堂看到政治上那种烜赫盛大的场面。晚唐诗歌所表现的时空及情事都不能如盛唐之扩展,诗人们"唯搜眼前景而深刻思之"(杨慎《升庵诗话》卷十一)。诗中所展开的境界常常是某一处具体的寺庙、庄园、亭馆、驿店,或某地名胜古迹、某段山程水驿;所写的事,常常是某朝、某夕、某季候,某节日的具体感受以及别家、归家、送人、遣怀、探幽、访隐、慰下第、贺升迁、伤贬谪等等。总之,无论是境还是事,都更靠近诗人周边,而缺乏阔大之句、高远之思。如果拿同是登慈恩寺塔诗进行比较,晚唐诗人就再也未能创造出高适、杜甫、岑参、储光羲等唱和时那种壮阔的境界。同是写洞庭湖,许棠的"四顾疑无地,中流忽有山",尽管一时盛传,然正如胡震亨评云:"视老杜'乾坤日夜浮',愈切愈小。"(《唐音癸签》卷八)同是题为《终南山》,王贞白诗云:"终南异五岳,列翠满长安。地去搜扬近,人谋隐遁难。水通诸苑过,雪照一城寒。为问红尘里,谁同驻马看。"终南山邻近帝京,其涧水自北麓而下,流通宫苑;其山峰冬则雪照长安,春夏秋则为帝城展开一道翠屏。诗抓住了终南山的地域特点,同时写出了终南山的高峻清秀,在晚唐诗中可算较好作品,但如举王维"太乙近天都"一篇与之相比,在王诗那种苍莽、阔大、雄浑之境的对照下,即顿见境界之局限、写法之收敛。又,喻凫曾旅居龙翔寺,有七首诗写到该寺的景物环境,没有一首有阔远之致。举两首以见其馀:

　　　沙西林杪寺,殿倚石棱开。晓月僧汲井,残阳钟殿台。河冲绿野去,鸟背白云来。日夕惟增思,京关未想回。

　　　　　　　　　　　　　　　　　　　——《夏日龙翔寺寄张侍御》

　　　眠云喜道存,读《易》过朝昏。乔木青连郭,长河白泻门。钟沉残月坞,鸟去夕阳村,搜此成闲句,期逢作者论。

　　　　　　　　　　　　　　　　　　　——《龙翔寺言怀》

两诗所写的景物都是云、鸟、林木、晓月（残月）、夕阳（残阳）、河流，非眼前所见，即耳边所闻。时间也无非从晨至夕，或自晚至晓。境界范围收敛到与诗人最切近的圈子之内。

晚唐穷士角色诗歌的收敛，一般仅是将景物事件收向身边，而不是收向内心。真正收向内心、表现心灵世界丰富复杂情感的是李商隐等人的诗歌。穷士诗的情感主要只是长期困于举场的苦恼，村居或闲居的情调，对社会混乱黑暗现象的感叹，以及穷、老、衰、病等，情感本身并不深曲，表达也较明确。他们的诗歌一般只是对周围景物或事情的描写，再配以一种生活情调，以致发展到皮日休、陆龟蒙，更是泛滥性地写身边与日常的各种琐碎。皮、陆集中如《渔具诗》、《樵人十咏》、《茶中杂咏》、《酒中十咏》、《添酒中六咏》等连篇累牍地唱和，固然只是一些器物和闲居情调的描写，就连应该是侧重于抒情的诗，也依旧是着重写生活和环境而情思不免浅显和一般。

　　　　半里芳阴到陆家，藜床相劝饭胡麻。林间度宿抛棋局，壁上经旬挂钓车。野客病时分竹米，邻翁斋日乞藤花。踟蹰未放闲人去，半岸纱帽待月华。

　　　　　　　　　　　　——皮日休《夏初访鲁望偶题小斋》

　　　　四邻多是老农家，百树鸡桑半顷麻。尽趁晴明修网架，每和烟雨掉缲车。啼莺偶坐身藏叶，饷妇归来鬓有花。不是对君吟复醉，更将何事送年华。

　　　　　　　　　　　——陆龟蒙《奉和夏初袭美见访题小斋次韵》

皮、陆是情志十分投合的好友。皮氏专访陆家，从白天直至月出，留诗小斋，照说会有一番抒情或议论，但两诗只是写陆家及四邻生活情景，写两人醉酒、吟诗，于中透露对眼前生活及其环境的喜爱，别无更深的思想或情感。

晚唐诗歌的收敛也反映在体制上，境界小，骨气弱，情感内容有限，难于适应篇幅较长的五七言古体。七律亦嫌字数较多，未易敷演。绝句则需要笔致灵活，见出风情才调，亦有难处。因而诸体中以文质和长短均比较适中的五律与晚唐诗人的气局及能力最为契合。五律首尾两联叙事或抒情，中间两联写景，可以不需要大的情感起伏与波澜，易于组织和驾驭。工古体的曹邺等人，也主要是写五古短篇，而对李白、杜甫那种长篇七古则不敢问津。

淡冷　晚唐诗人处在国运衰颓、环境恶劣，且又无力加以干预的时代，功业之心以及对国家社会的责任感都大大减弱了。他们失去了盛、中唐诗人那种对政治、对生活的饱满的热情。多方面收敛，使他们对人事表现出一种淡泊的态度、冷清的心理，作品的风貌也相应显得淡泊、清寂、峭寒，乃至幽冷。

晚唐诗人对社会与个人前途均缺乏信心，不仅对仕宦，甚至对科考也感到没有把握。由于在科场一再落第，不免显得愧疚、委缩；由于在官场处于闲冷地位，诗也写得闲冷；由于绝了功名的念头，遁归山林田园，与周围世界也显得疏离冷生。

高蟾《下第后上永崇高侍郎》："天上碧桃和露种，日边红杏倚云栽。芙蓉生在秋江上，不向东风怨未开。"以碧桃、红杏比有地势者，以秋江芙蓉比自己出身清寒。不怨未开指对己之未能中第不怀怨恨。虽深处亦有潜在的不满情绪，但因为有一种对各方面地势背景的清醒认识和认可，情感上也就"化悲愤为和平"（《唐诗别裁集》卷二十），接近淡漠了。

方干《中路寄喻凫先辈》："求名如未遂，白首亦难归。送我尊前酒，典君身上衣。寒芜随楚尽，落叶渡淮稀。莫叹干时晚，前心岂便非。"写出境况穷窘和满目秋景，点明自己求名未遂，白首难归，在出处上的两难心理。但对前此的干时求名之晚并不表示后悔，依旧显出内心深处对功名的淡视。

许棠《汴上暮秋》："独立长堤上，西风满客衣。日临秋草广，山接远天微。岸叶随波尽，沙云与鸟飞。秦人宁有素，去意自知归。"借暮秋景物衬出诗人清冷、沉静心情。末联谓已自知应当退归，表现的更是一种淡泊清冷的心境和诗境。

诗人在对自身出处趋向淡泊的同时，对国事、对民生也显得淡漠，有时甚至近乎麻木。如司空图在唐朝亡后绝食而死，是一位很有节操的人物。但唐亡之前，他一再抽身退隐，在态度上跟安史之乱以及朱泚之乱时一些士大夫以身许国还是显出很大的差别。《归王官次年作》云："乱后烧残数架书，峰前犹自恋吾庐。忘机渐喜逢人少，缺粒空怜待鹤疏。孤屿池痕春涨满，小栏花韵午晴初。酣歌自适逃名久，不必门多长者车。"在晚唐遍地战火、白骨满野之时，司空图遁归王官谷，过着逃名忘机的生活，虽出于对时事的绝望，但毕竟有明哲保身的冷漠一面。如果说前诗还是从个人追求清净抛弃官位的角度立言，未曾说到一位封建士大夫的社会责任问题，那么他的《丁巳重阳》："乱来已失耕桑计，病后休论济活心"，则是明明感到自己有济世活国的责任而又不愿承担。与司空图同时的郑谷，也是有节概之士，亲身经历的动乱流寓比司空图更多。郑谷在写自身遭遇诗中往往连带反映了时代苦难，并抒发了自己的感愤。但郑诗中又常常意识到国事已无可为,有意调节抑制自己的情感,让自己向淡泊冷静方面寻求解脱:"《风》《骚》如线不胜悲,国步多艰即此时。爱日满阶看古集,只应陶集是吾师。"(《读前集二首》其二)对国步多艰、诗苑衰落不胜其悲,但不是在悲愤中奋起,而是要效法陶潜的归隐与忘情世事。《慈恩寺偶题》云:"往事悠悠添浩叹,劳生扰扰竟何能。故山岁晚不归去,高塔晴来独自登。林下听经秋苑鹿,江边扫叶夕阳僧。吟馀却起双峰念,曾看庵西瀑布冰。"金圣叹批云:"'成浩叹',妙,便摄尽过去。二'竟何能'妙,便摄尽未来。三、四承之,不惟不是高兴,兼亦不是遣兴。不惟无胜可揽,兼亦无涕可挥。此为唐人气尽之作也。"①(《贯华堂选批唐才子诗》卷九)在极艰难的时代环境中回首过去、瞻念未来,竟无涕可挥而向往双峰禅境,终于归向一片淡冷。

　　"感时叹物寻僧话,惟向禅心得寂寥。"(李频《鄂州头陀寺上方》)由于需要解脱世事,消释烦恼,调节心灵,隐居和禅悦成为晚唐诗人的普遍归趋。翻开晚唐人诗集,乡居诗、隐逸诗、宿寺庙诗、访僧道诗以及文人与僧道的各种交游诗,所占比重极大。著名文人无不礼僧敬佛,且有些诗人本身就是释子或经历过蒲团生涯。大量有关隐居、禅悦的诗作,最常见的意象是山村、古寺、高塔、僧院,是钟磬、夕阳、栖鸟、浮云、残月,以及石、竹、松、梅、霜、雪、风、露之类,意境多属清幽、闲旷、冷落,乃至萧瑟,于中体现着诗人淡漠、孤独、幽冷的情绪。诗人自觉地消去儒家用世之心而与僧道认同,从未有像晚唐这样普遍。他们的心境影响了诗格,而为了追求当时所推崇的冷峭、清幽的诗格,又大量把与僧、禅有关的意象写进诗中,"诗无僧字格还卑"(郑谷《自贻》),很能说明那一时代的审美取向。

　　着意　所谓着意,指写诗用心思,下工夫。它跟中唐人写诗之以意为主情况不同。中唐是重视思想和立意,有意识地借诗歌表现某种思考、某种主张,而不同于盛唐的"伫兴而发"、"惟在兴趣"。但中唐人虽注意思想,在表达时却不一定矻矻以赴。我们读白居易诗有意到笔随之感,他似乎宁愿滔滔如话,也不愿有艰苦用力之态。韩愈写诗,也是凭着雄才健笔,凌厉无比。如果说盛唐李白等人写诗是"移山倒海不作难",是"巨刃摩天扬",轻松自在,出神入化,那么韩愈则如陆时雍所云:"七尺大刀奋如湍,丈八蛇矛左右盘","不免有蹴张之病"(《诗镜总论》)。但韩愈毕竟还是大刀长矛,痛快淋漓,不曾在一招一式上小心考究。相形之下,晚唐人所用的则仿佛是雕刀。他们撇开以情感充沛、气势

---

①郑谷《慈恩寺塔偶题》首句中的"添"字,金批本作"成"。

贯注为特点的歌行之类的体裁，把力量倾注在近体上。近体可以让他们在推敲锤炼、斟酌字句中见工夫，可以澄心静气地着意雕刻，完成令其称心的工艺品。

晚唐人的诗思往往不是自然而然涌现，而是一开始就着意为之。这一点与盛唐之只似乘兴，忽然而来，浑然而就，区别最为明显。"阳春召我以烟景，大块假我以文章"。盛唐人好像是大自然主动地给了他们诗料，让他们即景缘情，酝酿成诗。晚唐人不同，诗料常常是搜寻而来的。"莫笑老人多独出，晴山荒景觅诗题"（姚合《寄周十七起居》）、"物外搜罗归大雅，毫端剪削有馀功"（方干《赠李郢端公》），表现主体对客体的强行搜寻，一开始就显得着意。

晚唐诗人由于思想和阅历范围都比较窄，入诗的事料相对贫乏，需要着意地用力苦吟。"只将五字句，用破一生心"（孙光宪《北梦琐言》引李频句）"织锦虽云用旧机，抽梭起样更新奇"（方干《赠进士章碣》），刻意模写，确实锻炼出不少佳句。尤其律诗的中间两联，往往能引人入胜。如"禹力不到处，河声流向西"（周朴《董岭水》）、"危城三面水，古树一边春"（李咸用《春日》）、"乱山残雪夜，孤烛异乡春"（崔涂《巴山道中除夜书怀》）、"风暖鸟声碎，日高花影重"（杜荀鹤《春宫怨》）、"岛屿分诸国，星河共一天"（李洞《送云卿上人游安南》）、"残星几点雁横塞，长笛一声人倚楼"（赵嘏《长安秋望》）、"鹤盘远势投孤屿，蝉曳残声过别枝"（方干《旅次扬州寓居郝氏园林》）、"墙头细雨垂纤草，水面回风聚落花"（张蠙《夏日题老将林亭》）等等。这些诗句虽然能让人看出系着意写就，却非常工致、精警。不用典故，不镶嵌奇字，靠看似平常的语言，取得精警的效果，也非轻易可到。从总体范围看晚唐诗坛，诗人们的刻苦磨琢、精心推敲，无疑应该予以肯定。问题只是诗歌毕竟最需要灵感，需要新鲜自然。如果只是一味着意而没有太多的意思，缺少新鲜动人的情致，则不免琢伤元气，减损诗美，露出小家习气。如李频《回山后寄范鄩先辈》："高楼会月夜，北雁向南分。留住经春雪，辞来见夏云。遥空江不极，绝顶日难曛。一与山僧坐，无因得议文。"第五句"遥空江不极"，着意造就的痕迹很明显。可能化用了李白"孤帆远影碧空尽，惟见长江天际流"两句对江景的描写，但它缺乏李白诗那种整体环境背景，"江不极"三字又不够顺畅，因而这种着意写成的句子并不能给全诗增色，相反地只能见出诗思之涩。晚唐人在更多的情况下常常是刻苦造就一些相当工整的句子，但由于才力不够，诗中的其他部分往往并不足以与之相称。一联之中不相称的，如喻凫《得子侄书》颈联："雁天霞脚雨，渔夜苇条风。"杨慎评曰："上句绝妙，下句大不称。此所以为晚唐也。"（《升庵诗话》卷十）成篇的情况则常常如方回所云："晚唐诗多先煅炼颈联、颔联，乃成首尾以足之。"（《瀛奎律髓》卷十三）先有句，后有篇，难免前后不够融贯，缺少完整的意境。李频存诗203首，内中像"梦永秋灯灭，吟馀晓露明"、"蝉从初伏噪，客向晚凉吟"、"微寒生夜半，积雨向秋终"等得意的句子皆被重复用在不同的诗篇里。这典型地反映了晚唐诗人往往用力于一两联，借一两联佳句以撑持全篇的现象。由此发展下去，自然就可能让某一两联一再出马，与其他一些诗句搭凑成篇，这样的诗无疑是煞费苦心而难得浑融。

三、心灵世界与绮艳题材的开拓

当我们在晚唐诗苑中把目光从穷士诗人群体移向另外一边时，自然会发现穷士诗人之外，还有"例外"的一群。这些诗人中，把群体特征体现得最为明显的诗人是温（庭筠）、李（商隐）。与温、李年辈相近的杜牧，基于共同的时代文化背景，诗歌创作在内质上跟温、李亦有许多相通之处。温、李之后，追随者甚多，著名的有韩偓、唐彦谦、吴融等人。其他有些诗人如韦庄、罗隐虽然不属温、李一系，但也颇受其影响。

温、李、杜三人才名及政治地位比穷士诗人要稍高一些。虽然温、李均出身于破落士大夫家庭，温终生未第，李也是"沦贱艰虞"，"十年京师寒且饿"，自称"樊南穷冻"，仅杜牧仕途相对顺利一些。但他们毕竟才气大、出名早，把交游仕宦等方面综合起来看，地位还是略高于一般穷士诗人。穷士诗人居处往往远离政治中心，而李商隐、杜牧、温庭筠生活的大部分时间，不是在京都就是在藩府或州县，跟政治、跟社会生活，特别是跟城市生活有密切联系。这就使得他们的生活面之广，以及与外界相通的渠道之多，远非穷士诗人可比。

从李商隐、杜牧、温庭筠三人诗歌内容题材所涉及的范围看，凡前代重要诗人所曾有的主要类型，他们都基本具备。时事、政治、民生、行旅、友谊、情爱，乃至自然风光、宗教生活、隐逸情趣，他们都有题咏。特别是政治诗，三人都曾有过许多重要作品。如李商隐关于甘露事变的系列诗篇、杜牧关于边防和藩镇问题的感愤之作、温庭筠关于庄恪太子冤死之事的隐讽，都表现了诗人干预时政的心情和愿望。李、杜、温三人还有许多著名咏史诗，或托古讽今，或借古喻今，或以古鉴今，也是政治诗的重要组成部分。三人在诗史上最突出的贡献虽然不在政治诗和一般传统题材上，但政治生活的体验和有关创作以及传统诗歌所涉及的诸方面的生活体验和创作，对他们成为杰出的诗人是决不可少的。正是这些方面，使他们识见、心胸、气局、情感不同于一般诗人。多方面因素的渗透、融通、弥漫，使他们即使在爱情、咏物、日常生活描写方面，也给人一种可能是亦此亦彼、"消息甚大"的感觉。

李商隐、温庭筠、杜牧在诗史上的创变,成就是多方面的。如对于律诗和绝句艺术的丰富,对于咏史、咏物诗的发展,都向为人所肯定。但在多种创变中最有意义的莫过于对心灵世界和绮艳题材的开拓,下面拟从这两方面看他们的贡献:

对心灵世界的开拓　晚唐时期,由于社会的沉闷压抑,士人们向外部世界的进取受到限制,于是情感内转,把关注点转向自己内心世界。主要诗人中以李商隐的经历最为曲折,人事环境最为复杂,禀性最为敏锐多感,因而经常陷入情感纠结中。"庾信生多感,杨朱死有情"、"回肠九回后,犹有剩回肠",体味、审视、表现自己的情感世界,成为他诗歌创作中非常引人注目的特征。温庭筠、杜牧在这方面虽没有李商隐突出,但时代生活的孱弱,造成人内心敏感、纤细、耽于想象,在他们的创作中还是有体现的。温庭筠的《瑶瑟怨》几乎等于李商隐的无题。他的许多乐府诗作为怀古、咏史或叙事看,不免给人意脉不清、主题不显之感,而如果看作是诗人借一些古题展开心灵活动与精神漫游,则可见诗人对他自己那些想入非非的内心活动,是很注意加以表现的。杜牧诗风格俊爽,不可能像温、李那样醉心于展示内心世界的幽深曲奥。但李商隐以"刻意伤春复伤别"(《杜司勋》)概括他的诗歌,作为他"刻意"加以表现的"伤春伤别"正是典型的晚唐时代心理。读杜牧诗,常可以在他那些俊爽的词句中感受到诗人内心的怅触。"百感衷来不自由,角声孤起夕阳楼。碧山终日思无尽,芳草何年恨即休。"(《登池州九峰楼寄张祜》)诗人的郁郁情怀,作品中时有体现,只是他的表现手段是传统的,未能像李商隐那样,给种种内心体验留下更为丰富繁复的形象。

李商隐在表现心灵世界方面突出的贡献是以心象融铸物象。中国古代抒情诗,从传统上看,它的形象构成不外情景两端。情与景扩大开来,也就是主观与客观两方面。由于这两方面的内在交互作用和变化,使古典诗歌呈现出丰富多彩的面貌。唐代诗人,李白多直接抒情,而以客观事物作陪衬,主体处于支配地位或凌驾客体之上。杜甫等人多寓情于景物或叙事之中,主观情感尽量通过对景物或事件的忠实描写加以体现。以上两种类型,无疑是人们在诗歌中表露情感最通常的方式。此外,尚有议论一途,诗歌里一般较少使用。中唐以后,诗家对抒情方式多方面探索和追求,同时随着社会发展,士大夫的心境也更加趋于复杂多样,于是传统的方式被突破了。一些诗人的内心体验往往比他们对于外物的感受,更为深入细腻。当心灵受到外物触动时,在心境中会出现一串串心象序列，发而为诗，则可能以心象融合眼前或来源于记忆与想象等方面而得的物象，构成一种印象色彩很浓的艺术形象。这种艺术形象，从它着重呈现人的心象和情绪看，主观化的倾向是很突出的。但由于晚唐诗人的情思和心绪多指向细微和幽眇的一面，精神上幻灭的、把握不定的成分往往占很大的比重。这种心理状态，不同于心志坚强、将主客观世界都看作是可以把握的盛唐诗人。"只是当时已惘然"——要将如此茫然的心境以李白的方式直抒出来是不可能的。再加以像李商隐这样的诗人处境恶劣，心事箝口难言，有"几欲是吞声"的隐痛，于是在潜心摹写自己心象的同时，又须将其着意客观化，借客观物象以及由神话、传说、典故等方面得来的形象经过改造之后可以诱发多种联想的优长，将本难直接表现的心象，渗透或依托于物象乃至典故之中，令人抚玩无斁，联类兴感。这种多以心象为主体的主观化和客观化的交融，在李贺部分作品中已经滥觞，但真正成熟，达于极致，却推李商隐。他的诗集中固然有许多按李白、杜甫传统方式写出来的佳作，但最具艺术创造性的，则应为着意追寻和表现自己心象的一类。咏物诗在玉溪集中为一大宗，其中如咏为雨所败的牡丹"玉盘迸泪伤心数，锦瑟惊弦破梦频"（《回中牡丹为雨所败》），实际上是宏博遭斥时伤心迸泪、理想破灭的心象写照；咏蝉"五更疏欲断，一树碧无情"（《蝉》），也不难令人想见作者羁役幕府，心力交瘁，举目无亲那种"冷极幻极"（《锺惺《唐诗归》》）的心象。写物如此，写景写人亦不例外，"一春梦雨常飘瓦，尽日灵风不满旗"（《重过圣女祠》）、"嫦娥应悔偷灵药，碧海青天夜夜心"（《嫦娥》），写的是圣女祠的外景和嫦娥的形象，但作者的幻灭之感不也有如梦雨灵风，流落不偶的凄冷孤寂心境，不也有如孤月之在碧空吗？至于无题诗虽多包含情节和事件，却往往跟一般叙事诗不同，它不是事件的简单再现，而更多伴随着心境的表现。作事件看，常觉若断若续、莫知指归，作物的境象和某些心象序列的交织与融合看，则更能窥见作者"文心"。如《无题四首》其二：

> 飒飒东南细雨来，芙蓉塘外有轻雷。金蟾啮锁烧香入，玉虎牵丝汲井回。贾氏窥帘韩掾少，宓妃留枕魏王才。春心莫共花争发，一寸相思一寸灰。

首联写环境，似伴随着主人公一种有所期待的心象。颔联作叙事看难以连属，作心象看，它暗示了主人公在孤寂之中，直欲化烟化雾以达精诚和时时被牵引的情思。颈联则是情思缠结时的内心独白。尾联，春心似花蕾绽放，又转似火焰化为灰烬,则是由追求到幻灭的心象。把握这一心象序列,不难意会主人公在幻灭中产生新的期待,却又自思自叹,极力收敛春心。作品乃是追求和幻灭两种心象交迭映现。如《无题》:

> 紫府仙人号宝灯,云浆未饮结成冰。如何雪月交光夜,更在瑶台十二层?

作叙事看,真有点匪夷所思,作心象看,则"云浆"句是追求未遂,"如何"二句是所追求的对象在心境上渺远难即的感受。不仅能够意会,而且可以进一步诱发起读者某些类似的心象,引起更多的回味。

李商隐以心象融合客观世界某些景物或情事铸造出来的形象,与传统的诗歌形象是不同的。"身无彩凤双飞翼,心有灵犀一点通"(《无题二首》其一),不同于李白的"相见情已深,未语可知心"(《相逢行》);"莺啼如有泪,为湿最高花"(《天涯》),不同于杜甫的"感时花溅泪,恨别鸟惊心"(《春望》)。这在古典诗歌形象系列中是一种新类型,在情与景、主观与客观的交融整合上,较传统的方式更进一层。

以心象融铸物象,在温庭筠等人的诗里也能见到。温庭筠的《达摩支曲》如果"视为一篇《愁赋》"(袁行霈《在沉沦中演进》),则"捣麝成尘香不灭,拗莲作寸丝难绝",正是愁恨绵绵不尽的心象。《瑶瑟怨》:"冰簟银床梦不成,碧天如水夜云轻。雁声还过潇湘去,十二楼中月自明。"后两句展开的境界是那么飘渺,那么悠远,也是"冰簟银床梦不成"之后心象融合物象的一种表现,非常接近李商隐的"如何雪月交光夜,更在瑶台十二层"的意境。

对绮艳题材的开拓　这里所讲的绮艳题材,比传统所谓"艳体"包括的题材范围广泛一些。传统的看法,认为晚唐艳体是正宗。这样提好处是干脆明确,缺点是人们容易把艳体理解为纯粹写男女关系。其实"绮才艳骨"的晚唐温、李一派,题材并不如此之窄。现在采用"绮艳题材"、"绮艳作风"一类提法,想使它所具的内涵能够更广阔一些。具体地讲,它的范围主要包括:①爱情。包括夫妇之间的爱恋、悼亡,更大量的则是正式婚姻关系之外的情爱,如与妓女、女道士以及富贵人家姬妾之间的艳情。②宫怨、闺怨。它与一般爱情题材有所不同,一般爱情题材与具体生活切近,宫怨、闺怨往往虚泛一些,"拟"、"代"的意味很浓,不少作品采取传统乐府的写法。③带有爱情和脂粉气息的写景、咏物。写景、咏物一般不属绮艳题材,但晚唐绮艳题材泛化,不少写景、咏物诗也带有浓厚的爱情气息,如钱珝把未展芭蕉比成芳心未展的少女。① 许多诗人笔下咏花柳蜂蝶的诗,都注入情爱的内涵。甚至连山水诗也绮艳化了,如雍陶《题君山》:"疑是水仙梳洗处,一螺青黛镜中心。"把洞庭湖比成水仙梳洗时用的镜子,把君山比成映在镜中心的螺髻。④美人香草式的托寓之作。这类作品植根于晚唐绮艳诗的土壤之中,同时继承了《离骚》借美人香草寄托政治遭遇的传统。"为芳草以怨王孙,借美人以喻君子"(李商隐《谢河东公和诗启》)。它与前三种类型有相近的一面,但往往写得很灵虚,有较多的寄托。它跟前三类的界限不必划分得很清楚,但属于绮艳题材中层次更高的作品。

　　晚唐绮艳诗兴盛有其历史的必然。唐代中叶以后,商品经济发展较快,晚唐时代统治阶级普遍奢靡,城市成为游乐之所,社会上淫风昌炽,是艳诗产生的生活基础。唐诗主情,以主情为特质的唐诗,按照自身运动规律,不可避免要出现一次以表现男女情爱为中心的高潮。它在表现盛唐人的人生意气和功业理想、中唐人的躁动不安和对社会改革的一番渴望之后,把正经严肃的内容加以收敛,转向以温、李绮艳诗风为主流,乃是势之必然。李商隐宣称:"人禀五行之秀,备七情之动,必有咏叹,以通性灵。"(《献相国京兆公启》)韩偓说:"不能忘情,天所赋也。"(《香奁集序》)又说"言情不尽恨无才"(《冬日》)。晚唐人出于对"情"的认识和自觉,可以说是相当主动和坦然地大力从事绮艳诗的创作。而在这之前,我们可以看到元和时期元稹、白居易、刘禹锡、王建、张祜等人笔下,都出现了绮艳之作。其中,元稹、李贺的艳诗,尤其惹人注目。这一路诗人固然思想比较开放,作风亦较浪漫,而年辈长于他们的大历诗人韦应物,贞元诗人孟郊、权德舆都是能以儒道律己的士大夫。但韦有深情的悼亡诗《伤逝》等十九首,孟有风格近似李贺的艳诗,权有缠绵的赠内、怀内诗三十馀首,又有《玉台体十二首》以及咏妇女的《杂诗》《杂兴》各五首。明代杨慎甚至将权德舆与温庭筠并提,认为二人诗学六朝。如此众多的诗人创作男女情爱之作,说明绮艳一派在大历、元和一段时间里,虽未得到最佳的气候与土壤,但显然已在积聚力量,为温、李一派导夫先路了。这种文学发展的内在动力,恰遇晚唐世风的引力,于是推动着诗歌走向绮艳化。而这种绮艳诗歌的都市色彩与穷士诗歌的村野色彩,正好构成对映和分流的趋势,显现出各自生活土壤的不同。

　　晚唐许多诗人都参与了绮艳诗的创作。杜牧曾借李戡之口,批评元稹、白居易诗"淫言媟语"、"纤艳不逞"(《李府君墓志铭》),但他自己风流浪漫,性喜狎

---

①钱珝《未展芭蕉》:"冷烛无烟绿蜡干,芳心犹卷怯春寒。一缄书札藏何事,会被东风暗拆看。"

游,以情爱和妇女为题材的诗,在其集中所占的比重超过了元白。只不过杜牧一般写得简括含蓄,不像元白的一些长篇用赋法写得带有肉感而已。与杜牧同时的喻凫,以诗谒杜牧,不受赏识,云:"我诗无罗绮铅粉,宜其不售也。"①稍后的崔道融云:"紫微才调复知兵,长觉风雷笔下生。还有枉抛心力处,多于五柳赋《闲情》。"(《读杜紫微集》)可见在唐人心目中,杜牧是喜爱写绮艳诗的。李商隐、温庭筠、杜牧之后,现存晚唐人集中绮艳诗所占的比重不算太大,可能由于许多艳诗粗制滥造,未得流传。如咸通年间,孙发曾以百篇宫体诗取得轰动效应,方干、皮日休、陆龟蒙都曾有诗相赠,称其"百篇宫体喧金屋,一日官阶下玉除"、"日日成篇字字金"、"百咏惟消一日成",号"孙百篇",而今天孙发之诗竟连一首也不存了。历史无情,追逐时尚、发泄庸俗无聊之情的劣质产品多数遭到淘汰,但在当时却是汹涌的潮流。吴融感叹:"有下笔不在洞房蛾眉神仙诡怪之间,则掷之不顾。"(《禅月集序》)黄滔亦云:"咸通、乾符之际……郑卫之声鼎沸,号之曰今体才调歌诗,援雅音而听者懵,语正道而对者睡。"(《答陈磻隐论诗书》)可见当时的艳诗虽未能保持温、李诗歌的品格,但在数量上比起温、李的大中时代,可能尚有过之。

晚唐的绮艳诗,有以男女情爱为中心向各方面泛化的现象。上面提到,除写男女之情外,还有大量带爱情脂粉气息的自然景物、日常生活和咏史、咏物之作。总之,凡稍微可能涉及男女关系的题材,即有被爱情摄动向之靠拢的倾向,出现众流趋向绮艳诗,而绮艳诗又通向众流的局面。众流趋向绮艳诗,使许多诗篇反映社会生活不再是直接的、正面的,但绮艳诗通向众流,以艳体或准艳体庖代那些直接干预和卷入社会生活的作品,在诗歌反映现实方面,毕竟也是一种补偿。如李商隐《即日》:"小苑试春衣,高楼倚暮晖。天桃唯是笑,舞蝶不空飞。赤岭久无耗,鸿门犹合围。几家缘锦字,含泪坐鸳机。"借闺怨反映了会昌年间回鹘侵扰边境的时事。《李卫公》:"绛纱弟子音尘绝,鸾镜佳人旧会稀。今日致身歌舞地,木棉花暖鹧鸪飞。"以类似写绮艳诗的笔调,伤大中初年李德裕南贬。杜牧《泊秦淮》:"商女不知亡国恨,隔江犹唱《后庭花》。"借商女唱淫靡歌曲,寄寓诗人对世风和国家命运的忧虑。韦庄《过扬州》:"淮王去后无鸡犬,炀帝归来葬绮罗。"隐括僖宗时代东南地区所受到的空前劫难。罗隐《帝幸蜀》:"泉下阿蛮应有语,这回休更怨杨妃。"对僖宗逃难西蜀予以讽刺,并对统治阶级往往把祸国的罪责推给女子的伎俩予以旁敲侧击。吴乔《围炉诗话》曾举出韩

---

① 计有功《唐诗纪事》卷五十一:"《北梦琐言》云:凫体阆仙为诗,尝谒杜紫微不遇,乃曰:我诗无罗绮铅粉,宜其不售也。"按今本《北梦琐言》无此条,当是佚文。

偓绮艳诗六首,逐一分析,认为皆与时政有关,虽缺少实证,但像"动天金鼓逼神州,惜别无心学坠楼"、"惟有此宵魂梦里,殷勤相觅凤池头",涉及兵乱与宫廷内部斗争都是非常明显的。又,其《落花》:"若是有情争不哭,夜来风雨葬西施。"单纯伤落花,何至如此?晚唐风雨飘摇,变故迭出,许多美好事物能在一夜之间被葬送殆尽。诗人之哭,当与辛弃疾"更能消几番风雨"的感喟类似,正是包含着有关人生和时势方面的感受。吴乔谓"亦必伤时之作",并非臆断。晚唐许多咏史诗,通过宫廷艳事,结合写重大历史事件,总结教训,针砭现实。如李商隐《北齐二首》,借猥亵的场面,写北齐亡国教训,寓现实讽刺。史载:唐武宗喜畋猎,宠王才人,每畋苑中,才人必从,"袍而骑,佼服光侈"。似乎在那"倾城最在着戎衣"的唱叹中,能看到这一对帝妃仿佛在舞台上被一束讽刺的冷光紧紧跟踪的情景。晚唐一些著名的长篇叙事之作,像杜牧的《杜秋娘诗》、《张好好诗》,韦庄的《秦妇吟》等亦与当时绮艳诗声息相通。而这几首诗的绮怨,远远突破一般男女关系的狭小范围,或通过妇女一生苦乐由人的命运,或通过乱世佳人的不幸遭遇,反映了广阔的社会现实,不仅涉及市井生活、宫廷生活,甚至包括像宪宗时李锜叛火、文宗时漳王被罪废削以及黄巢兵入长安等重大历史事件。通过这些诗篇,可以见出由男女关系这个中心辐射之远。

晚唐绮艳诗又常与抒写人生感慨相结合。人生感慨也是晚唐诗歌在内容上的一个重要开拓。这种感慨是指以自我人生体验为基础,对涉及人情世态、对个人命运遭遇的诸多感慨,还有由亲友离合、时序迁流、节候变化等等引起的对身世、对生活的感触与认识。人生感慨的题材可以是多方面的,但晚唐时期通过绮艳题材来表现人生感慨的诗多而且好。在爱情感受或对男女关系的透视中,带着与人生其他方面生活相通的体验与认识。绮艳是其题材、作风,而人生感慨是基本主题。人生感慨之作从表达的思想内容看,可以分为世情感慨和命运感慨两种。世情感慨诗和李白、杜甫、韩愈、白居易等人写得比较多的针砭时弊、抒发社会感慨的诗不一样。李、杜、韩、白的许多诗侧重于从社会的利病方面看问题,而世情感慨则是侧重从人情世态方面看问题。李商隐的《宫妓》:"珠箔轻明拂玉墀,披香新殿斗腰支。不须看尽鱼龙戏,终遣君王怒偃师。"《梦泽》:"梦泽悲风动白茅,楚王葬尽满城娇。未知歌舞能多少,虚减宫厨为细腰。"两诗一是讽刺善于弄巧的人,一是讽刺趋时的人。诗所揭示的人情世态,是作者在其人生体验中发现的,跟他自己的升沉得失,曾经发生关系。他的同辈中也许有偃师式的人物,他也许受过偃师式人物的排斥。但"机关算尽太聪明,反误了卿卿性命",诗人又看到了或预计到了偃师的下场。诗人也许做过楚王宫女那样的蠢事,但后来觉悟了,后悔了。总之,这些更多的是从人们升沉得失中体会出来的。如果说,李、杜、韩、白的视野所及,许多是关系到政治学、经济学范畴的问题,而李商隐所嗟叹的,则多是"社会学"、"关系学"范畴中的问题,感慨的是世风人情,故可以说有社会感慨与世情感慨之别。

晚唐抒发人生感慨诗歌中的另一种是命运感慨,它包含着对人生遭际的种种乖舛乃至整个悲剧命运的感叹。罗隐《赠妓云英》:"钟陵醉别十馀春,重睹云英掌上身。我未成名君未嫁,可能俱是不如人?"把己之未能及第与妓女之未脱风尘联系起来,表现命运的乖舛,以幽默调侃的语调,抒发处处"不如人"的人生叹息与愤懑不平的情绪。杜牧的《杜秋娘诗》、《张好好诗》,抒发的也是一种命运感慨,"女子固不定,士林亦难期",诗人自己表白得十分清楚。李商隐由于家庭破落以及爱情生活和政治生活的种种不幸,以绮艳题材抒写命运感慨在诗集中占的比重尤大。他的无题诗几乎篇篇都在抒写其不幸。"神女生涯原是梦,小姑居处本无郎"(《无题二首》其二),慨叹遇合如梦,一生无托,可以说是诗人在扑朔迷离之中已经点清楚了的地方。

以李商隐为代表的晚唐绮艳诗,在诗史上的贡献应该给予充分肯定。中国五、七言诗歌发展过程中,有两个时期绮艳题材成为热门:一是南朝后期,一是晚唐。从绮艳题材出现在五、七言诗中的情况看,刚好形成两次回旋。如果把汉魏古诗发展到梁陈看作一次回旋,则从初盛唐发展到晚唐,又是一次回旋。但齐梁绮艳诗和晚唐绮艳诗之间的差距很大:齐梁绮艳诗题材狭窄,主要写女子的体态、男女的欢爱以及歌舞、陈设之类;晚唐绮艳诗则扩展至我们上面所举的多个方面。从思想感情上看,齐梁绮艳诗多数格调偏低,缺乏真挚情感,陷于轻佻淫靡;晚唐绮艳诗往往写得纯净、真挚、优美,格调远远高出齐梁。更重要的是晚唐绮艳诗相当一部分和抒写人生感慨结合在一起,有的还较自觉地把传统的香草美人、比兴寄托手法引入绮艳题材中来,寄托某些政治感受,使人感到包含深厚,不敢目为单纯的艳情之作。所以,绮艳诗在齐梁和晚唐的两次回旋,是螺旋式上升,而不是重复。"齐梁间诗,彩丽竞繁,而兴寄都绝"(陈子昂《修竹篇序》),在发展中丧失了元气,像是开了一阵病态的花,而没有结下像样的果实。晚唐绮艳诗则是花实俱美,在发展中取得了较大的突破。

两次回旋,结果之所以不同,原因在于南朝时期文坛控制在士族手里,士族文人多数生活腐朽,思想空虚,他们用艳诗来表现其糜烂的生活和思想情绪,自然格调卑下。晚唐诗坛主角是庶族地主出身的文人,他们这时的精神面貌虽然委靡,但究其根源是生逢衰世,时运不济,而他们的本质属性,与南朝士族毕竟有别,其中有些人对现实还有执著的一面。李商隐、杜牧、温庭筠一面写了大量绮艳诗,一面还有许多揭露时弊、忧念国家命运的作品,表现出从思想到创作的矛盾。处在这种矛盾中的诗人,有自暴自弃的一面,但并非麻木不仁。而且情发于中,有时相当沉重,故许多优秀作品艳而不靡,"意多沉至,语不纤佻"(施补华《岘佣说诗》评李商隐诗)。晚唐诗坛又受到唐初以来在创作和批评方面巨大成就的有益影响。前几个时期,无论在创作还是在批评方面,对齐梁陈隋的艳诗都是有力的否定。李、杜、韩、白等人各类诗歌格调之高,又足为楷模。晚唐诗人有了正反两面的借鉴,虽然写艳诗,但仍注意保持较高的身份。他们将艳情成分适当地净化了,提高了它的品格。一方面艳得如百宝流苏,一方面又在其中注入真挚的情感和人生感慨,达到"有声有色,有情有味"(何焯《义门读书记》)的境地。龚自珍有诗云:"天教伪体领风花,一代人材有岁差。我论文章恕中晚,略工感慨是名家。"(《歌筵有乞书扇者》)这位生于封建末世的中国近代启蒙诗人,对晚唐绮艳诗歌所抒发的人生感慨非常敏感,并给予肯定。

　　讨论了晚唐诗歌对于心灵世界和绮艳题材的开拓,李商隐、温庭筠、杜牧等人的诗歌风貌也就容易辨识了。大致说来,这一路诗人的作品在风貌上给人的突出感觉是悲怆、绮丽、委婉。

　　悲怆　唐王朝的衰败给晚唐诗坛笼罩了浓重的悲剧色彩与忧伤气氛。李商隐等人理想的破灭、政治的失意、生活道路的坎坷、爱情的不幸,更铸就了一种衰世的感伤心理。"平居忽忽不乐"(李商隐《樊南乙集序》)、"愁甚似春眠"(温庭筠《献淮南李仆射》)、"泪下神苍茫"(杜牧《郡斋独酌》),是他们常有的表现。忧虑、挫折、失落、孤独、漂泊、阻隔、分离、幻灭、寥落以及时运不济、无能为力的感受,比成功、希望、欢乐的感受,要频繁深入得多。他们所写的爱情和女性,几乎无一不带悲剧性;他们对内心世界的开拓,也主要是由自伤自怜的体验,到艺术地再现内心的悲愁。他们比常人敏感,比常人清醒,因而无论是杜牧用放旷来排遣伤感,温庭筠用侧艳来冲淡伤感,李商隐用佞佛来化解伤感,实际上却没有一个人能真正解脱。

　　绮丽　"朗丽以哀志","绮靡以伤情"(《文心雕龙·辨骚》),诗歌中的悲哀与绮丽往往是相联系的。李商隐"沉博绝丽"(朱鹤龄《笺注李义山诗集序》)、温庭筠"才思艳丽"(孙光宪《北梦琐言》)、杜牧"轻情秀艳"(李调元《雨村诗话》),前人早有定评。三人都善于用丽语写悲哀。"负面的情绪的表达却通过了绮美、艳丽、工整乃至雕琢的形式"(王蒙《对李商隐及其诗作的一些理解》)。温庭筠乐府诗的秾艳几乎令人目眩。李商隐的丽,不仅见于语词之美,而且整个诗境停匀得体,犹如琼楼玉宇、时花美人。杜牧"豪而艳,宕而丽"（杨慎《升庵诗话》卷五）,把相反相成的两方面结合在一起。"尘世难逢开口笑,菊花须插满头归,但将酩酊酬佳节,不用登临恨落晖"（《九日齐山登高》）,正是既豪宕而又艳丽。悲剧是把有价值的东西毁灭给人看,反过来诗歌中的丽对于悲哀和不幸似乎又是一种补偿。

委婉　末世阳刚之气不足,诗人转为内向,深入内心世界自我品味。自怨自艾,自恋自怜,缠绵宕往,企图自我解脱而又解脱不开,诗歌风格自然倾向于婉。尽管杜牧以所谓"时风委靡,独持拗峭",但明眼人亦已见出"虽云矫其流弊,然持情亦巧矣"（胡震亨《唐音癸签》卷八引）。尤其是在他成就最高的诗体七绝中,含蓄婉转的特点体现得更为充分。晚唐诗风趋向委婉含蓄,除了适应诗人表达情感需要的原因,跟诗歌艺术自身发展演变也有密切关系。中唐韩、白两派大变盛唐,都共同存在着发露直致的缺点,盛唐那种富有韵致,情味浓郁,既风华秀发又含蓄浑厚的优长,或多或少被丢掉了。晚唐诗人对中唐诗歌的弊端是看到的。他们推崇李白、杜甫,推崇盛唐,写诗追求韵味,注意含蓄凝练,显然有矫中唐之弊的动机。但盛唐的诗美是气势和情韵相兼之美,晚唐人缺少盛唐人那种阔大的胸襟气魄,也缺少盛唐那种雄健的笔力,即使写古体诗,也是有如木兰从军,"弯弓征战作男儿,梦里曾经与画眉"（杜牧《题木兰庙》）,"神魂固犹在铅黛也"（贺裳《载酒园诗话》）。因此,晚唐诗歌的情韵是和含蓄委婉,甚至和纤柔结合在一起的。

　　根据以上的粗浅勾勒,可见晚唐确实存在各自具有鲜明风貌特色的两大诗人群体。他们在艺术上取径不同,但无论哪一个群体的创作,从诗史上看,都是一种演进,而非亦步亦趋的承袭。他们各自开辟了属于自己的诗歌领域,有的甚至在某种诗美中达于极致。吴乔云:"唐人能自辟宇宙者,唯李、杜、昌黎、义山。"（《西昆发微序》）充分肯定了晚唐大诗人李商隐的创辟之功。两大诗人群体,处于晚唐特定的社会背景下,诗歌创作都在不同方面带上了晚唐的时代印记,招致后世学者的种种评说。叶燮云:"论者谓晚唐之诗,其音衰飒。然衰飒之论,晚唐不辞;若以衰飒为贬,晚唐不受也。夫天有四时,四时有春秋。春气滋生,秋气肃杀。滋生则敷荣,肃杀则衰飒,气之候不同,非气有优劣也。使气有优劣,春与秋亦有优劣乎? 故衰飒以为气,秋气也;衰飒以为声,商声也。俱天地之出于自然者,不可以为贬也。又盛唐之诗,春花也……固足美也。晚唐之诗,秋花也。江上之芙蓉,篱边之丛菊,极幽艳晚香之韵,可不为美乎?"（《原诗·外篇》）从时代的变迁,说明晚唐诗歌有其独具特色的、不可替代的美,从而肯定了它的价值与地位,无疑表现出一种通达的、卓越的识见。但在给晚唐诗歌以足够估价的同时,当我们发现在晚唐诗苑内几乎是由两大诗人群落占尽了风光,再回过头去与盛唐和中唐之具有诸多诗人群落相对照,晚唐诗人的阵容分布,对于社会生活的覆盖,显然不像盛中唐那样全面。一个时代,某一两类文学题材内容引起众多作家的兴趣,予以深入发掘,原是常见现象,但在中国封建社会前期居文学正宗地位的五、七言诗,它的多种题材内容中,有一种题材无疑最为举足轻重。当其失去相应的有力量的诗人群体支撑时,一代诗歌在弹奏时代社会生活的主旋律及所表现的整体气象上,即难免显得委弱。这种至关重要的题材内容,不言而喻,自然是政治以及可以包括在广义的政治之内的大众社会生活。晚唐有一部分诗歌是有政治的,甚至在绮艳题材的诗中,也有像李商隐某些无题诗那样具备相通于政治的体验和感受。但从整体看,类似李白、杜甫、韩愈、白居易笔下那种直面社会政治生活而又具有深厚艺术力量的诗篇,在晚唐毕竟相对地显得缺少。晚唐政局,一方面让少数身居高位的士大夫穷于应付空前复杂的党争与南北司之争,无暇像韩愈、白居易那样"馀事作诗人";另一方面,则让更多的士人被摒落在与政治近乎无缘的地位。不仅在现实的人事上无缘,而且从朝政到整个时代的灰暗无望,使诗人往往连一种仅仅是属于主观上的干预或参与的意识也难以产生和维持。于是只有在艳情或闲适栖隐的生活品味中安放自己的心灵。政治的淡化,可能导致某种艺术实践的深化,但晚唐的深化,毕竟是深谷中的探幽,而非大面积的普遍提高。这种情况的出现,当然主要不是诗人的过失,而是时代社会政治气候所造成的文学上的生态失衡现象。

第七章　政治对李杜诗歌创作的
正面推动作用

　　李白、杜甫是盛唐时期最伟大的诗人,两人的创作历程与唐代(特别是玄、肃、代三朝)政治有密切关系。政治对李、杜创作的负面的影响,以及"诗穷而后工"的现象,历来论述较多。本章则大体沿李白、杜甫的创作历程,揭示在一些关键时刻,政治对两大诗人创作的正面推动作用,并连带讨论中国诗歌高潮期,一般需要政治提供什么样的条件和背景。这对理解李、杜诗歌各期风貌变化以及盛唐为何在诗歌上取得空前成就,当会是有意义的。

一、唐前期的政治与李杜的理想

　　唐前期政治,一方面堪称扎实稳健,有许多端谨忠勤、匡益济时的治世之臣;另一方面,它又比较开放自由,在政事、用人上颇具灵活性。这两个方面导致的政治空前成功,激励许多士人为时代献身。从唐前期人才之盛,可以见出那种时代新局面对于人才的吸引和鼓舞。同样,它对李白、杜甫这两位盛唐文化代表人物理想的形成,也有极深的影响。

　　李杜二人,以李白的理想带有更多的传奇色彩与自由倾向。他向往着像姜尚、管仲、诸葛亮等人那样,由布衣跃升为帝王之师。初看上去,开元、天宝之稳定,与姜尚等人所处的时势完全不同,李白的理想似乎脱离了时代,而实际上仍然根源于现实政治生活土壤。

　　唐朝肇始,固然有许多人像魏征、李勣、刘洎等那样,适逢风云际会,由草野登上高位。而武后和玄宗,由于是在斗争中取得最高权力,为夺取和巩固政权,也都曾不次用人。这些,无疑让士子感到鼓舞。李白之"愿佐一明主"(《留别王司马嵩》),杜甫之"窃比稷与契"(《自京赴奉先县咏怀五百字》),目标订得那么高,显然与唐前期那种所谓"骥逢造父,一日千里。英主取贤,不拘阶陛"(《旧唐书·刘洎传》)的取才方式有关。

"唐取人之路盖多矣"(《新唐书·选举志》)。门阀制瓦解,科举制推行,普遍助长了士人的进取意识。科举之外,朝廷又一再下诏征召各方面的人才,"无隔士庶,具以名闻"。强调对才士予以破格推荐。盛唐赠酬诗中,被称"征君"者出现频率之高,亦足以见当时征辟之频繁。李白在蜀中,还很年轻,已有"州举有道不应"之事,益州长史苏颋又在《荐西蜀人才疏》中称"赵蕤术数,李白文章"。开元政治这么早就通过它敏锐的触角发现了李白,决非单方面由于李白的天才。蜀中之荐,李白曾举以自炫。说明尽管不应,荐举也仍然有其刺激鼓舞作用。李白"耻预常科",追求皇帝的直接召聘,与早年受荐举的影响,应该是有联系的。

唐代皇族推尊老子为始祖,道教在唐代政治色彩极浓。道与儒本有出世与入世之别,但道家在唐代却常常以特殊的方式入世。出入于宫廷的道士是一种,①辅佐过肃、代、德三朝的李泌又是一种。后者在很大程度上是把道与儒相结合,用道家的外衣和术数,推行儒家的政治。李白好道且又热心政治,显然应从唐代道教与政治关系密切的背景上去考察它的根源。并且道教的哲学与他的实际政治追求相结合,又使李白的从政,带有浓厚的自由色彩:"功成身退"——既要实现用世之志,又要最终完成归隐之愿。"岁星入汉年,方朔见明主"(《书怀赠南陵常赞府》),李白还常自比东方朔,东方朔在传说中经过道教神话的改妆,成为游戏宫廷、暂伴汉皇、终归天上的"岁星"。在李白的心目中,即使不能为帝王师友,至少也要能以东方朔式的轻松自由的态度事君。这些想法,与道家的事君方式是相通的。

唐前期用兵四夷,边疆广阔的用武之地以及种种富于传奇性的军事政治斗争,在其时具有极大的魅力。李白喜游侠,歌从军,起过"不然拂剑起,沙漠收奇勋"(《赠何七判官昌浩》)的念头,他的伴以迫切行动要求的宏大理想,与唐前期辉煌的军事业绩的鼓舞有关。

影响于李白的现实政治诸因素,对杜甫当然也起过作用。杜甫也有浪漫、富于幻想的一面。但论主导倾向,对于杜甫有更深刻意义的,还是唐前期政治中扎实稳健的一面。从唐太宗时的房玄龄、杜如晦,武后时的狄仁杰、娄师德,到玄宗时的姚崇、宋璟、张九龄所代表的,正是一条注重教化、注重吏治、注重人民生活的政治路线。这条路线所努力促进并留给后世的样板即贞观之治和开元之治。杜甫于自己的理想,一则曰,"窃比稷与契";再则曰,"致君尧舜上,再

────────────────

① 与李白关系密切的吴筠、司马承祯、胡紫阳,均受过玄宗的召见和礼遇。

使风俗淳"。看上去似乎离现实也很远,但如果结合杜甫更多的作品去理解,他所向往的,不过是借用上古三代之名,而实质却是略加理想化的贞观、开元之治。《有事于南郊赋》称颂玄宗云:"(陛下)炉之以仁义,锻之以贤哲。联祖宗之耿光,卷夷狄之影撇。盖九五之后,人人自以遭唐、虞;四十年来,家家自以为(逢?)稷、契。"这里等于给《自京赴奉先县咏五百字》一类诗中"尧舜"、"稷契"提供了注脚。原来玄宗在行仁义、任贤哲的时候,也就等于尧舜,能够辅佐玄宗致国家于治世的臣子,也就同于稷契。《忆昔》诗把开元时代作为"全盛日"歌颂,一则向往其公私富足:"稻米流脂粟米白,公私仓廪俱丰实"。再则向往其风俗淳厚:"百馀年间未灾变,叔孙礼乐萧何律。"此外,杜甫还一再感叹:"煌煌太宗业,树立甚宏达。""武德开元初,苍生难重攀。"说明杜甫理想的治世,实即贞观和开元。于世如此,于人所欲看齐的。也就是其时一些贤臣:"唐始受命,群公间出。君臣和同,德教充溢。魏杜行之,夫何画一。娄宋继之,不坠故实。百馀年间,见有辅弼。"(《祭故相国清河房公文》)又在《八哀诗》中赞美张九龄,在《折槛行》中感慨"房魏不复见"。贞观以来的传统及房玄龄、魏征、杜如晦、娄师德、宋璟、张九龄等人的节概和功业,是其仰慕并欲追继的榜样。

杜甫对以贞观、开元为代表的唐前期政治的肯定和向往,还包括纳谏。唐前期,从武德、贞观,中经武则天时期到开元时期,经历多次重大斗争。虽有许多曲折,但从主流看,是健康力量战胜腐朽力量,直谏取得胜利。杜甫称赞太宗:"端拱纳谏净,和风日冲融。"怀念贞观时期:"直辞宁辱戮,贤路不崎岖。"又赞美玄宗:"娄公不语宋公语。尚忆先皇容直臣。"赞美魏征:"磊落贞观事,致君质朴词。"杜甫任左拾遗,以敢于直谏见称后世。他的诗自始至终多含讽谏,说明他有为谏臣的理想和实践精神,而这种精神无疑应从唐前期的政治传统中去寻找它的力量源泉。

杜甫关于仕途功业的理想是有层次的,居辅弼之位,为稷契之臣,当然是最高层次。但此外如李白之欲为东方朔,杜甫也一样有一个较低的层次,即作为文学侍从之臣。《进雕赋表》云:"亡祖故尚书膳部员外郎先臣审言,修文于中宗之朝,高视于藏书之府。故天下学士,到于今而师之……明主倘使执先祖之故事,拔泥涂之久辱,则臣之述作,虽不足以鼓吹六经,先鸣数子,至于沉郁顿挫,随时敏捷,而扬雄、枚皋之流庶可跂及也。"这里表达的,正是他第二个层次的理想。其直接导源,即为杜甫祖父的任职。唐代是一个重文学的朝代,文士受到优宠。"惟昔武皇后,临轩御乾坤。多士尽儒冠,墨客蔼云屯。当时上紫殿,不独卿相尊"(《赠蜀僧闾邱师兄》)。武后朝如此,整个唐前期都是如此。杜甫进《雕赋》、《三大礼赋》的现实政治背景就是:"今贾马之徒,得排金门、上玉堂者甚众矣。"(《进雕赋表》)献赋的目的,也就是要"排金门、上玉堂",挤入"贾马之徒"的行列,而玄宗之召试文章,则可见直到杜甫献赋之时,唐朝政治现实还能给这一层次的理想以某种支持。

二、进入朝廷——大诗人的高层政治体验

李杜都曾于四十岁后一度进入朝廷。虽时间不长,但接受了高层的政治体验,对其一生的政治生活和创作,都具有重大影响。无论是李白还是杜甫,在这以后,都获得一个创作丰收期,而这以前的总体成就,跟其后是不能相比的。

从屈原起,中国大诗人多数都有过朝廷生活的体验。屈原、曹植、谢灵运如此,李白、杜甫如此,韩愈、白居易、苏轼亦如此。这表明在诗歌与政教有着密切联系的中国,必要的朝廷生活体验,对成就一个大诗人是有益的。论者曾有过所谓宫廷阶段使李杜从生活到创作都变得庸俗的说法,是有片面性的。李杜进入宫廷对于创作的深远影响,必须从它给诗人以高层生活体验方面,才能得到充分的认识。比如:其一,进入宫廷的兴奋喜悦,离开宫廷的悲愤失望。这种政治上大喜大悲的精神洗礼,没有进入宫廷一遭即无从获得。其二,恢廓心胸,踔厉志气,身份和自信心得到提高。同时实际体验到了当时最高、最中心的政治是怎样一种场景,从而具备足以俯瞰全局的胸襟和气概。其三,在入朝的实际生活体验基础上,感情上建立了一种与朝廷、朝政难以割断的联系。其四,看到朝廷"典章文物之懿,甲兵卒乘之雄,华夷会同之盛"。同时,国都长安更把帝国最具有特征的一些方面,集中地给以体现。经历宫廷和长安生活,对祖国、对时代的重要旨趣,可以得到更实在、更直接的体验。这些从李杜的诗篇以及有关文献记载中,能够看到不少。

李白应诏入京前夕作诗云:"高歌取醉欲自慰,起舞落日争光辉……仰天大笑出门去,我辈岂是蓬蒿人。"(《南陵别儿童入京》)极度兴奋,乃至曾被人认为轻狂。但此为多年的政治追求获得了突破性进展,精神上自然高度振奋,与一般的举措轻狂,不宜混为一谈。李白入京后,在有感"忽蒙白日回景光,直上青云生羽翼"的时候,曾对过去作过一番回顾:"少年落魄楚汉间,风尘萧瑟多苦颜。自言管葛竟谁许? 长嗟莫错还闭关"。(《驾去温泉宫后赠杨山人》)可见,即使自信如李白,也需要有社会承认。否则,"自言管葛"的信心难免不在"风尘萧瑟"的环境下萎缩。李白曾上书韩朝宗:"龙盘凤逸之士,皆欲收名定价于君侯"(《与

韩荆州书》），现在不由韩朝宗，而是由君主来"收名定价"，所获得的鼓舞振奋，该是何等强烈！玄宗的召见，李白在出京后仍反复提及，可见它的激励作用历时很久。

李白入京，引起轰动，处在由自己掀起的旋风中心，李白的精神相应经历着某种高峰体验。他在玄宗面前"论当世务，草答蕃书，辩若悬河，笔不停缀。又上《宣唐宏猷》一篇，帝嘉之"（王琦《李太白年谱》）。著名的《宫中行乐词八首》、《清平调词三首》更是在醉酒的情况下，于御前挥笔而成，这是特有际遇的激发，使他的创造力得以充分发挥。

玄宗对李白的使用方式，也助长了他的自由精神。甚至在一些人心目中，他已一度实现了"上为王师，下为伯友"（李华《故翰林学士李君墓志》）的理想。李阳冰《草堂集序》云："皇祖……降辇步迎，如见绮皓。以七宝床赐食，御手调羹以饭之，谓曰：'卿是布衣，名为朕知，非素蓄道义，何以及此？'置于金銮殿，出入翰林中，问以国政，潜草诏诰，人无知者。"应该说，这种接待，确有点礼待帝王师的意味。李白受征召而未得授官，似乎给后世留下遗憾，但从另一面看，让他待诏翰林，虽居宫廷而无曹司的管束，亦无须日日趋朝，倒是符合他爱好自由的个性。"天子呼来不上船，自称臣是酒中仙"，玄宗对于李白的天真放任颇为宽容。他与贺知章等最富有浪漫作风的才士们为友，精神是自由醋畅的。"大隐金门是谪仙"（《玉壶吟》），处宫廷而仍能保持这种谪仙风度，除李白外，实为少有。

李白之去朝，据自述及李阳冰、魏颢所述，是出于小人排挤。但他又说："龙虎谢鞭策，鹓鸾不司晨。""光武有天下，严陵为故人。虽登洛阳殿，不屈巢由身。余亦谢明主，今称偃蹇臣。""严陵不从万乘游，归卧故山钓碧流。"表明因生性疏放而辞别皇帝。看来，追求自由和受谗毁两种因素都是有的，至少是当他感到丑正同列，受人诽谤嫉妒时，主动地上疏乞归。"咏歌之际，屡称东山……天子知其不可留，乃赐金归之"（李阳冰《草堂集序》）。这种"归山"，原较体面。因为不惯羁束而归山，因为被谗而出宫，都能赢得人们的同情和尊敬。这样，李白在政治失败中仍然有一种精神支持。

杜甫之拜左拾遗，虽不及李白被召之轰动，但在由布衣成为近侍的体验中，却包含着经历重大考验实现自己报国之志的精神洗礼。"生还今日事，间道暂时人"（《自京窜至凤翔喜达行在所三首》其二）。杜甫奔行在时，完全把生命置之度外。平时沦落，不霑朝恩，国难中却能有这样的表现，实在为一般人所难及。左拾遗之拜，体现着朝廷对其大节的肯定。"影静千官里，心苏七校前"（同上，其三）。九死一生，挺节归朝，精神上自会感到一种超越和升华。

"司隶章初睹,南阳气已新"(同上,其三)。行在所作为唐王朝复兴的大本营,有一种重新树立的、救亡的气氛,于杜甫非常有益。这一时期唐朝廷在平叛中表现了应有的凝聚力,它在叛军攻陷两京后,迅速聚合起以朔方军为首的强大兵力,展开反攻。中原军民在敌后纷纷响应,杜甫在不少诗中写到当时的军事形势,表现坚强的斗志,胜利的信心。如《喜闻官军已临贼境》:"元帅归龙种,司空握豹韬。前军苏武节,左将吕虔刀。兵气回飞鸟,威声没巨鳌。"写唐军威势,颂扬了广平王李俶以及郭子仪、李嗣业等人。学者们还注意到他这一时期所有送人赴官的诗,更多的是表达壮行色、致勉励之意。胡夏客评《送樊二十三侍御》诗云:"此及《送从弟亚》及《韦评事》三诗感慨悲壮,使人懦气亦奋。宜其躬遇中兴,此声音通乎时命者也。"(仇兆鳌《杜少陵集详注》卷五引)胡氏所说的"时命",应包含当时那种救亡的时代气氛。杜甫在行在所,正是能够获得最为充分的感受。

"迟暮宫臣忝,艰难衮职陪"(《秋日荆南述怀》)。杜甫之赴行在,意味着亲自参加了唐王朝的重建工作。"今朝汉社稷,新数中兴年"(《自京窜至凤翔喜达行在所三首》其三)。不仅社稷重建令人欣慰,关键是于艰难之际,有幸为中兴事业出力。收京以后,杜甫与贾至、王维、岑参等人一起歌吟大明宫早朝景象,又写了《春宿左省》等宫廷诗。如果以为这些诗表现的仅仅是一个近臣沾沾自喜的心理,未免错会。诗人经历了"国破山河在,城春草木深"那种痛苦的体验之后,重睹京城恢复,朝仪仍旧,岂能抑制住心底的激动!供奉宫廷,而时间又恰好在复京前后,杜甫所完成的不只是作为一个近臣的体验,更重要的是,内心觉得王朝再建有他的一份参与。

杜甫以"琯党"问题被贬,与朝廷高层次斗争发生了牵连。这种牵连,以及上述多方面的情感体验,在杜甫心灵中留下深刻的、永久性的印记,构成迁延难解的结。如果从这一时期的诗歌,一直追踪到《秋兴》等晚年的思考与回忆之作,便可以充分看到在朝的一段生活,对杜甫心境的影响该是何等巨大。

三、后期——侘傺去国更不可没有政治的拨动

李杜之在朝,前后都不超过两年。他们离开朝廷后,仍然惓惓国政。其惓惓之心,有一个靠什么加以维系的问题。

"君王虽爱蛾眉好,无奈宫中妒杀人"(《玉壶吟》),逆推则是虽被妒杀,却也毕竟曾受君王赏爱。由于自信"蛾眉好",李白对重返宫廷仍抱幻想。甚至自比

隐而终起的谢安："东山高卧时起来,欲济苍生未应晚。"(《梁园吟》)但天宝后期随着社会危机日益深重,李白感到局面无法逆转,终于滋长了隐遁之念。天宝十一载,李白北游幽蓟,深入了解安禄山坐大谋叛的情况:"十月到幽州,戈铤若罗星。君王弃北海,扫地借长鲸。呼吸走百川,燕然可摧倾。心知不得语,却欲栖蓬瀛。"(《忆旧游书怀赠江夏韦太守良宰》)此后,李诗中屡见诸如"从兹一别武陵去"、"别离解相访,应在武陵多"等语,归隐之念确实增强了。安史之乱爆发,李白起初北上太行,西奔函谷,欲效申包胥痛哭秦庭,请救国难。终因找不到效力的途径而隐于庐山。"有策不敢犯龙鳞,窜身南国避胡尘"。李白之隐,虽有其客观原因,但毕竟显得消极,此时很需要一种推动力,帮助他走向实际斗争。

类似李白的问题,亦表现于杜甫弃官之后,肃宗打击以所谓"琯党"为代表的蜀郡旧臣,直接牵连杜甫。"岂无济时策,终竟畏网罟"、"唐尧真自圣,野老复何知",对肃宗的刚愎自用和猜忌,杜甫既畏惧又反感,避官和避世的意念一度上升。他在秦州,生活陷入绝境,但没有返回关中,而是举家跋涉,进入偏僻的蜀地,可见有心要远离政治中心区。从卜居成都草堂前期(上元元年至宝应元年七月)诗歌看,杜甫思想上退避、独善的一面颇为突出,如没有一种力量加以拨转,消极之念还可能进一步发展。

让李杜的生活和情感再次受到拨动,使退避的心态得以转变的,还是现实政治。而且不无巧合,都与玄肃父子之间的矛盾、与房琯问题有很深的联系。

李白因永王李璘之辟走出庐山投入政治活动,而由此引起的牵缠及馀波,几乎影响了他整个晚年的生活和思想。学者有把从璘看成政治上的失足,认为李白因从璘被流放而"兴趣消索",精神低落。实际上李白从璘出于报国之心,囚禁和放逐也并没有使他陷入精神危机。李白在政治上和道义上自有支撑点,那就是玄宗于剑州发布的制置天下诏书。永王出镇江陵,本是玄宗依房琯建言所作的"制置"措施之一。"帝子许专征,秉旄控强楚"(《忆旧游书怀赠江夏韦太守良宰》)。李白即强调永王专征,出于玄宗特"许"。虽然后来威柄操于肃宗一边,无视玄宗的诏命而枉用刑罚,但从李白《上留田行》等诗中可以看出通过永王失败,他对皇室父子兄弟之间的倾轧是有认识的。① 既然如此,他也就不会因自认"从逆"而失去精神支持。永王之聘,尽管使诗人遭受打击,但仍然有推动他参与现实斗争的积极意义。

---

①李白《上留田行》结尾云:"参商胡乃寻天兵,孤竹、延陵,让国扬名。高风缅邈,颓波激清。尺布之谣,塞耳不能听。"明胡震亨《李诗通》云:"汉时上留田,有父母死,不字其孤弟者,人为作悲歌风其兄。白诗有'寻天兵'、'尺布谣'等语,似又指肃宗之不容永王璘而作。"

李白自述受辟聘的情况是:"王命崇重,大总元戎。辟书三至,人轻礼重。严期迫切,难以固辞。"(《与贾少公书》)以永王之尊,再三迫切邀请,李白又重功业、讲义气,入幕后必然有一个精神亢扬的阶段。"试借君王玉马鞭,指挥戎虏坐琼筵"、"但用东山谢安石,为君谈笑静胡沙"(《永王东巡歌》其十一、其十二),欲以平视王侯的身份,借玉鞭指挥战争于琼筵之上。又把自己出匡庐以佐王师,比作东山再起的谢安。高度自负,豪迈乐观,政治热情之饱满,为诗人出长安以来所未见。

永王失败,李白经历了下狱——出狱——参谋宋若思幕府——再下狱,以至流放的过程。前后不到一年,两参戎幕,两次下狱。最初帮助他推覆清雪的是崔涣和宋若思。崔涣以宰相的身份代表初建的肃宗朝廷,充任江南宣慰大使。宋若思为御史中丞,职掌"邦国宪刑典章"(《旧唐书·百官志》),两人受理李白一案,并加以处置,理应算数。但崔涣原是玄宗所拜之相,宋若思曾为玄宗置顿使和房琯判官,均属玄宗一线的人物,在涉及有关永王这一敏感问题上,肃宗的朝廷对二人的处置是不会轻易认可的,李白最终仍遭流放。对他的先后不同处理,明显反映了玄宗集团与肃宗集团之间的尖锐矛盾。杜甫《寄李十二白》云:"已用当时法,谁将此议陈?"按照崔涣、宋若思所执行之"法",李白不仅可赦,而且可以参谋幕府,荐之朝廷。后来代宗即位,摆脱乃父成见,昭雪永王,以左拾遗之位召请李白,亦足以说明当初崔、李的推覆清雪是正确的。由于不管如何处置,而李白自身是光明磊落的。所以虽遭九江之狱,并不陷于颓丧。李白甫获崔、宋清雪,立即参加了宋若思幕府;流放遇赦后,亦依然极度关心时局:"桀犬尚吠尧,匈奴笑千秋。中夜四五叹,常为大国忧"。(《忆旧游书怀赠江夏韦太守良宰》)为叛乱未平、宰臣无能而忧虑叹息。乾元二年,荆襄发生兵乱,李白愤激地要呼天问罪:"长叫天可闻,吾将问苍昊。"(《荆州贼乱临洞庭言怀作》)面对动乱的时局,他感到不能安于闲逸:"握锄东篱下,渊明不足群。"(《九日登巴陵置酒望洞庭水军》)认为不能像陶潜那样隐居,与他三年前宣称"吾非济代人,且隐屏风叠"(《赠王判官时余归隐居庐山屏风叠》)时比较,可见经过出庐山、从永王等事件之后,李白对国家与人民的责任感明显增强了。

李白晚年的诗,保持了他一贯的飞扬豪迈的风貌。如与李晔、贾至在洞庭湖的唱和以及《早发白帝城》等篇,并不因为曾受遭逐而失去逸志凌云、豪放洒脱的风度。且晚年神仙隐逸之语明显减少,诗歌的现实性加强,忧愤更加深广。特别是一系列五、七古长诗,如《忆旧游书怀赠江夏韦太良宰》等篇,汪洋浩瀚,叙写时事遭遇与抒情言志融为一体,显出新的特色和思想深度。李白从应永王之聘到去世,前后六年,留下一系列重要篇章,如按时间比值,相应地看诗歌创作的数量和质量,这一段有后来居上之势。① 可见伴随政治上的较多卷入,创作上再次获得丰收。

促成杜甫政治心理变化的是皇位的更替。② 代宗继位,房琯一派成员内召或升迁,使杜甫很受鼓舞,改变了蛰居成都草堂、避官且又避世的生活态度。

杜甫在结束了由陇入蜀的艰险历程后曾作诗云:"及兹险阻尽,始喜平原阔。"(《鹿头山》)透露出倦于长期的奔波颠沛,颇想在广阔平原上歇息下来的情绪。此后两年多所作的成都诗,多围绕草堂的筹建及其时的闲适生活展开。《堂成》、《为农》、《徐步》、《屏迹》一类诗题,"卜宅从兹老,为农去国赊"、"浅把涓涓酒,深凭送此生"、"莫思身外无穷事,且尽生前有限杯"等诗句,表明诗人确有凭借草堂和剑南物质条件遣"送此生"的心情。这从身心讲,是多年极度劳瘁后的一次休整;从政治方面看,则是肃宗打击房琯一派人物,使其对于仕进逃避和灰心的一种表现。"扁舟不独如张翰,皂帽应兼似管宁"(《严中丞枉驾见过》),不独弃官,且又避世。"漂然薄游倦,始与道侣敦"(《赠蜀僧闾邱师兄》),甚至因薄游疲惫而亲近僧侣,从宗教方面寻找精神寄托。杜甫在成都草堂前期所写的诗,政治性减弱了。与时政关系密切的诗,仅《恨别》、《建都十二韵》、《戏作花卿歌》、《大麦行》等数首,除《建都十二韵》深刺肃宗外,其馀议政忧时的迫切心情,也不及其他时期的代表性作品。这是杜甫自创作《兵车行》、《丽人行》等诗以来,从未有过的现象。但这种情况仅限于上元年间在草堂前期之时,至宝应元年杜甫寓居梓州时,即发生了变化。

杜甫寓居梓州是由送严武赴京开始的。宝应元年四月,玄宗、肃宗相继去世,朝廷政局面临新的变动组合。出于新朝的政治需要,继位的代宗在人事方面自然有所更张。如张镐肃宗朝被贬为辰州司户参军,"代宗即位,推恩海内,拜抚州刺史"(《旧唐书·张镐传》);"迁洪州观察使,更封平原郡公"(《新唐书·张镐传》)。贾至,"宝应初,召复故官"(《新唐书·贾至传》)。严武,宝应元年六月,召充山陵桥道使,监修玄、肃父子陵墓。房琯,"宝应二年四月,拜特进、刑部尚书"(《旧唐书·房琯传》)。此外,还于宝应元年五月,昭雪永王璘。这一系列处置,无疑是对肃宗朝种种猜忌行为的纠正。新朝的新格局新形势,使杜甫前一

_____

①如郁贤皓《李白选集》、复旦大学中文系《李白诗选》所选编年诗中,这一时期作品均占四分之一左右。

②关于夔州及成都时期,政治给杜甫创作的正面推动,请参看拙著《杜甫在肃代之际的政治心理变化》(载《文学遗产》1992 年第 4 期),本章仅略作交待,不再展开。

阶段的那种心境和生活态度，不能不有所变化。严武内召，杜甫所作的《奉送严公入朝》诗，最早透露了他的政治心理变化。诗开头云："鼎湖瞻望远，象阙宪章新。四海犹多难，中原忆旧臣。"首联喜新朝纲纪之刷新。次联对代宗为挽救艰难局势，纠偏推恩，征用旧臣，给以肯定。结云："此生那老蜀，不死会归秦。公若登台辅，临危莫爱身。"自己发誓要归长安，对于严武，则望其得以拜相，且能以不"爱身"的精神匡救时局。杜甫作这种送别之言，决不是泛泛祝愿。参以《祭故相国清河房公文》中所云："曩者书札，望公再起。"可见当时他对房琯等人确实抱有在新朝东山再起的预期。杜甫送严武至绵州，继而逗留东川，前后跨三个年头。这一时期杜甫在政治上有所期待。朝廷亦曾有京兆功曹之召，"晋山虽自弃，魏阙尚含情"（《送李卿晔》）、"小臣鲁钝无所能，朝廷记识蒙禄秩"（《忆昔二首》其二），京兆功曹的征召虽然可能是由于京兆尹易人（第五琦代严武）而未赴任，①但朝廷人事变化，以及对他个人的"记识"和"禄秩"，毕竟使他对"魏阙"的感情有所恢复。在这种情况下，梓州时期的创作，体现出明显的心

---

① 杜甫在梓州后期，朝廷以京兆功曹征召。本集中明确记下此事的作品是《奉寄别马巴州（时甫除京兆功曹，在东川）》："勋业终归马伏波，功曹非复汉萧何。扁舟系缆沙边久，南国浮云水上多，独把渔竿终远去，难随鸟翼一相过。知君未爱春湖色，兴在骊驹白玉珂。"诗作于将离东川之际。由"春湖色"可推出具体时间应在广德二年春。而京兆功曹之召当在此时或此前一两月内，其上限不可能在吐蕃犯京之前。因为杜甫如果接到去京兆做官的任命，无论就任与否，在忧念长安沦陷时应该有所涉及。现在有关诗中看不到这种任命的任何迹象。至于除京兆功曹的背景，则可以结合广德年间的时局和京兆尹更替作出推测。《资治通鉴》载：广德元年正月癸未，"以刘晏为吏部尚书、同平章事。"《新唐书·刘晏传》："代宗立，复为京兆尹、户部侍郎……又以京兆让严武，即拜吏部尚书、同中书门下平章事。"可见严武接替刘晏为京兆尹，在广德元年正月。《旧唐书·代宗纪》：广德元年十月，"京兆尹兼吏部侍郎严武为黄门侍郎，郎州刺史第五琦为京兆尹兼御史大夫"。据此，严武代宗朝为京兆尹在广德元年正月至十月间。这一时间表揭示了奏征杜甫为京兆功曹者很可能即为严武。不仅严武作为京兆尹兼吏部侍郎为杜甫奏请此职最方便和顺理成章，且京兆府向朝廷申报时间亦当在严武卸任的十月之前。十月以后，吐蕃犯京，京兆府决不可能为一功曹向行在奏请。估计奏辟在严武任京兆后期（九月前后），中经吐蕃侵扰延误（郭子仪十月庚寅收京，代宗十二月回京），诏命下达时约在广德元年底或二年初。而此时京兆尹已由严武易为第五琦。第五琦起家系受贺兰进明推荐，并以善于征集赋税、促办军需致身显贵。乾元元年任度支，请以财赋悉归内库，主以中官。又以铸钱导致物价腾贵。无论是从旧日人事关系还是第五琦重财务的特点上，杜甫都是不可能愿意充当其部下的。杜甫未就京兆功曹之召，可能跟严武再度镇蜀也有一定联系。两件事在时间上极为接近。"常怪偏裨终日侍，不知旌节隔年回"（《奉待严大夫》）若从私交和巴蜀安危方面考虑，杜甫是盼望严武返蜀、旧友相聚的。严杜书信密切，杜甫如果以去就问题征询对方意见，严武因为自己已离开京兆之任，对杜甫之不赴召，当然也会赞成。

境变化:其一,草堂前期,努力在幽栖、屏迹、用拙、疏懒中寻找心理平衡。梓州诗变退避为有所追求和期待,常常是任自己的情绪起伏跌宕,而放松自我抑制。其二,草堂前期,颇厌交游。所谓"渐喜交游绝,幽居不用名"。梓州时期主动展开交游,与州县长官、地方豪俊以及过路官员接触频繁。其三,草堂前期,诗人只是偶而至蜀州、新津、青城等地,览眺风景或拜访裴迪、高适等人。此时诗人在梓州、绵州、射洪、通泉、涪城、盐亭、汉州、阆州不断走动,不仅接触各方人士,而且寻访了陈子昂、郭震、薛稷等人遗迹,缅怀前贤,伤世慨己,而情调多归于激昂。其四,歌咏时事之作,此期为弃官以来最为突出的阶段。河南、河北收复,吐蕃进犯京师,西川松、维、保三州失陷,均在诗中得到突出的体现。反映讨平安史之乱的诗,如名篇《闻官军收河南河北》以及"系书请问燕耆旧,今日何须十万兵"(《渔阳》)、"似闻胡骑走,失喜问京华"(《远游》)等诗句,均为战乱以来未曾有的精神奋发、情绪乐观之作。反映吐蕃犯京的诗,从闻讯到忧念、焦虑和事后总结回顾,构成达二十首以上的长长系列。忧西川的诗,亦达十首之多。"天地日流血,朝廷谁请缨? 济时敢受死,寂寞壮心惊"(《岁暮》)。不仅沉痛忧国,而且激起奋身殉国的精神。仇兆鳌云:"公抱忧国之怀,筹时之略,而又洊逢乱离,故在梓阆间有感于朝事边防,凡见诸诗歌者,多悲凉激壮之语,而各篇精神焕发,气骨风神,并臻其极。"(《杜少陵集详注》卷十二)诗为心声,所以如此。跟他这一时期心理上与朝廷和政治接近有密切关系。

杜甫重返成都,供职严武幕府,除有像《扬旗》、《奉和严郑公军城早秋》等篇,壮声英概,把军府生活写得激扬振奋者外,还有像《立秋雨院中有作》、《严郑公阶下新松》、《严郑公宅同咏竹》等幕府抒情、咏物诗,表现出对前途有所展望和期待。这些作品亦与草堂前期诗歌情感倾向不同。

杜甫之去蜀,陈尚君先生曾著《杜甫为郎去蜀考》(《复旦学报》1984 年第 1 期)等文,论证杜甫离蜀是为了就任郎官。其中某些具体细节问题,有待进一步讨论。但杜甫在云安和夔州许多作品表明,他在朝廷确实有一个郎官的职位,本可以"归朝日簪笏"(《将晓二首》其二),却由于"卧病淹为客"而迟迟未能就任。处在流滞中的杜甫,则常常由此引起强烈的羁留感和迫切要求归朝的愿望:"冯唐虽晚达,终觊在皇都。"(《续得观书》)"通籍恨多病,为郎忝薄游。"(《夜雨》)"合分双赐笔,犹作一飘蓬。"(《老病》)"抱病江天白首郎,空山楼阁暮春光。衣冠是日朝天子,草奏何时入帝乡?"(《承闻河北节度入朝十二首》其七)等等,不一而足。可见杜甫对因病不能还朝是多么感慨。

杜甫夔州诗达四百首之多。虽衰病日加,而政治热情未减。除忆念朝廷、渴望归京外,还经常在作品中慨往伤今,指画朝政,劝诫君相,揭示民瘼,评论得失。诗人在这些政治诗中,不是作为旁观者,而是有一种身份的介入,以及愈是主观上介入,愈觉实际上无能为力,甚至产生事与愿违的愤郁情绪。政治性之强和郁结之深,都与他特定的身份和处境密切相关。这种关联,在一些重要作品中,常常被明确地写出。如《秋兴八首》在首章作总括性的发端之后,次章即点出自己"奉使虚随八月槎"、"画省香炉违伏枕"的现实遭际,由此再引向多方面的思考与忆念。《夔府书怀四十韵》以"萍流仍汲引,樗散尚恩慈。遂阻云台宿,常怀《湛露》诗"以及"病隔君臣议,惭纡德泽私"等自叙,反复申明自己受恩朝廷、羁留江湖的特殊处境,与情系魏阙、不胜主忧臣辱之思二者间的关系。凡此,皆足以看出杜甫这些诗中复杂深沉情怀的产生,并非偶然。夔州诗作为杜甫创作的第二个高潮,是代宗朝杜甫与朝廷关系经过曲折发展,以羁臣穷老的身份,怀着对政治的积极参与态度创作出来的,既不能置身于朝廷,又不能置国事于度外,"情在强诗篇","身远而勖在位者",有近于当事人的高度责任感,又有实际上处于非当事人的地位和闾阎下层的清醒和明彻。正是在这样一种独特处境和心态基础上,完成了他夔州时期一系列情思浩茫的优秀诗篇。

以上可见政治生活的实践,使李白、杜甫的政治心理在一生中划成许多倾向不同的阶段,而每个阶段自身又有发展变化,李杜诗歌正是在这种变化中不断展示新的内容和艺术特征,成为一个不自相重复的连续发展序列。

四、从给予创作的推动作用看诗歌
高潮期的时代政治特征

李杜一生从政时间并不长,但被朝廷和地方藩府征聘任用却不止一次,断断续续分布于他们一生好几个时期。两人生活经历受此左右,成为一个起伏不定的过程。考察政治对于两位大诗人思想创作的正面推动和影响,有助于认识中国古代诗歌创作与政治的关系。

中国诗歌的传统是"言志"。魏晋以后有"缘情"说出现,但士大夫仍一致认为情必须是高尚的情。因而缘情在很大程度上只能看作言志的补充,即所言之志必须是情感的真实流露。情志合一,它的最高层次必然与政治相通。这样,对中国诗歌而言,政治之渗入与否,跟诗歌是否达到高层次常相联系。就诗人而言,古代诗人注定是在封建政治格局下生活,因而经常由封建政治赋予他们以理想与热情,构成他们与时代与社会现实生活的密切关系,诗歌所呈现的气象、风貌，也都与他们的政治介入有关。政治所赋予古代优秀士大夫的常常是那种与广阔的社会、历史、人生，乃至与天地万物相沟通的精神气魄，是对历史、对社会、对周围世界的高度责任感。《论语·泰伯》云："士不可以不弘毅，任重而道远。仁以为己任，不亦重乎？死而后已，不亦远乎？"当士大夫自觉地承担起某种社会责任的时候，他的精神往往也相应地崇高起来。中国古代诗人可以不是政治家，但对政治必须有一种向心力，必须在政治方面有必要的体验和适度的介入。

　　政治本身当然应该有它的积极内容，连最起码的积极内容都不具备的政治，无疑谈不上对诗歌的正面推动作用。诗人当然也应该有良好的主观条件，鄙吝的人无论政治给他以怎样的拨动，也不可能有伟大的创作。这些自是无需多说。但问题在于任何人都不可能单靠某种理念生活，人的情志不可能恒定在一种状态下没有变化，它在人的一生中表现为一个流动发展的过程。即使是有高尚志趣的人，也不免会有松懈的时候。同样是杜甫，他可以高唱"盖棺事则已，此志常觊豁"；也可以低吟"浅把涓涓酒，深凭送此生。"在不同时期，心情和志趣显然是有变化的。李杜一生追求，经历了漫长的历程。在长途中就像一辆运行的机车，需要有动力补充。如何使李杜的用世之心，在关键时刻得到维系和加强，始终不倦地追求，执著而面向现实，仍然需要靠政治的强大摄动力，这在李杜的后期生活中表现得很明显。虽然他们受着政治的推动，时或至于心力交瘁，不免发生"辜负沧洲愿"、"蹉跎成两失"之类的慨叹。但后人有时却能给予冷静客观的分析。韩愈论李杜云："帝欲长吟哦，故遣起且僵。"（《调张籍》）说为了让李杜写出好诗，二人经常被命运推起又放倒，不断受折腾。这实际上是看到了政治一次又一次拨动对于创作的作用。胡震亨论杜诗时说："无天宝一乱，鸣候止写承平；无拾遗一官，怀忠难入篇什，无杜诗矣。故论杜诗者论于杜世与身所遭，而知天所以佐成其诗者实巧。"（《唐音癸签》卷二十五）所谓"天所以佐成其诗"，实际上是指杜甫遇到了对其创作能起推动作用的政治环境。

　　从诗人与社会的横向联系看，封建社会毕竟与资本主义社会不同，知识分子不是可以多向分流，并凭借多种渠道与社会沟通。在中国封建时代尤其是它的前期，士大夫如果不卷入政治，一般就只有归向山林田园。穷乡僻壤的封闭，小生产者的狭窄天地，对他们的视野与情感，构成严重的限制和束缚，使他们与外部疏离，难得从时代生活中汲取创作的动力。甚至连诗歌创作，在死水一样的生活中也会变成多余。所以中国古代诗人如果真正回归农村，杜门不出，创作上多数总是归于沉寂。穷愁闭塞，往往限制人的发展，毁灭人的天才。这种现象,即使在资本主义兴起以及闭塞和割据状态有所改变之后,也仍然存在。德国大诗人歌德痛感僻处闭塞对才思的限制,说:"要得到一点智慧也付出了够高的代价。""我体会到孤陋寡闻的生活对我们意味着什么。"(爱克曼《歌德谈话录》)这些话值得我们在研究古代作家生活与创作关系时注意。有人对李杜离开朝廷后,仍与各方面官员交游有微辞,似乎毕竟未能免俗,其实这种交游正是与外界保持联系的重要途径。否则就只有陷入闭目塞听、彻底缄默的境地。试观杜甫在梓州时,对河北和边防军事情况,竟能了解得那样清楚迅速。围绕吐蕃陷京,前后诗歌达二十首以上。如果不是依靠官府的信息,是不可能有这种创作的。同样,很难设想,单纯是屏退索居的野老,会无端地大发感慨,创作出像《诸将》、《八哀诗》、《忆旧游书怀赠江夏韦太守良宰》那样一类与时局政事关系极其密切的诗。总之,如李杜之所作,笔力雄壮,气象浑厚,具有强烈的时代气息、丰富的社会内容、深刻的人生体验,乃至达到堪称通乎天地万物、包含古今的程度,它是决不可能指望产生于一般的甚至封闭的环境之中。其酝酿和创作,非有一种巨大的政治背景,并连同诗人自身都被适当地卷入不可。

政治在不同时期所能给予诗歌的推动力也是不断变化的。可以看到,凡是历史上的诗歌兴盛期,政治常常格外突出地表现为能从多种层次和方位拨动诗人,使之时时有一种不可抑制的创作激情。开元、天宝时代,由于玄宗早年的求治、后期的好大喜功。虽号称盛世,而政治上却不断有大事件发生,绝非晏安无为之时,至安史之乱发生,政治的中心则转为平叛救亡。这一系列变化的、丰富的内容,从未停止过对李杜等盛唐诗人创作的鼓荡。盛唐如此,而就整个唐代来看,它在中国历史上,既是诗歌持久繁盛的阶段,又是政治方面最有活力的时期。继南北朝至隋末,士族地主势力受到严重挫伤之后,唐王朝在其统治时期,逐步完成了地主阶级内部士庶界限的消融过程。一批批中下层士人涌向上层,在政治、经济、文化等领域,争得自己的席位。迄至由五代入宋,终于泯灭了士庶之分。这种长期演进过程,在给士子以强大引力的同时,为唐朝政治带来了活力和动态的内容。"一百四十年,国容何赫然",唐前期政治、经济、文化同时上升;中期后,长期救衰革弊,图谋自救,都在很深刻的意义上给诗歌创作以强大、持久的推动。作为盛唐诗歌的先驱者,陈子昂之"感时思报国,拔剑起蒿莱",讴歌乘时建功的人生意气,显然是受了武则天超常用人、士子勇于进取的时代气氛激发。盛唐时期,政治除给李白、杜甫这样的巨子以不断拨动推进外,从诗派方面看,唐王朝在边疆的活动,直接刺激了边塞诗的繁荣发展。甚至山水诗之不同于六朝单纯模拟自然面貌而注入丰富的主体感受,表现出适意、舒展、自在等特色,也可以从深层看出盛唐时代政治精神的强大渗透力。中唐贞元、元和阶段,诗歌继盛唐再度繁荣,政治方面则是德、顺、宪三朝统治者都曾有过变革的愿望和措施,企图振起安史之乱以来的衰败局面。韩孟元白刘柳正是抱着铲除时弊的愿望和自觉的参政意识,"报国心皎洁,念时涕汍澜"(韩愈《龊龊》),展开了他们的政治活动与诗歌创作。晚唐时期,尽管从总体上给人的印象是危机深重、政局混乱,但李商隐、温庭筠、杜牧所处的文、武、宣三朝统治者还是一再致力于自救,谋诛宦官、平定泽潞、收复河湟,或取得一定的成绩,或因"力穷难拔蜀山蛇"而失败,都从不同方面给了诗人"高楼风雨感斯文"的创作推动。李商隐一生坎坷,但如果没有两入秘省、辗转幕府的经历,他的诗歌也不可能于伤春伤别之中注入深广的时代内容。

　　唐代诗歌与政治的关系,体现出某种带规律性的表征。中国诗史上的一些高潮期,也莫不有它独特的政治背景。战国时,楚面临强秦的威胁,进步爱国力量与腐朽卖国势力的斗争,推动屈原的创作,而屈原所经历的高层政治体验,则赋予他崇高的历史使命感和献身精神。建安时期,曹操政治集团以其进步的政治路线和"唯才是举"的用人方式,把因党锢之祸被压抑冷落的士人,重新推向政治舞台,激起强烈的功业思想和英雄意识。"雅好慷慨"的建安诗歌,正是得力于这种正面推动。继唐诗而起的宋诗,发展到宋中叶,又出现一个繁荣的局面。而其时从仁宗朝庆历新政,一直到王安石变法前后,王朝内部政治斗争的焦点,是要克服"累世因循末俗之弊",挽救长期和平发展中潜伏的危机。诗歌界欧王苏黄等大家,都是 在一连串起伏动荡的政治变革中卷入得很深的人物。

　　考察诗歌高潮来自政治的推动力,有助于进一步探索文学繁荣发展所需的社会条件。作为中国封建时代正统文学样式——诗歌,它注定要与封建政治发生密切联系。政治影响于诗人创作,可以有四种情况:①挤占了诗人创作的时间和精力;②给诗人以正面鼓舞或推动;③打击压抑,导致怨悱;④诗人被迫害致死,或彻底沉默。(或政治本身彻底反动,使追随者身败名裂。)①、④两种情况只能使创作受损。②、③两种情况虽有分别,但对于某些诗人,又常常集于一身。如李杜之入宫廷,便是始而受激励,继而遭压抑。一般说来,封建时代的士人,总是先由政治给予某种参与的机会,在参与中有所不遂,才会引起怨悱。导致"长吟哦"的"起且僵","起"往往在先,由政治直接给予拨动;"僵"伴随于后。"起"与"僵"或是单纯从某一侧面作用于诗歌创作,或是交糅在一起,产生更复杂的影响;或是比较直接地表现为正值,或是要经过创作活动的一番消化转换,才表现为积极有益的效应。能够给诗歌创作以强大推动的政治,不在于它有多么清明或稳定，而在于它要能强烈地牵动人心，让人不断地感奋起来，发之于吟咏。封建王朝初期，一般号称盛世，而文学人才可能尚未积累到最丰沛的程度。同时稳定和繁荣不免缓解了士人要求干政的迫切感，诗歌颂美居多，缺乏对政治的深刻卷入，艺术上也缺乏由深广内容带来的要求变革创新的推动力。封建王朝末世，往往陷入大动乱。斗争残酷，兵祸连结，文教停顿，人才短缺，士人对世乱恐惧回避，诗歌也相应衰敝。东汉末（灵帝朝）、隋末、唐末的情况大体如此。一般性地排除了王朝开国期和衰乱期，再结合诗歌史上几个兴盛阶段来看，中国诗歌高潮，总是出现在社会政治比较有活力，能够吸引人才，并多方面推动士人为较高理想积极追求的时期，而盛唐则是演出了中国历史上这种时期的最为辉煌的场面。

第八章　唐代山水田园诗

一、唐代山水田园诗创作的社会生活基础

唐代山水田园诗的创作和边塞诗一样在盛唐时达到高峰。但另一方面,它和边塞诗的情况又有不同。从文学史上看,边塞诗主要出现在唐代,而它真正能在当代诗坛上占有突出地位的时期,则只有盛唐。说明边塞诗与盛唐时代有极其密切的关系,没有盛唐时代,也就没有文学史上引人瞩目的边塞诗。而山水田园诗的情况却不尽如此。盛唐时代固然出现了王维、孟浩然等著名山水田园诗人以及大量山水田园名篇,但在此前后文学史上以写山水田园见称的诗人以及优秀的山水田园诗,仍然能够举出很多。中国传统思维模式是天人合一,人与自然亲近。中国幅员辽阔,东部与西部、南方与北方,地理面貌差异很大,名山大川很多,给人提供了极广阔而丰富的审美天地,这些都有利于山水田园诗的发展。另外封建文人或仕或隐,或边仕边隐,或被贬斥流放,也与山水田园有不解之缘:隐的时候陶醉于山水田园之中;边仕边隐时借山水田园调节身心;贬斥流放时赖山水田园遣愁解闷;仕途顺利时,游赏赋诗,借歌咏山水田园附庸风雅。因此,山水田园诗在封建时代,在中国封建文人生活中,随时都能够出现。可以说,只要中国封建政治经济处于相对安定时期,就具备了产生山水田园诗的社会条件。不过,本章着眼于唐代山水田园诗,就山水田园诗在盛唐及其前后出现得多而且好的情况来看,还是有它比较特殊的社会生活背景的。

隐逸　由于盛唐的物质生活基础,文人无论仕与不仕,一般都不致挨饿。另外,唐代儒、释、道三教并重,在山林修炼的僧道,有相当的社会地位,也助长了隐逸之风。盛唐文人们,一面"端居耻圣明",在时代的感召下,向往着建功立业,而同时又往往向往隐逸。一些人出仕之前,常常习业于山林,或借隐提高社会声誉,走终南捷经。已仕的官员也有的在郊区置庄园、别墅,于休沐之日回庄园隐居,借以摆脱"尘累",调节身心,把隐居从偏远的山林移到都市附近,解决

在受簪组束缚时向往自然的内心矛盾。失意时，还把山水田园作为退路，耕读于其间，并借以排遣苦闷。这样，或由隐而仕，或由仕而隐，或边仕边隐，山水田园成了士大夫的活动基地之一。

隐居使诗人得以长期在自然界观察并体验山石林泉、田园村野的生活。写山水诗，长期静观的训练不可少。静观使诗人社会生活中的某些情感得以淡化，不必把过强的情绪外移到景物上，使对景物真实而细致的描写成为可能。另外，这种训练能使诗人的感觉得到丰富和发展。中国的山水诗和山水画，在要求再现自然之美的同时，还特别讲求气韵。要捕捉山水的气韵，需要有一种参悟意识，要对物象作凝神的观察。凝神可以脱离种种思想累赘，仿佛获得另一种视觉和听觉，感受到平时未能察觉的种种情景。"静者心多妙"，"素处以默，妙机其微"。凝神了，内心就会像止水明镜一样，与山水相契合，与天地自然相通，使"万物归怀"。

漫游　唐代的物质条件、交通条件，以及南北统一、版图辽阔，给文人的大规模漫游创造了条件。唐代许多诗人都有漫游的经历。"阳春召我以烟景，大块假我以文章。"漫游是他们多方面地、大范围地接触山水、酝酿诗情的一种理想途径。漫游（包括宦游）使他们接触了大江南北、黄河上下各种不同的山川地貌，这与南朝疆土逼仄，谢灵运等人只能接触到祖国东南一角山水，情况大不相同。漫游扩大了视野，开阔了心胸，增长了诗人对山水的兴趣，同时对各地山水有所比较，有可能把山水更富有地域色彩地表现出来。像孟浩然笔下的襄阳山水与吴越山水，王维笔下的辋川山水，柳宗元笔下的永州山水，李白笔下的蜀道山水，杜甫笔下的秦州与夔州山水，都呈现了地域的特有风貌。

二、王孟韦柳山水田园诗的一般情况

中国古典诗歌，特别是唐诗，就其构成成分看，一般不外情、景两端。大部分诗中都有景物意象乃至写景的句子出现，如果仅根据诗中有写景的句子，就定为山水田园诗，涉及面就未免太宽。因此，讨论中国山水田园诗应该有一个大致的界定。

山水田园诗应有较强的山水田园意识，所谓"登山则情满于山，观海则意溢于海"。虽不说一定要像王维那样有所谓"泉石膏肓之疾"，①但诗人的感情应

---

① 胡仔《苕溪渔隐丛话后集》卷九："山谷老人曰：余顷年登山临水，未尝不读摩诘诗'行到水穷处，坐看云起时'，故知此老胸次有泉石膏肓之疾。"

该进入山水田园,浸透着对自然美的追求和热爱,以山水田园为主要的表现对象,至少也应该是对景物的描写在全诗中相对显得出色,创造出比较完整的山水田园意境。

山水田园诗中诗人与景物构成主客体关系。有的侧重写客体,有的主客体难分轻重,也有的主体超越客体,凌驾于客体之上。李白的《蜀道难》、《梦游天姥吟留别》,韩愈的《谒衡岳庙遂宿岳寺题门楼》、《山石》等,是主体超越客体、凌驾客体一类诗的代表。李白借山水表现自己豪迈不羁的性格,"兴酣落笔摇五岳,诗成啸傲凌沧州",韩愈"肠胃绕万象,精神驱五兵",他们不是把自然万象作为客观再现对象,而是适应情感表现,任意加以驱遣和改造。"天姥一小丘耳",在李白的笔下变成了"天台四万八千丈,对此欲倒东南倾"的超级高峰。贞女峡也不过是桂阳南一段水流稍急的河道,在韩愈笔下竟被写成"悬流轰轰射水府,一泻百里翻云涛"(《贞女峡》)的险绝之地。由于李白、韩愈这类诗中山水的本来面貌被改造变动的幅度大,主观性强,跟他们其他一些借景抒情之作,没有太多的差别,本章对他们这类诗暂时不加讨论,而以传统上一直被认为是唐代山水田园诗代表的孟浩然、王维、韦应物、柳宗元的作品为主要研究对象。

(一)孟浩然、王维的山水田园诗

孟浩然的山水田园诗一部分是写他故乡襄阳的自然风光,一部分是漫游期间所写的吴越山水,后者数量较多。写于襄阳的山水田园诗,隐逸意味较浓,平静悠远之中加上对在襄阳留下印迹的先贤的追慕,更觉古澹。吴越山水诗,写旅游中所见山水,动态感强一些,常常带有孤寂的客愁。孟浩然写诗,"伫兴而作"(王士源《孟浩然集序》),"遇景入咏,不钩奇抉异"(皮日休《郢州孟亭记》),往往在平淡中见淳美。他注意整体的浑融完整,一句之中没有很突出的动词或形容词,一篇之中也没有特别用力的句子。但由于诗人在那些自然景物中,确实领略到了诗趣,自然与人在精神上高度契合,淡淡写出,自有泉流石上、风来松下之音。山水的清幽,伴以写法上的浑然而就,洗脱凡近,无论情、境、人都有"风神散朗"(王士源《孟浩然集序》)的气象,格外显得韵致高远。

王维的山水田园诗可以分两类:一类以《终南山》、《汉江临泛》为代表,用雄壮有力的诗笔,写出开阔宏远的境界;一类以《辋川集》、《皇甫岳云溪杂题五首》为代表,以短小的篇幅、精炼的文字写山水,格局一般不大,但每一篇都能写出一个天地。后一类在王维山水田园诗中占多数,最见艺术个性,对后世诗人影响也最大。王维的山水田园诗在自然浑成方面与孟浩然相近,但"雅淡之中,别饶华气"（施补华《岘佣说诗》）。王维精通诗文、绘画、音乐、舞蹈、书法，是盛唐高度发展的文化所哺育起来的全能艺术家，基底特别深厚，可以说只有盛唐时代才能出现王维这样的大师，他的多方面的艺术修养，必然要体现于诗，使他的山水田园诗于简净朴实之中，有惊人的丰富。他善于从容地创造气氛，烘托点染，用新鲜凝练的语言、匀称的色彩、优美的韵律，根据自己对自然景物的细腻感受，描绘出田园山林静态之美。同时又静中有动，富有生机和意趣。他的一部分山水田园诗，虽然闲适中带禅意，但多数并不流于死寂。对于一般读者，这些诗往往提供一个摆脱一切尘嚣，而并非走向真空、死灰的临界点，它的特点是安宁、静谧，可以把人带入清静、和谐的艺术境界，让人获得精神调节，乃至进而体悟宇宙的本质、生命的真谛。

王、孟的山水田园诗和高、岑的边塞诗一样，是盛唐生活之树蒙受诗神的灵光照耀，伸展得较远的两根枝条。王、孟的诗，恬淡优美，自然景物和生活感受诗意地结合在一起。一方面有超尘脱俗的气味，一方面又体现着宇宙间生生不已的韵律，流露出对大自然、对生活的热爱。盛唐的时代气氛，在他们的诗里得到曲折体现。使他们的山水田园诗与其他时期的山水田园诗，在风貌上呈现出明显的差异。

（二）韦应物、柳宗元的山水田园诗

大历、建中前后，安史之乱已经平定，但军阀割据势力仍然嚣张，兵祸时时发生。经济凋敝，政治腐败，时局不宁，使一般文人对个人和国家前途都感到渺茫，失去了盛唐的自信心和事功精神。他们即使做官，也倦于案牍，懒于处理实际事务，游宴、隐居、赏玩山水的风气 很盛，因而山水田园诗在创作上占有相当的比重。从艺术上看，他们很注意学习王维，但不及王诗浑厚，缺少鲜活的意趣，前人有"气骨顿衰"之评。时代和社会心理的变化，使他们无法再复制出像王维那样的诗。

韦应物在大历前后诗人中是比较杰出的，阅历比较丰富，思想也高出一般诗人。但是和他切身相关的由盛到衰的时代变化以及中年丧偶等不幸，使他同样缺少政治热情和生活热情："腰悬竹使符，心如庐山缁。"（《郡内闲居》）在这种心境下写的诗，尽管可以做到"韵高气静"（薛雪《一瓢诗话》），从景物到诗人精神状态都闲远、澄彻，可是冷落萧疏的暗影总是或隐或现，不像王维那样自适自足。"今朝郡斋冷，忽念山中客。涧底束荆薪，归来煮白石。欲持一瓢酒，远慰风雨夕。落叶满空山，何处寻行迹"（《寄全椒山中道士》）。诗中虽有高致，但无论

是郡斋还是山中，都给人以冷清孤寂的感受。联系《登楼寄王卿》"数家砧杵秋山下，一郡荆榛寒雨中"，更让人感到韦应物笔下连郡城带远郊的秋山寒雨是怎样一种萧条苦寂的滋味。韦应物当然也写春天与花鸟，但"孤花表馀春"、"披玩孤花明"、"山鸟呀馀春"，似乎总是难得饱满。"身多疾病思田里，邑有流亡愧俸钱"，除了时代盛衰和个人身世之感外，作为一个比较有良心的地方官，面对日月流逝、政教未敷，终不免时时为苦闷所困扰，而很难全身心地与山水融合。所以韦诗虽时有接近王维"静"的境界，但像王维那样整首诗写山水，自我意识几乎全部融入山水的作品，竟连一首也没有。乔亿《剑溪说诗》又编云："诗中有画，不若诗中有人，左司（韦应物）高于左丞（王维）以此。"韦应物是否高于王维，此处可以不去讨论，但他感觉王诗"诗中有画"，韦应物"诗中有人"，正好说明了韦诗未能像王诗那样将自我意识全部融入山水。"吏舍跼终年，出郊旷清曙。杨柳散和风，青山澹吾虑。"（《东郊》）"绿筱尚含粉，圆荷始散芳。于焉洒烦抱，可以对华觞。"（《夏至避暑北池》）尽管比较淡缓从容，仍可以看出他是为了涤烦消虑走向自然的，决不是："兴来每独往"（王维《终南别业》）那种专任情兴。所以不管韦应物在有些诗里写得怎样"高闲旷逸"，根子上还是带有无可奈何的成分，与王维"随意春芳歇，王孙自可留"，惬意地躺在大自然的怀抱里是有区别的。

比起韦应物的"职事方无效，幽赏独违情"（《答端》），老是难以解决游玩山水与仕宦的矛盾，柳宗元则是带着仕途的创伤，投入山水的怀抱："投迹山水地，放情咏《离骚》。"（《游南亭夜还叙志七十韵》）他的山水田园诗有两类：一类如《构法华寺西亭》、《与崔策登西山》、《界围岩水帘》、《法华寺石门精室三十韵》等，有意模仿谢灵运的精深典奥。"密林互对耸，绝壁俨双敞。堑峭出蒙笼，墟崄临滉漾。稍疑地脉断，悠若天梯往。结构罩群崖，回环驱万象……"（《法华寺石门精室三十韵》）写景刻削工致，造境峭拔，颇近大谢。另一类像《江雪》、《渔翁》，篇幅较短，注意在总体气氛的烘托中突出重点，但在语意方面，也往往显得峭拔："千山鸟飞绝，万径人踪灭。孤舟蓑笠翁，独钓寒江雪。"（《江雪》）鸟飞绝，人踪灭，而披蓑戴笠之翁傲然独钓，无论形象和音韵，都显得生峭。朱庭珍《筱园诗话》云："柳子厚'千山鸟飞绝'一绝，笔意生峭，远胜祖咏（'终南阴岭秀'一绝）之平。"二诗究竟孰胜一筹可以不去讨论，但对照盛唐祖咏的平静从容，确实更能见出柳诗的清峭幽冷。胡应麟曾对南朝至唐的一些山水诗人进行评论说："靖节清而远，康乐清而丽，曲江清而澹，浩然清而旷，常建清而僻，王维清而秀，储光羲清而适，韦应物清而润，柳子厚清而峭。"（《诗薮·外编》卷四）覆按各家的创作,除说韦应物"润"所涵盖的作品不多外,对柳宗元以及其他各家风格的辨析,都是准确的。就作品的精神内质看,在柳宗元的诗中,山水意识和迁谪意识常常融合在一起。故柳诗简淡高逸的气象与孟浩然、王维、韦应物虽有一脉相承之处,但王、孟的冲融和平,柳宗元是没有的,就连韦应物的淡缓也做不到。作为一位政治革新的失败者,他从现实斗争中被放逐到荒远的山水间,"时到幽树好石,暂得一笑,已复不乐"(《与李翰林建书》)。因而无论其山水游记还是山水诗,给人的感觉都不免"其境过清,不可久居"。如其《南涧中题》诗:

> 秋气集南涧,独游亭午时。回风一萧瑟,林影久参差。始至若有得,稍深遂忘疲。羁禽响幽谷,寒藻舞沦漪。去国魂已游,怀人泪空垂。孤生易为感,失路少所宜。索寞竟何事？徘徊只自知。谁为后来者,当与此心期。

诗人为凝集的秋气所包围,虽是亭午,那回风林影仍让人感到暗淡森寒。羁禽鸣于幽谷,寒藻舞于秋涧,更显环境索寞,并触动孤生失路之感。(柳氏在南荒山水中"放情咏《离骚》",不正有如"羁禽响幽谷"吗？)徐增云:"人孤则易为感伤,失路则百无一宜。始慕南涧而来,今则不耐烦南涧矣。"(《而庵说唐诗》卷二)孤独失路不耐烦南涧,自然也就把南涧写得分外索寞。此类诗以唐诗之风韵兼谢灵运式之苍深,但诗心最深处是《离骚》之幽怨。沈德潜曾评柳氏愚溪诸咏云:"处连蹇困厄之境,发清夷淡泊之音,不怨而怨,怨而不怨,行间言外,时或遇之。"(《唐诗别裁集》卷四)所评有助于透过柳宗元山水田园诗外在表征领会它的内在诗旨。但必须看到,柳宗元的清夷淡泊之音只是一部分,而且清夷淡泊之中郁愤是很深的,如:

> 久为簪组累,幸此南夷谪。闲依农圃邻,偶似山林客。晓耕翻露草,夜榜响溪石。来往不逢人,长歌楚天碧。
>
> ——《溪居》
>
> 悠悠雨初霁,独绕清溪曲。引杖试荒泉,解带围新竹。沉吟亦何事？寂寞固所欲。幸此息营营,啸歌静炎燠。
>
> ——《夏初雨后寻愚溪》

说贬居南夷,被迫停止进取(营营)是幸事,说寂寞本来就是自己所欲求的,显然都只能从反面去理解。那种在寂寞无人之境"长歌"、"啸歌",本质上也就是长歌当哭。这种清夷淡泊之下的郁愤正如柳氏自己所说:"庸讵知吾之浩浩,非戚戚之尤者乎?"(《对贺者》)除此之外,柳宗元还有与清夷淡泊几乎相反的风格。一些诗借山水的惊险意象,直抒幽愤之情:"海畔尖山似剑铓,秋来处处割愁肠"(《与浩初上人同看山寄京华亲故》)、"惊风乱飐芙蓉水,密雨斜侵薜荔墙。岭树重遮千里目,江流曲似九回肠"(《登柳州城楼寄漳汀封连四州》),均极其刻苦,感触伤怀,令人惨然。这是由于感情内敛自抑、曲折吞吐已难以做到,需要一泄为快。可见柳诗中山水意识与迁谪意识的融合不主一格,而借山水遣愁、抒情则是一致的。

三、王孟山水田园诗的风貌特征

王维、孟浩然是唐代声名最盛的山水田园诗人,两人的作品在当时和后世都有很大影响。时代的社会生活土壤,对盛唐高度发展的文化艺术营养特别是绘画艺术技巧的吸收,禅学的影响以及盛唐诗歌对兴象、神采的追求等等,这一切使王、孟山水田园诗在风貌上呈现下述三方面特征:

(一)盛唐的时代色彩

无论是盛唐边塞诗,还是盛唐山水田园诗,人们之所以对之产生高度兴味,都与它们所具的特殊时代色彩有密切关系。但边塞诗雄奇豪迈,盛唐色彩非常显眼,与边塞诗相比,山水田园诗清幽宁静,其盛唐色采则需要多费一点辨识的工夫。

先看景物境界。王、孟的山水田园诗虽然多与隐逸有关,但盛唐人的隐与魏晋南北朝以及晚唐人的逃避战乱和厌世不同。王、孟笔下的景物环境与现实社会不是对立或隔绝的,而是相联系相亲和的。孟浩然《过故人庄》的"绿树村边合,青山郭外斜",既是绿树环抱,自成一统,又有城郭之外的青山依依相伴,不显孤独。"开轩面场圃,把酒话桑麻",打开窗户,室内和室外的人事与景物相交融,绿树、青山、村舍、场圃、桑麻和谐地打成一片,构成一幅优美宁静的田园风景画,连宾主的欢笑和关于桑麻的话语,都仿佛萦绕在我们耳边。它不同于与世隔绝的桃花源之虚幻,而是人间现实。又其《北涧浮舟》云:"北涧流恒满,泛舟触处通。沿涧自有趣,何必五湖中?"把家乡的北涧写得很可爱,并不羡慕远离人世的五湖之游。王维的《山居秋暝》"随意春芳歇,王孙自可留",也绝非留在一个与世隔绝之地。"竹喧归浣女,莲动下渔舟",这样的生活场景就出现在诗人眼前。诗人正是为眼前的生活情调和景物之美所陶醉,才一心要留在山居之中。

王、孟笔下的景物环境常透露盛唐时代安定康乐的气息。以经济较为繁盛地区为背景的诗歌,如《渡河到清河作》(王维)、《寒食城东即事》(王维)、《春初汉中漾舟》(孟浩然)、《早发渔浦潭》(孟浩然)等篇,从自然风光到人文景观固然都显得欣欣向荣,就是写寂静的境界也多半给人以和平、愉悦乃至温馨之感。如《鸟鸣涧》便绝非柳宗元那种"羁禽响幽谷",连鸟都带上了羁留幽囚的意味。涧中夜晚的静谧,桂花的芳香以及月出、鸟鸣,融成一个足以令人陶醉和神往的春山幽谷的境界。王、孟还爱写傍晚的情景,但也不是"阴风向晚急"(李昌符)、"落日恐行人"(贾岛)那样惶恐凄寒。王、孟笔下的傍晚是由动到静、由外出到归憩的时候:

> 山寺鸣钟昼已昏,渔梁渡头争渡喧。人随沙岸向江村,余亦乘舟归鹿门……
>
> ——孟浩然《夜归鹿门歌》

在总体静穆的气氛中写黄昏的汉江渡口,熙熙攘攘的渡船,沿汉江沙岸罗列的历历江村,暮色中归向村舍的乡人,可能还有古寺的楼台殿宇,这幅图景中那种恬然走向憩息的意味以及它的时代、地域特征,都不难体会。

> 斜光照墟落,穷巷牛羊归。野老念牧童,倚杖候荆扉。雉雊麦苗秀,蚕眠桑叶稀。田夫荷锄至,相见语依依。即此羡闲逸,怅然吟《式微》。
>
> ——王维《渭川田家》

牛羊归向深巷,老人等候随牛羊返村的牧童,野鸡呼唤伴侣同宿,蚕儿静静地进入休眠期,收工的农夫荷锄回至村头,相见时依依絮语。在落日斜光的照耀下,人和动物都在及时地、惬意地晚归,使身在仕途的诗人心生羡慕而怅然兴感。这种"归"是自《诗经》以来就成为和平安定生活的一种标志(见《诗经·邶风·式微》),而只有盛唐田园诗才能从正面表现出如此饱满的诗意。

王、孟的山水诗还从诗人的风神中表现了鲜明的盛唐时代特征。王维、孟浩然从一些方面代表了他们那个时代,而作为独具特色的诗人和艺术家,他们本身又是由盛唐文化和盛唐社会某些因素造就而成的。王维"纵居要剧,不忘清净"(王缙《进王右丞集表》);孟浩然"朱绂心虽重,沧洲趣每怀"(孟浩然《游亭宴集》)。仕和隐、寄身尘世和隐逸幽栖,在他们的生活中,至少在观念上不那么对立,甚至可以做到协调、融通。这是盛唐特有的一种心态。仕也好,隐也好,主观上都是惟求其适意。客观上彼时隐居不会过分萧条寂寞,入仕也还不致完全扭曲个性。"未绝风流"在当时一些士大夫身上也还有其可能。王、孟的亲近山水,并非矜持做作,既不是给人看的,也不为避世逃名,而是性情和生活中似乎本来就离不开山水。以至黄庭坚打风趣地认为王维有泉石膏肓之疾。他们是山水真正的知音和鉴赏家,同时又不因其性爱丘山而鄙弃人世。在尘世和山水间他们自由往来,显得从容自在,可算是具有盛唐特色的"高人"、"高士"。孟浩然说:"儒道虽异门,云林颇同调","风泉有清音,何必苏门啸"(《宿终南翠微寺》)。他以儒自居,强调儒、道都有云林之好,对于孙登等人遗世索居则颇不以为然。因此,仅是指出王、孟山水田园诗的诗境与人世有密切联系和亲和感还不够,还应进一步看到与之相应的诗人自身也是既怡情山水又亲和人间。尽管王、孟亲和的是一种带理想色彩的农家生活,但由于盛唐社会本身有这样的生活基础,王、孟理想化的农村也就并非是空中楼阁了。

王、孟亲和具有理想色彩的山林和农村,从"隐"的角度看,也是隐在一个临界线上。如果太高,则是庞德公和孙登一类人物,高到没有语言,没有诗,或者纵使有诗,亦将与作为凡夫俗子的一般读者不能产生共鸣。而如果再往下,则又失去林泉高致,不能成为成功的具有魅力的山水田园诗人。试比较王维之隐与白居易的吏隐,便显出巨大差别。白居易分司洛阳,有各种娱乐游宴,基本上是浸沉在市井式的享受中,寻求感官愉悦的成分很重。而王维则是走向山林,更多的是一种精神上的追求与净化。高雅与世俗之分,见出盛唐人和中唐人风貌之不同。而在后世人心目中更富有诗意的则是"泉飞藻思,云散襟情"的"高人王右丞"。

(二)诗中有画

山水田园诗(尤其是山水诗)以自然景观为主要对象。读者在心理上期待的常常是历历如见的山川和农村的景物面貌,有要求山水诗帮助其接近自然的愿望。这种要求发展到高层次时,就产生了以画法入诗的尝试,苏轼说:"味摩诘之诗,诗中有画。"王维不仅作了诗画结合的尝试,并且取得了极大的成功。先于王维的孟浩然,在诗画结合的演进过程中也有一定的贡献。

贺贻孙云:"诗中有画,不独摩诘也。浩然情景悠然,尤能写生。"(《诗筏》)

如果从诗中偶或能够出现画面的角度去看,认为不限于王维一家,意见是对的,但说孟浩然"尤能写生",则未必符合实际。孟诗动态感远比王诗强,时间转换快,情感通过直抒方式或通过听觉等方面感受加以表达的亦复不少,因而以相对静止的画面传情的,在作品中所占的比重远低于王诗。名句如"气蒸云梦泽,波撼岳阳城"、"荷风送香气,竹露滴清响",因或出于想象的夸张,或出于嗅觉和听觉,用画面表达是不可能的,又整首的诗作如《早发渔浦潭》:

> 东旭早光芒,渚禽已惊眠。卧闻渔浦口,桡声暗相拨。日出气象分,始知江路阔。美人常晏起,照影弄流沫。饮水畏惊猿,祭鱼时见獭。舟行自无闷,况值晴景豁。

诗中虽然视觉形象很丰富,但由于时间上不断推转,又杂以其他多种感觉,故所写内容也无法凝定在画面上。

孟浩然在诗画结合过程中的贡献,不在于有多少诗句可以入画,而在于取景比较注意选择,移步换形,变谢灵运之寓目辄书、堆垛密实为清旷疏朗,因而稍见布局。如"绿树村边合,青山郭外斜",上句漫收近境,写绿树环抱村庄四周;下句轻宕笔峰,把视线引开去,写出郭外的青山于远处依依相伴,就使得画面有疏有密,有近有远,显出层次,显出变化。"众山遥对酒,孤屿共题诗",则由远到近,遥遥在望的众山是远景,群朋在江中孤屿上把酒题诗是近景。远景与近景,人物与自然景观相配搭,也是布局非常成功的画面。孟浩然写景物,在直觉印象的把握上,有时和画法暗合,有助于推进诗画结合。如"天边树若荠,江畔舟如月"、"云梦掌中小,武陵花处迷",符合画家俯瞰远处景物的画法。"野旷天低树,江清月近人",依据人在舟中的独特视点,从几种景物的相互关系中写出视觉印象,也绝非一般机械描摹者所能到。

比起孟浩然来,王维不仅有许多诗更接近画,而且在以画家的眼光营造诗境上达到某种自觉的程度。试比较孟浩然《春晓》和王维的《田园乐》其六就可能见出区别。① 孟重在写意,虽然也提到花鸟风雨但并不具体描绘,它的境界是读者从语意中间接悟到的。王诗不但有一层层的构图,而且有鲜明的设色和具体描绘,使读者先见画,后见意。写红桃、绿柳、落花、啼莺,既实实在在,又富于春天的特征,比孟诗一般地写花鸟,更容易唤起图画般的印象。孟诗从"春眠不

---

①王维《田园乐》其六:"红桃复含宿雨,柳绿更带春烟。花落家僮未扫,莺啼山客犹眠。"

觉晓"写起,先见人,后入境,主要通过听觉形象来表现。王诗在入境后才见到人,则主要通过视觉形象来表现。孟诗追求属于纯诗歌艺术的那种时间流动和活泼泼的动态意趣,而王诗追求画面效果的静态意趣。王诗最后写到莺啼,莺啼却不惊梦,山客犹自酣眠,这正是一幅"春眠不觉晓"的入神图画,但仍旧与孟诗不同:孟诗开头"春眠不觉晓",实际上人已醒了,所以有"处处闻啼鸟"的感知和"花落知多少"的悬念,境界可用"春意闹"的"闹"字概括;王诗最后才写到春眠,酣恬安稳,于身外一无所知。花落莺啼虽有动态有声响,只衬托山客居处与心境的宁和,其意趣归之于"静","静"凝定成画面比"闹"容易得多,对照之下,王维在诗画结合上的兴趣和自觉程度明显比孟浩然高。

王维以画家的眼光营造诗境,在视点选择上有多种情况。小诗如果只限于一两个境头,在视点和取景角度上不会出现多大问题。但如果是中景、大景或全景山水,视点问题则比较复杂。在这类诗中,王维所用的往往不是一个立足点、一个视点和一定时间、一定空间的单向透视,而是"集合了数层与多方位的视点"(宗白华《论中国画法的渊源和基础》),对景物进行选择和摄取,形成俯仰上下和不拘前后左右的流动观照。这类作品最典型的莫过于《终南山》:

> 太乙近天都,连山到海隅。白云回望合,青霭入看无。分野中峰变,阴晴众壑殊。欲投人处宿,隔水问樵夫。

一二句是入山前的远眺,三四句是在半山攀登时的视觉感受,五六句是在主峰上的回环鸟瞰,七八句则是走下主峰,身临山涧。诗人经历了一个由远眺而入山,穿过云层,走向青霭,登临主峰,俯览众壑,寻找宿处,巧遇樵夫的过程。诗中不断展示自然景物的不同空间位置及其风光,但把人的立足点与视角全部隐蔽起来。读者只觉得画面应接不暇,而不感到有导游式的解说。诗是时间艺术,画是空间艺术。这首诗通过视点的转换、景物的剪接,把时间过程蕴藏在空间转换之中,使诗画浑然不觉地结合了起来。王维这种视点灵活移动、多向追寻的写景方法,在一些场景和画面较为复杂的诗中,如《渭川田家》、《辋川闲居赠裴秀才迪》、《新晴野望》、《寒食城东即事》等诗中均有所表现。组诗《辋川集》二十首,如果作为反映一个风景区的整体画面看,也可以说是以多个角度取景,把多向视野内的景象,罗列在一个大型画面上。秦观《书辋川图后》曾说他欣赏王维《辋川图》时,"恍然若与摩诘入辋川,度华子冈,经孟城坳,憩辋口庄,泊文杏馆,上斤竹岭,并木兰柴,绝茱萸沜,蹑槐陌,窥鹿柴,返于南北垞,航欹湖,戏柳浪,濯栾家濑,酌金屑泉,过白石滩,停竹里馆,转辛夷坞,抵漆园……"可见王维手绘的《辋川图》是集众多景点于一纸之上,那么他的组诗也可以说是摄多视点的景物于一图。

摄取景物后的进一步问题是构图和布局。王维善于处理景物主从大小远近的关系。《终南山》一开始就写出具有主体性的景物太乙峰。从构图看,在众山盘郁呈向东趋势的背景上,一峰高耸,其他景物都处于从属地位,纵横映衬,形成有机画面。《渡河到清河作》:"泛舟大河里,积水穷天涯。天波忽开拆,郡邑千万家。行复见城市,宛然有桑麻。回瞻旧乡国,森漫连云霞。"主体性的景物是大河一道,其他景物都围绕大河错落有致地铺展。《寒食城东即事》构图布局亦与此诗相近。王维经常指示景物的方位与距离,"屋上春鸠鸣,村边杏花白"、"郡邑浮前浦,波澜动远空"、"鸡犬散墟落,桑榆荫远田"、"郭门临渡头,村树连溪口",诸句中"上"、"边"、"前"、"远"、"散"、"远"、"临"、"连"等字,都具有指示方位(或距离)的作用。至于"开畦分白水,间柳发红桃"等句,则不仅是园林经营布置,从画面的角度,亦有安排景物、指示画法的作用。

王维写光线和色彩常常达到非常微妙的境地:"轻阴阁小雨,深院昼慵开。坐看苍苔色,欲上人衣来。"(《书事》)在创造出微雨深院的幽静境界同时,从色彩的角度看,还写出了雨中绿色的弥漫、浸润、放射、扩展以及人在瞬间因绿色扑人眉宇遂觉所向皆绿的感受。"山路原无雨,空翠湿人衣"(《山中》),通过绿色的冰凉感、润湿感,写出山中难以言状的"空翠"。"日落江湖白,潮来天地青"(《送邢桂州》),日落之际,江湖在落日馀光中粼粼地泛着白色,而涨潮时,贴近水面的馀光已经消失,汹涌的潮头是一片铺天盖地而来的青色。白、青二字不仅极为准确,而且写出光、色的变化与转换。同是写桃花,"桃红复含宿雨",给人以水灵灵的娇艳之感;"水上桃花红欲然"(《辋川别业》),因水的映照,色彩上下烘染,转为艳丽炫目,有欲燃之感。后来白居易"梨花一枝春带雨"和"日出江花红胜火"之句,即可能由此得到启发。

王维善于处理景物之间各种辩证关系以突出效果。《鹿柴》:"返景入深林,复照青苔上。"阳光透过树木浓密的树叶,在地面的青苔上投下斑驳的光影。亮点很显眼,但四周是暗淡的。青苔阴寒的底色笼上一层阳光,通过阳光与青苔、光区与幽暗周边的对照,突出了山林之深晦。"大漠孤烟直,长河落日圆。"借几何形体的辩证关系,使几种景物的形象特征更加突出。"大漠"二句是以线条的清晰为特征的。而"江流天地外,山色有无中"、"森森寒流广,苍苍秋雨晦"、"接天疑黛色,百里遥青冥",则是墨色的渗透晕染,景物的形影彼此朦胧相接,没有鲜明清晰的线界。可见在运用线条墨色上,王维也是视对象的情况辩证地加以处理。王维的诗中有画,在多数情况下用接近实写的方式,但也有纯粹出于虚写的,如"乡树扶桑外,主人孤岛中"(《送秘书晁监还日本国》)、"遥知汉使萧关外,愁见孤城落日边"(《送韦评事》)、"不知栋里云,去作人间雨"(《文杏馆》)、"月明松下房栊静,日出云中鸡犬喧"(《桃源行》)。这些虚写和大量实写相互配合,构成王维心灵中的画境。

(三)韵味与禅意

在开元、天宝诗坛上,与李、杜、高、岑诗歌之富有气势相比,王、孟的山水田园诗则让人感到是从韵味方面给盛唐诗歌增添了魅力。

王、孟对山水和田园的摹写,不仅以"如画"见长,而且于中既见山水田园的精神,亦见诗人的情采风神。王、孟诗中经常提到"兴":"兴来每独往"(王维《终南别业》)、"湖山发兴多"(孟浩然《九日龙沙作》)。作者因兴而起欣赏山水田园的情致,并完成诗歌创作,读者则由诗歌形象进入内在精神,追怀作者的兴致,分享作者的喜悦。这对作品来说,在读者的接受中就产生了韵味。王维的《春中田园作》:"屋上春鸠鸣,村边杏花白。持斧伐远扬,荷锄觇泉脉。归燕识故巢,旧人看新历。临觞忽不御,惆怅远行客。"没有任何渲染,只是淡淡地描述。但从淡淡的色调和人与物平静的活动中,却成功地表现了春天的到来。诗人凭着他敏锐的感受,捕捉的都是春天较早发生的景象,仿佛不是在欣赏春天的外貌,而是在倾听春天的脉搏,追踪春天的脚步。结尾处作者为作客在外无缘享受春中田园生活的人惆怅惋惜,更耐人寻味。这是春天对诗人的感发,而诗人对春之珍惜,对远行人之关切,亦可于言外得之。孟浩然《过故人庄》把恬静秀美的农村风光、单纯朴实的农家生活、真挚动人的人情味融成一片,并且衬托出一个与诗歌情调相一致的精神开朗、性情直率的抒情主人公的形象。尽管诗中描述的层次完全任其自然,笔笔都显得很轻松,但无论笔墨之内笔墨之外都值得深入体会,让人感到平淡中所蕴藏的丰富内涵。较之田园诗,王、孟的山水诗往往韵味更长。孟浩然《晚泊浔阳望香炉峰》:"挂席几千里,名山都未逢。泊舟浔阳郭,始见香炉峰。尝读远公传,永怀尘外踪。东林精舍近,日暮空闻钟。"诗由舟中望见庐山写到缅怀高僧,却无论对庐山景色还是高僧幽踪都未作正面描写。然而从"始见香炉峰"的喜悦和"日暮空闻钟"的怅惘中,传递了诗人的情感。读者受诗人的影响,自然会去想象庐山的幽姿和高僧的幽踪,并产生和诗人类似的"望"而未能即的淡淡惆怅。全诗清空一气,任笔而往,无意于刻画,却馀韵悠然,令人神远。王士祯云:"诗至此,色相俱空。政如羚羊挂角,无迹可求,画家所谓逸品也。"(《带经堂诗话》卷三)王士祯的神韵说也正是以王、孟的这类诗为其艺术标本。

王维山水田园诗中的韵味,还常常与禅趣有关。禅趣的介入,有时候使作者所感受到的境界变得更加富有诗意。《鹿柴》所写的不过是空山人语和透入深林中的返照,景物并不特殊。但从带禅意的眼光去看,那声响,那光照,似乎是从另一世界进入空山幽林,便觉得这境界值得体悟。《木兰柴》:"秋山敛馀照,飞鸟逐前侣。彩翠时分明,夕岚无处所。"整个境界都处在倏忽变化、光影流动之中,秋山的高空晚照,似乎是一种大明之光。飞鸟投向大明之处,也时时得到灵光的拂照。陶潜诗云:"山气日夕佳,飞鸟相与还。此中有真意。欲辨已忘言。"(《饮酒》其五)陶潜忘言,而王维却用诗画结合的高超手段把那种境界形象地再现出来了。《竹里馆》:"独坐幽篁里,弹琴复长啸。深林人不知,明月来相照。"两句写眼前之景,两句写人的活动。没有表达喜怒哀乐,没有写音乐的声情。四句平平无奇,合起来却妙境自出。虽是常景但又超出常景,让人感到这一月夜幽林之境竟是如此静谧,境中之人,又是如此安闲自得,尘虑皆空。外景与内情在几分禅意中泯合无间,融为一体,成为王维独创之境。

禅意的介入给一些境界范围似乎不大的小诗带来一种宁静致远的效果,读王维的诗常常能够感受到那种意中之静、意中之远。《鸟鸣涧》所写的对象是一个山涧,但一轮明月照亮了幽谷,引起谷中鸟鸣,这无疑是由于鸟久久处在幽暗宁静中对月出感到新鲜和刺激,而鸟鸣之后,更是无边的寂静和月色。幽暗中来了一种光照,寂静中生出一种声音,而宇宙是那样深邃、空远,好像一切都融化在永恒的静谧和广漠之中,因而诗境似能给人从此岸世界通向彼岸世界、从刹那通向永恒、从有限通向无限的感觉。

诗人的禅悟常常把精神境界升华了,使认识得到了飞跃,同时也使他所描写的客观景物给人以更高一层的美感。"我心素已闲,清川澹如此"(《清溪》),由清川之澹中对人生获得一种感悟。《辛夷坞》:"木末芙蓉花,山中发红萼。涧户寂无人,纷纷开且落。"描绘了自开自落的辛夷花,似乎感悟到人生亦正如此。辛夷在山中寂寞地开,寂寞地落。无人观赏,也无须要人观赏;无人惋惜,也无须要人惋惜。因为生命本身就是这样,自自在在,自圆自足。甚至无所谓开,无所谓落,无所谓生,无所谓死。这是看破了荣落生死的达观,虽然有几分落漠,但禅的无生观念在落漠中却注入一种超脱乃至崇高的意味。

以禅观物和一般读者以正常的眼光观物有时又能形成有趣的对照。《山居即事》："寂寞掩柴扉,苍茫对落晖,鹤巢松树遍,人访荜门稀。嫩竹含新粉,红莲落故衣。渡头灯火起,处处采菱归"。寂寞掩门之后,当已进入禅定境界,而接下去却写了外在世界那么多活泼的动态景象。循禅学的认识途径,只能指为幻象。但一般读者如果撇开禅学,仅以诗人静观的眼光和平静的心情去看诗中所描绘的景物境界,会感到那种生活环境分外地美好而富有生趣。掩卷思之,也许诗人只是微微有那么一点禅意,实际上并没有完全接受色空观念,否则他又何必去写柴扉或心扉之外的那一片世界?读者这样对诗意和诗人进行揣摩,等于在接受过程中又给诗增添了韵味。

第九章　唐代边塞诗

唐代边塞诗和唐代山水田园诗是两种题材较为特殊的诗歌。它们的取材和反映一般社会生活的诗歌有所不同,而在唐代都得到了充分的发展,产生了具有代表性的专擅作家和大量优秀作品。边塞诗与山水田园诗一方面在唐诗整体风貌中,作为重要组成部分展示出来,同时又各有自己的艺术天地,具有某种相对独立的意味。诗歌发展的特定火候,社会发展的特定阶段,与这两种比较特殊的题材相交会,使这两类诗的创作,在唐代(尤其在盛唐)具备得天独厚的条件,展现出鲜明的时代特色。

一、唐代边塞诗的一般情况

边塞诗从创作主体上看,应该具有边塞意识。所谓边塞意识,是指作者(或抒情主人公)置身边塞所获得的体验与认识,或虽非置身边塞,但具有与边塞军民及其生活息息相通的情思与感受。即使是对边塞的景物、生活进行客观描述的诗,也应该让读者有一种亲历感、气氛感,以见出作者的意识确实进入了边塞。根据对边塞诗这种特征的认识,我们对于边塞诗的内涵和边塞诗的艺术风貌,有可能把握得更准确一些。

边塞诗的时代范围　把边塞诗作为一个时代文学的重要内容加以深入研究,一般只有对唐代文学才采取这种做法。唐代以前,文学史上陆续产生过一些征戍题材的诗,出现过像《敕勒歌》那样歌唱边塞风光的杰作,但从总体上看,歌咏像汉唐大一统以后那种比较严格意义上边塞之作毕竟不多。有的虽用了边疆地名,而实际上在作品中并未体现边塞意识。如沈约《从军行》提到"浮天出鲲海,束马渡交河",其实他所属的梁代,版图只限于东南,跟鲲海、交河相去甚远。因此沈约的诗只不过是借这些地名强调士卒远戍而已,并不能算严格意义上的边塞诗。至于有些征戍之作所体现的尚武报国精神,怨久戍、念家园的情绪,乃至某些表现手法,对唐代边塞诗的创作虽有影响,但这些诗篇的多数,或是不关边塞,或是内容抽象贫乏,甚至陈陈相因地仿制、模拟,未能集中反映边塞的生活与景物风貌。它们零星地散见于文学史上,并不足以从边塞文学的角度划成一种专门的类型。只有到了唐代,特别是盛唐时期,边事活动空前频繁,诗人们受着开放的时代精神鼓舞,同时又具备较多的边塞方面的知识,乃至一定的生活体验,或借乐府旧题而抒新意,或自制新题,发为大量边塞气息浓厚、形象鲜明饱满的诗篇,才构成一个需要冠以边塞诗的专名而不可隶属于其他题材的类型,并争得了文学史上的一席地位。

边塞诗的地域范围　边塞诗反映的地域范围应该限于边疆。有人认为既称"边塞",应该把唐王朝的四边都包括在内。唐代在西南方发生过跟南诏的战争,应该把反映那一带战争和风土人情的诗也称作边塞诗,这种意见是对的。不过,秦、汉、隋、唐等王朝的战争,主要发生在从东北到西北沿长城和丝绸之路两侧展开的地带。中国古代的边塞意识是和这些地方的山川塞堡、风土民情相结合的,边塞之作多以这些地方为背景,因此边塞诗反映的范围,从地域上看主要是从东北至西部边疆。

边塞诗的生活内容范围　边塞诗从内容上看,是以边塞风光和军民生活为题材的诗歌。分而论之,可以包括以下几项:反映边塞风光的诗;反映边塞地区民族战争的诗;反映边塞军民日常生活的诗;反映后方对边塞问题关心及思念边防战士的诗。

唐代边塞诗是在唐代版图空前扩大,唐帝国在边疆地区展开频繁而持久的军事、政治、经济、文化、外交活动基础上产生的。边塞诗的现存数量大约一千多首。这一千多首边塞诗,当然不是全部集中出现于唐代某一段时间,而是初盛中晚四个时期都有一定数量的作品。

初唐边塞诗　内容比较单纯,数量比较少。但跟初唐其他各类诗相比,有它独特的风貌。初唐诗坛受齐梁浮艳诗风影响比较深,但边塞诗较多继承了北朝民歌,乃至建安诗歌的作风,往往显得健拔雄浑。内容虽不及盛唐边塞诗丰富多彩,但由于唐太宗至武则天时期对外战争的自卫性质更突出,军政方面腐败因素较少,初唐边塞诗的献身精神,表现得更为集中感人。杨炯"宁为百夫长,胜作一书生"(《从军行》);卢照邻"须应驻白日,为待战方酣"(《战城南》),意气几出盛唐之上。就作家论,开国之君唐太宗已有边塞之作。虞世南的边塞诗,气骨高古,英爽豪壮,初步显示了唐代边塞之作特具的时代气息。嗣后,四杰及陈子昂的边塞诗更多。骆宾王数度从军,到过陇西一带;陈子昂两次随军北征,两人的边塞诗,无论是在他们自己的诗歌中,还是在唐代边塞诗的发展中，都占有重要地位。

盛唐边塞诗　这一阶段，是唐代边塞诗的高潮期，内容丰富多彩，艺术上高度成熟，名作、名家集中涌现，不仅在唐诗中显得光辉耀眼，在整个中国文学史上也是绝无仅有。从创作方面看，还有两点显得特别突出：一是出现像岑参、高适那样在边塞诗上集中用力的杰出作家。二是边塞意识广泛进入这一时期诗人创作之中，诗人们精神外向，边塞主题成为一切题材中最富有吸引力的热门。盛唐诗人，无论是否到过边塞，无论属于哪一流派，几乎都写有边塞题材的诗，说明盛唐边塞诗跟时代风会有特殊关系。

中晚唐边塞诗　随着唐帝国国防力量下降，版图缩小，国内各种矛盾进一步复杂化、激烈化，诗人们的注意力由外向更多转向内部，边塞诗创作的热潮逐渐减退。退潮，也有一个过程。大历至贞元初，李益、卢纶等的边塞诗，笔力和气象还比较接近盛唐。李益边塞诗达五六十首之多，是唐代边塞诗的重要作者之一。其诗"悲壮宛转……诵之令人凄断"（《唐音癸签》卷七），感伤的情调已经较浓了。其后，边塞诗中浪漫豪情进一步让位给现实主义精神。好一点的边塞诗是追随时代变迁，从边塞这个侧面反映唐帝国的没落。让人看到外患凭陵、领土丧失、边民沦为奴隶的现实。因为北方藩镇割据，唐朝廷较多地经营包括岭南在内的南方地区，在滇、蜀交界处，需要多方面应付南诏。由此而来，反映西南边疆的诗，在中晚唐数量增多。南疆诗就其所体现的边塞意识看，不如北疆诗强烈，当然，南北风土人情不同，边塞意识的具体内容也很不相同。

在对边塞诗的评价上，最容易引起不同意见的是这类诗涉及到边战时应如何看待的问题。有人曾认为唐玄宗开元、天宝时期的战争，多半是黩武战争，因此文学史上对边塞诗的肯定是错误的。这种看法不够妥当。唐代边塞诗写到战争的只是其中一部分，大量不涉及战争的边塞诗，如歌唱塞外景物、风俗、人情，写战士的戍守生活、家属的思念情绪等，一般说来，都没有理由把他们和战争扯到一起。就是写到战争，多数作品所表现的，也往往是经过典型化了的当时人们对边境战争的感受，而非某次具体战争。如王昌龄《从军行七首》其四："青海长云暗雪山，孤城遥望玉门关。黄沙百战穿金甲，不破楼兰终不还。"谁能肯定它是以某次战役为背景，并进而根据这次战役性质，给这首诗定性？这是说不少涉及战争的边塞诗，我们很难把它和某一次具体战役联系起来，一般地只能根据诗中所表现的思想情绪，去加以认识。至于一部分写到了具体战役的作品，用战争的正义性或非正义性去给作品定性，是不是一定就妥当呢？也未必妥当。因为诗歌是以艺术形式反映生活的，写了战争的诗，不一定代表对战争的全面性的政治评价。它反映的往往是某些人在某种特定环境条件下对该战争的情绪和态度。比如某次战争是正义战争,但在封建时代,战争是由封建统治阶级去组织和指挥的,这种正义战争中还可能包含有种种阴暗面,诗人们对其中的阴暗面加以揭露和谴责,仍然是可以的。如常建《塞下》:"铁马胡裘出汉营,分麾百道救龙城。左贤未遁旌竿折,过在将军不在兵。"并不因为解救龙城的战争是正义的,就不能揭露战争的失利和在指挥方面有过失的将军。同样,即使是取得了重大胜利的正义战争,如果诗歌在加以反映时,过分地歌颂杀戮,血腥味太重,我们也没有理由去过多地肯定它。另外,战争还牵涉到一系列复杂化的民族关系问题,牵涉到多民族国家形成过程中的种种复杂因素与背景。如汉武帝时卫青、霍去病大破匈奴,解除自秦以来匈奴对北方的严重威胁,应属于正义战争。但匈奴民歌却说:"亡我祁连山,使我六畜不蕃息。亡我焉支山,使我妇女无颜色。"反映匈奴民族对他们长期居住的山川的热爱,对汉王朝与之争夺这一地区表示怨恨。我们并不能因为汉王朝方面基本上是正义的,就轻率地否定这首民歌。又如天宝八载,唐朝将领哥舒翰以数万士卒的生命作代价,攻下了吐蕃据守的石堡城,李白在《答王十二寒夜独酌有怀》诗中加以谴责:"君不能学哥舒,横行青海夜带刀,西屠石城取紫袍。"这种谴责是正确的。但当时边疆地区的民歌却歌颂了哥舒翰:"北斗七星高,哥舒夜带刀。至今窥牧马,不敢过临洮。"(《西鄙人歌》)从哥舒翰打败了吐蕃,使吐蕃不敢觊觎边疆骚扰边地居民的角度赞扬了哥舒翰,也是有道理的。因此,战争的性质与有关边塞诗的评价,二者之间不存在机械的对应关系。至于唐玄宗开元、天宝时期在西北边疆与吐蕃之间发生的战争,焦点是为了争夺河西走廊以及对于青海以东和新疆地区的统治权。具体到某一次战争是由哪一方发起的,情况比较复杂,但从总的方面看,唐王朝基本上是正义的。当时的多数战争,有利于西北和新疆一带各民族人民的生产和生活,有利于维护祖国统一。因此,盛唐两位最重要的边塞诗人——岑参、高适秉笔从戎、佐幕边陲,在诗中抒发他们从军报国的热忱,歌颂当时边防将士的功业,从主导方面看,还应该给以肯定。总之,我们对于唐代边塞诗,要历史地、具体地加以分析,要从我们多民族国家的历史和现状去考虑,而不要拿某些机械的公式去套。

二、战士之歌和军幕文士之歌

作为边塞诗创作成熟期的盛唐,时间长达半个世纪,留有名篇和一定数量边塞诗的作者至少有十来家,而过去常常习惯于把他们整体化,忽视辨识不同类型的作品,较少注意不同作家群的各自创作倾向,对边塞诗在高潮过程中的变化发展缺乏认识,不少问题在对象范围上也未能予以应有区分。针对这些情况,有必要从盛唐边塞诗的分类研究入手,把问题引向一些应予辨析,而不宜粗略笼统地对待的方面。以下拟从边塞诗中提出两类作品加以讨论:一类出自社会上一般诗人之手,抒情主人公可以看作边防士卒,不妨称之为战士之歌;另一类是被辟聘到边防节度使幕府中的文士之作,抒情主人公即作者自身,可称为军幕文士之歌。这两种类型当然不足以概括边塞诗的全部,如高适《信安王幕府诗》、杜甫《送高三十五书记》一类酬赠之作,作者身份在诗中表现得很明确,抒情主人公既非战士,亦非幕府僚属,自然不能列入上述两类诗中任何一类。还有些诗,内容主要陈述边事,但诗人不是托士卒口吻,而是以能为朝廷筹画安边良策的才智之士自命,身份和语气也显然别是一样。但这些作品数量较少,边塞诗中在思想和艺术上最有代表性的作品,仍然以属于战士之歌和军幕文士之歌两种类型为多。因此,讨论一下这两类诗各自的艺术风貌及其产生的条件背景,可能会使我们对某些问题在认识上得到深化,或者可以进而窥见边塞诗发展的某些重要环节以及与当时政治军事制度演变的相应关系。

战士之歌,从作者看,虽然并非真正是封建社会中处于文盲状态的战士,而是文化修养较高的诗人。但盛唐诗人在时代风气的影响下,多向往从军出塞,关心边防问题,他们对征人的生活和思想并不陌生。为了要深入到边塞问题内部,多方面地表现军旅生活,为了将战争给社会特别是下层人民所带来的影响写得如同亲身感受,他们常常设身处地,体贴着征人的情怀,托征人及其家属的口吻进行抒写。这类诗从反映现实角度看,在一定程度上能够代表战士及社会某些阶层围绕战争问题所产生的复杂情绪。至于少数纯粹出于承袭乐府旧题,内容浮泛,与战士生活思想很隔膜的作品,当然不属所论范围。

可以看作是战士之歌的盛唐边塞诗,除李白、王昌龄、李颀、王之涣、王翰、常建等人的有关作品外,杜甫的《兵车行》、《前出塞》、《后出塞》,王维的《少年行》、《陇西行》等篇,都可以归入这一类型。高适前期,两次到过蓟北,给边塞幕府僚属呈献过一些作品,又曾在若干诗中自比为有安边韬略的孙武、吴起,这类篇章,当然不属战士之歌。但高适其他一些作品,特别是最杰出的《蓟门五首》和《燕歌行》,却颇能表现战士的生活情绪和愿望,《蓟门五首》中像"羌胡无尽日,征战几时归"、《燕歌行》中像"相看白刃血纷纷,死节从来岂顾勋",都可看作战士的自白。因此,把高适前期这一部分最有价值的作品,归入战士之歌一类加以讨论,应该是可以的,有助于我们更清楚地考察和认识盛唐边塞诗。

战士之歌的边塞诗,首先表现的是报效国家的精神以及争取边疆安定和平的愿望:"孰知不向边庭苦,纵死犹闻侠骨香。"(王维《少年行》其二)"黄沙百战穿金甲,不破楼兰终不还。"(王昌龄《从军行七首》其四)无论是豪迈乐观、直抒为国捐躯的荣誉感,还是深沉坚定、抒写豪情而不回避战争的艰苦,都显得壮气凌云,充分表现盛唐时代民族精神的蓬勃高涨。人民参加战争,目的是为了抵御侵略,保卫国境四周的安全。所以抒发战士的英雄气概,在具体作品里,又常常与争取和平的强烈要求结合在一起。"转战渡黄河,休兵乐事多。萧条清万里,瀚海寂无波"(李白《塞上曲》)。"转战"与"休兵"统一在一起,虽然透露出坚强的民族精神,却只有对和平统一的追求,而丝毫没有杀伐之气。这种追求有时化为理想色彩更浓的憧憬:"玉帛朝回望帝乡,乌孙归去不称王。天涯静处无征战,兵气销为日月光。"(常建《塞下曲四首》其一)借汉武帝时与乌孙的融洽关系,展开想象,让民族之间友好团结的精诚,消尽战争的阴霾。愿望之美好,达到了封建时代广大士兵考虑民族问题所能及的最高限度。

由士兵眼里去看边塞,特点是有下层人民对问题的深入体察和实事求是的批判精神。所以即使是在封建盛世,仍然可以从开元、天宝年间的边塞诗中看到对有关问题的冷静思考乃至多方面揭露:"秦时明月汉时关,万里长征人未还。但使龙城飞将在,不教胡马度阴山。"(王昌龄《出塞二首》其二)似乎有一种脚踏实地的精神,使征人在离家万里、长期征戍中冷静地思考着。他们的情思远溯秦汉,对征戍的意义进行历史性的推求;他们怀念古代名将,透露出对现实问题的认识和态度。联系盛唐许多其他边塞之作,可以看出广大战士对于军政腐败、将帅不得其人,深为不满。诗中有的直斥,"左贤未遁旌竿折,过在将军不在兵"(常建《塞下》);有的仅叙事而贬意自见,"将军降匈奴,国使没桑乾"(王昌龄《代扶风主人答》);有的把将官平时的骄态与战时的窘相加以对照,"身当恩遇常轻敌,力尽关山未解围"(高适《燕歌行》)。这些将军在战场上威信扫地,而在军中则享乐腐化,不恤士卒:"战士军前半死生,美人帐下犹歌舞!"(高适《燕歌行》)将军宴安骄纵,士卒生命涂炭,军中阶级对立乃是普遍现象。诗人们一再抒写对于秦汉时名将李牧、李广等的怀念,正是基于这一背景。

在"死是征人死,功是将军功"(刘湾《出塞曲》)的封建时代,将军们经常只顾军功,不顾士卒性命,哥舒翰屠石堡城取得封赏就是一例。而且有些战争即使完全正义,由于封建制度下难以避免的军政腐败,死亡也往往过重。"昔日长城战,咸言意气高。黄尘足今古,白骨乱蓬蒿"(王昌龄《塞下曲四首》其二)。"意气高"出于战士的报国热情,但战争本身却不是以少胜多,而是死伤惨重。"龙斗雌雄势已分,山崩鬼哭恨将军。黄河直北千馀里,冤气苍茫成黑云"(常建《塞下曲四首》其三)。死而有弥天盖地的"冤"和"恨",正是由于伤亡过甚。战争无有休止,代价如此之重,从唐王朝一边看,不能不归罪于统治者制置边疆失策,或因贪欲而黩武。杜甫《兵车行》中的战士沉痛诉说前线"流血成海水"和后方"千村万落生荆杞"的景象,怨恨"开边意未已"的唐玄宗。李颀《古从军行》中的战士心情极苦,一方面"闻道玉门犹被遮,应将性命逐轻车";另一方面眼前的景象是"胡雁哀鸣夜夜飞,胡儿眼泪双双落"。要执行皇帝的意旨,就要残杀无辜。进退两难、富有人道精神的战士,不仅从自身,而且从少数民族的角度提出令人怵惕的问题,揭露了黩武者视各族人民生命如草芥的贪残本性。

　　当然,在漫长的历史过程中,挑起战争的责任,并不只是在汉民族统治者身上。边荒游牧部落的奴隶主贵族,也常常觊觎中原,所谓"匈奴以杀戮为耕作"(李白《战城南》)并非完全夸张。以战止战也还是需要的。但即便如此,也不能靠放手杀戮来解决问题。"苟能制侵陵,岂在多杀伤!"(杜甫《前出塞九首》其六)"乃知兵者是凶器,圣人不得已而用之!"(李白《战城南》)要求安边应有正确的方针政策,要在"不得已"的前提下有控制地使用武力,则无疑是正确的。

　　综观盛唐时期诗人们所写的战士之歌,可以说围绕民族关系和战争问题所作的反映是充分深入的。既反映了当时奋发进取的民族精神,也反映了战争本身的严酷性以及所暴露出来的一系列矛盾。受着诗人生活和认识水平的限制,虽未能说尽征人所要说的一切,但他们在创作此类诗歌时通常总要按照征人的方式去思考和表述问题,由于有着这种主观努力,作品的现实性和人民性增强了。这些诗一般不是呈献给达官贵人们看的,而是"传乎乐章,布在人口"(靳能《唐太原王府君(之涣)墓志铭并序》),由社会去鉴别品评,可以说是以征人为本位,以社会为知音。对于征人和社会大众来说,它有依属性,但另一方面它又获得了更大的自由,它不必过多考虑某位将军或权要的反应,只求言征人之所欲言,想征人之所欲想。敢于揭露真相,直抒怨苦,是这类诗可贵的思想特色。

　　战士之歌是诗人揣摹体会边防戍卒的情怀而写出的作品,因而这类诗从抒情主人公与作者关系看,有不少与唐诗中的宫怨、闺怨以及另外一些题材的旧题乐府相近,都多少带有"拟"、"代"的倾向。战士之歌中作为抒情主人公的征人,与诗人"自我"是矛盾统一体。因为作品出自诗人之手,不可能没有"自我",但是"自我"一般不能直接表现,而必须融化到诗的抒情主人公亦即征人的血肉中去,才不致妨碍这类诗所必需具备的"征人本位"。亦此(诗人)亦彼(征人),要使情感在彼此之间能够沟通,且彼方所代表的又不是特定的某甲或某乙,而是千千万万个征人,因之这种创作便和诗人在某种场合触物兴感的抒怀篇章有很大区别。在战士之歌里,非常具体的时间、地点一般是没有的,所写的情或事,也要求能让人联想到更多的生活场面,触动更广泛的情绪。写作这类诗时,诗人致力于典型概括的意识,往往更为明确。它在表达上的含蓄蕴藉,思想感情的丰富性、多重性等方面,达到了很高的水平。为了逼肖征人或下层人民的声口,深入人心,诗人还特别注意向民歌学习,多采用乐府诗题,使作品具有军伍和民间气息,富于音乐性。

　　诗人为边防士卒歌唱他们的生活和情怀,也难免有其局限的一面,这主要是生活体验带有间接性。就盛唐诗人与边塞接触的情况看,以高适、岑参实际生活体验最为丰富,高适除天宝后期从事哥舒翰幕府外,早年两次北上蓟门,对边塞的考察也是比较深入的,他的《燕歌行》写边塞征战生活,比一般战士之歌要深切得多。高、岑以外的诗人,王维于开元二十五年出使凉州,任过短时间的判官。崔颢于开元后期,可能在河东军幕一度任职。张谓于天宝末从事封长清幕,但其现存边塞诗当写于此前,他早年曾有蓟州之行。① 李白出川后,东北到过幽州,西北仅至邠、坊。王昌龄到过泾州、萧关一带。王翰家居并州,宦游至魏州,又似曾客游河西。王之涣足迹曾及蓟门。至于李颀、常建、刘湾尚缺乏到过塞垣的可靠证据。总之,盛唐诗人们写战士之歌时,闻见所及未能超出东起幽并、西至陇右的长城一线。曾经涉足边塞的诗人也多属旅游性质,时间不长。他们写战士生活固然多凭借间接经验,写景比较虚括,也不完全出于上面曾提到的艺术上的原因,缺少亲见亲闻应该是同时助长了这种倾向。如果单从缺点方面看,古塞、长城、大漠、风霜这些景物意象,在边塞诗里反复出现,像是舞台上习见的背景和道具,虽然由于作家的意匠经营,往往构成具有高度美学价值的境界,但几种意象一再组合,总难免雷同。让人不容易看到更加真切丰富的边塞景物和风俗人情。所以,上述这类边塞诗,自然要由诗人们的阅历给它构成一种局限。我们试看中晚唐的许多边防题材的诗作,几乎只是在盛唐战士之歌的成就范围内踏步,有的甚至近于模拟,便更可悟出如果不在生活和视野上有更大的扩展,也就难以越过王昌龄、李白等人的藩篱。

　　人们的创造是在一定的历史条件下进行的。这些历史条件论其充分完满的程度,在具体到某些人的时候,又总是相对地存在差次。王昌龄、李白等人创

---

① 参看傅璇琮《唐代诗人丛考·张谓考》。

作边塞诗,一方面继承借鉴了前代征戍题材的作品,一方面更主要的是他们当代政治、经济、军事、文化诸条件下的产物。在边塞诗创作的高潮中,如果按照它自身发展来划分阶段,王昌龄、李白等人的战士之歌,多数写于天宝中期以前,相对于岑参、高适的西北边幕之作,为时更早一些。这一阶段,诗人们秉受时代风会,写了大量艺术上成熟完美的边塞诗,同时又留下了很广阔的天地有待开发。另外,王昌龄、李白等人写战士之歌,只不过是他们诗歌创作中多方面的题材之一,带有兼而为之的性质。待至岑参、高适等人系身幕府时,从他们作为诗人的角度去看,写边塞诗则是致力的专门对象。由众多的人兼而为之,到集中若干有更多便利条件的人去专攻,这也符合事物发展的一般进程。而总的说来,王昌龄、李白等人的边塞诗,在思想和艺术上虽有其独到之处,他们的优长并且有助于我们对照认识岑参、高适另一类边塞之作的缺点,但只要我们愿意承认王昌龄、李白写边塞诗确有为他们自身经历和见闻所囿的情况,就不难看到岑参、高适西北边幕之作,在成就上是属于突破性的,形成对边塞诗发展的又一次大开拓。

　　岑参、高适的边幕之作是以更加充实而多方面的边塞军旅生活体验为基础的。此前,崔颢从事河东幕府写过《古游侠呈军中诸将》等篇,王维羁留凉州幕府写过《使至塞上》等篇。特别是王维对凉州一带风俗民情的描写,以及“大漠孤烟直,长河落日圆”那样极其真切地再现边塞风光的名句,已经预示着边塞题材到从事军幕的杰出诗人手里,将会有重大突破。只是王维由于历时短、作品不多,至高、岑才将这种预示推进为现实。岑参多次往来于天山南北,他们那种秉笔从戎、佐幕边陲的实际感受和多方面的丰富见闻,是王昌龄、李白等人缺乏的。因而在创作上自然能如龙宫探宝,获前人所未获。当然,高、岑二人单论其西北边幕之作,成就是有悬差的。高适入河西幕之前和在河西时期的边塞诗,约分别为二十首、二十二首;岑参在安西、北庭期间约有七十七首。① 高适边幕之作,数量虽不及岑参丰富,但仍略多于他自己前期的边塞诗。关键是他这一阶段的作品,无论与岑诗、还是与自己早年的边塞诗相比,都显得逊色。这可能因为高适不仅是一位诗人,更是一位政治军事实干家,入河西幕后精力主要牵缠于军政事务,创作兴致没有前期那样浓了。但尽管如此,他在河西幕府诗中多方面表现出来的对于彼时彼地军旅生活和边塞风光的实际感受,还是别人所不能代替的。不光是由于岑参,同时也由于有高适边幕之作加入,才完成了由

①此系据刘开扬《高适诗集编年笺注》及陈铁民、侯忠义《岑参集校注》所作的统计。

王维开端的对于边幕诗创作具有极重要意义的大扩展。而高适无论在战士之歌的创作还是在军幕文士之歌的创作方面,都是一位重要诗人。

军幕文士之歌已不像战士之歌那样,在创作上有"拟"、"代"的倾向了,它是属于作者直抒所历所感的一类。诗中的抒情主人公不再是普通的征人,而是军幕文士。这些文士和后代官僚幕府中的帮闲人物不同,他们有不少是有血性的男儿,有理想,有抱负,有健全的体魄、报国的热情。"浅才登一命,孤剑通万里。岂不思故乡,从来感知己"(高适《登陇》)。因受朝廷一命之拜和感怀知己的信任,即仗剑离乡,不辞万里之劳,正是慷慨奋发、积极用世精神的表现。"侧身佐戎幕,敛衽事边陲。自逐定远侯,亦著短后衣。近来能走马,不弱幽并儿"(岑参《北庭西郊候封大夫》)。文士已著上了一半军人的风采。诗人不免自矜,而自矜中正透露了秉笔从戎的喜悦。似乎由于他们在边疆感到功业不难建立,生活待遇亦较一般战士不同,因而情调也更高昂。他们当然并非没有久戍塞外的复杂情绪,但并不流于缠绵凄恻:"勤王敢道远,私向梦中归。"(岑参《发临洮将赴北庭留别》)"送子军中饮,家书醉里题。"(岑参《碛西头送李判官入京》)运刚于柔,前者把公私两端的主从关系限制得非常严格,在克制中显得坚毅和韧性;后者在醉里题写家书,更把绵绵深情和倚酒自持的刚气统一在一起。这些文士在独处和思念家室时情调并不低弱,而众人会集在一起时,更能激发意气:"……琵琶一曲肠堪断,风萧萧兮夜漫漫。河西幕中多故人,故人别来三五春。花门楼前见秋草,岂能贫贱相看老。一生大笑能几回,斗酒相逢须醉倒!"(岑参《凉州馆中与诸判官夜集》)多么兴会淋漓,豪气纵横!他们有感于时光流逝,功业未建,但不叹老嗟卑,感伤唏嘘,而是表现出积极奋发的人生态度。豪饮、大笑和"岂能贫贱相看老"的感慨,都基于一种对前途、对生活的信念,有着能够掌握自己命运的坚强心志。他们怀抱功名欲望,但不加隐讳,显得开朗而有进取性。透过这些作品,不难觉察到,感应着盛唐的时代精神,这些富于血性的男儿脉管该搏动得多么有力!岑参、高适所描绘的军幕文士形象,有着丰富的精神生活,他们欣赏着大自然在边塞上所显示出的伟力,吟唱着那里的火山、热海,由于经受鞍马风尘、冰川戈壁的锻炼,心志变得更加开阔坚强。"倚马见雄笔,随身唯宝刀"(高适《送蹇秀才赴临洮》)。文质彬彬与英雄气概的结合,是其特色。这类形象,与李白、王昌龄等人笔下的战士形象,在唐诗形象画廊上都占有重要地位。比较起来,战士形象虽然丰富多样一些,并且也有自己时代的鲜明特色,但作为一种类型,在前代军事题材的作品中,毕竟曾经出现过,而岑参、高适诗中的军幕文士,在唐诗形象系列中则属于比较新的类型。

　　得益于边塞生活体验的广度和深度，岑参、高适笔下更加丰富多彩地展开了边塞军中生活和战争场面。如写鞍马征行的苦辛，在河西沙碛是"马走碎石中，四蹄皆血流"（岑参《初过陇山》）；在酷热的吐鲁番盆地则"马汗踏成泥"（岑参《宿铁关西馆》）；在焉耆一带的冰上是"秋冰鸣马蹄"（岑参《早发焉耆》）；在更远的西部地区又冷得"石冻马蹄脱"（岑参《轮台歌》），这些多样化的描写，如未曾在西域军中多处驰驱，是绝难想象的。诗人笔下的征战生活，尤其令人切实感到紧张而艰苦："将军金甲夜不脱，半夜军行戈相拨，风头如刀面如割。马毛带雪汗气蒸，五花连钱旋作冰，幕中草檄砚水凝。"（岑参《走马川行》）大笔挥洒以出，风发泉涌。对边塞生活的极度熟悉，使一连串非凭空臆想所能有的细节描写，得以连翩接踵，奔注笔端。又如写蕃汉将领欢聚宴饮和骑射角逐活动："军中置酒夜挝鼓，锦筵红烛月未午。花门将军善胡歌，叶河蕃王能汉语。"（岑参《与独孤渐道别长句》）"九月天山风似刀，城南猎马缩寒毛。将军纵博场场胜，赌得单于貂鼠袍。"（岑参《赵将军歌》）唐代边防军中多隶属有习于征战的少数民族部落，西域驻军中蕃汉杂处的情况无疑更为普遍，但这样多种民族融洽乐和的场面，只有在岑参诗中才能见到。它不像张谓《塞下曲》那样理想化，却更为现实，给读者以出于耳闻目见的亲切感。

　　岑参、高适的诗第一次大量地把西北山川景物乃至某些风习人情介绍给了中原地区的读者。天山、火山、热海、铁关、走马川、百丈峰等山川塞堡都历历如见地出现在他们用诗笔描绘的西北地区山水长卷上。在这一类诗中，有的描绘奇丽多姿的塞外奇观，如"火云满山凝未开，飞鸟千里不敢来"的火山；"忽如一夜春风来，千树万树梨花开"的八月大雪；"海上众鸟不敢飞，中有鲤鱼长且肥"的热海等。这些诗虽然语词和精神是浪漫的，多大胆的夸张、惊人的想象，但有真切的生活体验为基础，奇中见实，让人感到诗中展开的是一个真实具体的天地。有的景物虽未必瑰奇峭丽，却为边塞地区所特有，非肤泛涉笔所能道出。如："朝登百丈峰，遥望燕支道。汉垒青冥间，胡天白如扫。"（高适《登百丈峰二首》其一）"立马眺洪河，惊风吹白蒿。云屯寒色苦，雪合群山高。远戍际天末，边烽连贼壕。"（高适《自武威赴临洮谒大夫不及》），赵熙批前首诗的三四句："青、白二字奇妙。"（刘开扬《高适诗集编年笺注》引）但若不亲登百丈峰，决难看到工事筑上高入青冥的峰顶与天空"白如扫"的情景。后一首诗写在临洮立马眺望附近的山河及边防线，景象极为真切，特别是所述的那种敌我烽戍相连的状况，前此似尚未经人道。相形之下，高适自己早年《燕歌行》中的"边庭飘飖那可度，绝域苍茫何所有"等描写，亦不免稍嫌虚括。有的则属于塞外特产和少数民族的文化歌舞,如"叶六瓣,花九房,夜掩朝开多异香"的优钵罗花;"回裾转袖若飞雪,左㩻右㩻生旋风"的北㩻舞等。类似以上描写,在诗坛上确实如辛文房所说,"唐兴罕见此作"(《唐才子传》评岑诗),但从诗歌反映社会现实的角度看,反映玉门关以西广大国土的自然面貌与风俗人情的要求,至少从唐太宗在西域设置安西都护府时就开始了。这种时代要求,经过一百多年,到岑参、高适佐幕边陲时才得实现。使边塞诗反映的地域,由局限于长城一线,扩展到天山南北,这本身就是在文学扩大题材范围、适应现实要求方面迈出的重要一步,意义已不仅限于边塞诗。

在艺术上,岑参、高适的西北边塞之作因出于实际见闻和感受,不再是大量借助间接得来的材料去揣摩悬想,故能进一步改变那种写情写景比较虚泛概括的状态,有着更多的具体性和真切感。生活体验的充实和素材的丰富,要求作品在艺术形式上有充分的自由,所以他们在西北的诗作,很少沿用乐府旧题,有更大胆的创新和尝试。岑参的《轮台歌》、《走马川行》、《热海行》、《白雪歌》等即事命题,叙述和描写较多,已经多少接近了杜甫等人的新题乐府。在音节声调上,两人的诗遒劲悲壮,较王昌龄等悠扬宛转的边塞七绝,军伍和征战气氛显得尤为浓烈。《走马川行》三句一转韵,转韵之中又句句用韵,更不免受了西域歌舞"左㩻右㩻生旋风"式的急节多变的影响。① 由于他们在诗歌内容和艺术上的拓展,境界独辟,且诗中抒情主人公已不再是类型化的征人,而是从事于军幕的作者自身,遂使得许多作品艺术个性也更鲜明突出。

在充分估价岑参、高适军幕文士之歌对于边塞诗重大开拓之功的同时,我们不能不看到事情复杂性的一面在于幕僚的身份又给他们的作品带来某些局限。边帅僚属的根本弱点,是对幕主亦即主帅的依附性。他们受使府辟聘,将来出路也往往要靠府主荐举,"先辟于征镇,次升于朝廷"(白居易《温尧卿等授官赐绯充沧景江陵判官制》),与府主结成升沉与共的关系。如岑参在安西得悉封长清因败于安史叛军获罪时,就忧心忡忡地悲叹:"将军初得罪,门客复何依?"(《送四镇薛侍御东归》)正是这种依附关系,使他们难免不在诗中对主帅常有谀颂之词,一方面固然是出于感激之情或为了博取主帅的青睐,另一方面也不免有意为主帅吹嘘军功,广造舆论。所以在对待自己所依附的将帅以及有关战争问题上,他们很难像未入幕的文士那样冷静客观。如对于哥舒翰的军功,李白、杜

①沈德潜《唐诗别裁集》卷五于此篇下云:"句句用韵,三句一转,此《峄山碑》文法也。"岑参取法《峄山碑》的可能性是存在的,但此诗写西域歌舞,不能不考虑西域歌舞在音节上对诗人创作的直接影响。

甫持批判态度,而高适则大加颂扬。高适与李、杜在这一问题上固然存在明显差异,即在高适自身,前后期也形成对照。前期北游幽蓟、送军青夷,那时身份自由,观察问题的角度接近于一般士卒;而后期入河西幕府,情况就变了。前期诗:"汉家能用武,开拓穷异域。"(《蓟门五首》其二)对玄宗开边分明有微词。后期却把开边看成壮举:"上将(哥舒翰)拓西边,薄才忝从戎。岂论济代心,愿效匹夫雄。"(《奉寄平原颜太守》)究竟要追随上将把边土拓向何处呢?《九曲词三首》其三中有"铁骑横行铁岭西,西看逻逤(今拉萨)取封侯"之句,竟至把吐蕃首府视为进取目标,虽说不免夸大其词,但起码是不以攻下石堡城和九曲为满足的。高适为布衣时,面对广武古战场曾发出"缅怀多杀戮,顾此增凄怆"的慨叹,在哥舒翰幕下却歌颂残杀。"泉喷诸戎血"、"头飞攒万戟"(《同李员外贺哥舒大夫破九曲之作》)等一类描写,血腥味未免太重。高适前期《燕歌行》等诗,抨击边帅骄纵,同情士卒疾苦,及至河西幕府,这方面竟不见一语。史载:哥舒翰"好饮酒,颇恣声色"(《旧唐书·哥舒翰传》)。安禄山叛军攻潼关,哥舒翰兵败降敌后,高适在玄宗面前为之辩解时曾指出:"监军诸将不恤军务,以倡优蒱簺相娱乐,浑陇武士饭粝米,日不餍。"(《新唐书·高适传》)据此可以推知军士们先时在河西、陇右的境遇也应大体相近。高适河西诸作,对此不仅未能有所反映,且在歌颂杀伐的同时,有不少诗把军中描写得歌舞升平,未免较前期后退了一步。高适如此,岑参在安西、北庭写诗也暴露出和他近似的弱点。岑参《武威送刘单判官》诗中说:"曾到交河城,风土断人肠……夜静天萧条,鬼哭夹道旁。地上多髑髅,皆是古战场……苍然西郊道,握手何慨慷。"这是朋友之间的赠诗,真心话较多,说明他想到战争的残杀,心里也是悸痛的。联系这些作品再去看他《献封大夫破播仙凯歌六章》中那样血淋淋的描写和庸俗的吹捧,就不难发现作为军幕文士对于主将常常是多么不假深思地信口颂扬。岑参诗中多处描写了将军和边防长官奢侈的生活,有人把它说成揭露,殊无根据。实际上这些描写多半是他在为边塞将军们唱赞歌时连带而及的。作为军中生活的真实记录看,自有价值。但作者的态度一般不是揭露,而是欣赏,并常常借以衬托边将的身份气派。现存岑参居北庭封长清幕府期间诗约四十馀首,直接标明奉献封长清之作即有十二首。"何幸一书生,忽蒙国士知"(《北庭西郊候封大夫受降回军献上》)、"幸得趋幕中,托身厕群才"(《登北庭北楼呈幕中诸公》)、"吾从大夫后,归路拥旌旗"(《陪封大夫宴瀚海亭纳凉》),感戴知遇和追随主帅的意识这么强烈,就决定了军幕文士一般对于主将的武功只能是抱欣赏颂扬的态度。在上文述及的战士之歌中,即不乏对边帅的直斥,更常有借怀念古代名将批判现实中将帅的作品,可是高、岑幕府诸作却另是一种写法："天子预开麟阁待,只今谁数贰师功!"(岑参《献封大夫破播仙凯歌六章》其一)"汉将乃儿戏,秦人空自劳!"(高适《自武威赴临洮谒大夫不及》)对比之下,秦汉将领都远不及自己的主帅,由借古讽今,变成了贬古颂今。这种变化不是由于边疆现实状况有根本变化,而是由于高、岑处在幕僚的地位上写诗。当然,如不苛责古人,应该承认高适和岑参一生行事还是较有节气和见识的;哥舒翰、高仙芝、封长清天宝后期镇守西北边疆,也各有贡献。所以高、岑某些不恰当的颂词,对他们边塞诗的总成就尚不能构成过大的损害。何况边塞诗并不等于都是边战诗,边战的性质和涉及到有关这些战争的诗歌,在评价上也不构成简单的对应关系。高、岑边幕之作,跟具体战争有牵连的毕竟是少数,更大量的是对边塞生活和风光的多方面展示,是抒写他们秉笔从戎的情怀和种种实际感受,那丰富的、活生生的艺术形象,才是对读者最能起作用的东西。我们将其某些局限毫不隐讳地予以指出,跟充分肯定他们在边塞诗发展上的重大贡献应该是不矛盾的。

　　文艺创作总要受着时代条件特别是作者生活与社会关系等多方面因素的制约,盛唐两类边塞诗正是由于在创作上各自所凭借的条件存在差异,因而无论在内容上、艺术上都有不同。深入研究盛唐边塞诗,无疑应有所区分,而不宜把许多问题纠缠在一起,一概论之。在一类诗中某方面之所短,在另一类诗中可能恰有所长。若把这种长处或短处属之于所有边塞诗,便未必符合实际。如王昌龄、李白等人的边塞诗典型概括的程度往往很高,诗中的时间、地点一般比较虚泛,若像对待岑参、高适在北庭、河西的作品那样加以指实,以为所写即某次战争,并进而作出是否歌颂"黩武"的判断,显然欠妥。另外,两类诗在诗坛上出现,大体可以分出先后,构成边塞诗在高潮期的发展变化。前者对于后者的出现有着启发推动作用应该是无疑的,但从军幕文士之诗的意义上来看后者,岑参、高适军幕之作出现于天宝后期,却又并非单由文学进程死死地规定着的,而是更多地与当时政治军事制度的某些演变有直接关系。唐代在边疆设置藩镇,于开元后期至天宝年间有很迅速的发展,藩镇数目增加,节度使由担负防戍之任而兼掌屯田、度支、安抚、观察,权限扩大,地位崇高,使府辟署的人员也随之增加。从岑参、高适诗中所反映出的幕府人员之间的纷繁交往,便可见当时藩府人材济济,盛况空前。哥舒翰幕下诗人除高适外,尚有严武、吕諲等;封长清幕下除岑参外,还有张谓、李栖筠等。由于人员众多,留居时间长,他们在幕中还栽种花木,登临赋诗,从事多种文化娱乐活动。围绕着河西、北庭这些藩府,俨然在边地形成文化中心。高适、岑参等受边帅之辟,这样长期从事军幕,与初唐时期有些文人从军的情况已很不相同。其间有一个随着唐代使职差遣制的发展，主宾关系逐渐加强，幕府人员由比较简单化到趋向复杂多样，时间也有相应增长的过程。高适、岑参的边幕之歌出现在天宝后期，正是由这个过程起着催产作用。所以研究文学史如果忽视政治、军事给予文学的重大影响，对于唐代边塞诗的问题，似乎也很难得出正确的、符合实际情况的结论。

第十章　唐代叙事诗与叙情长篇

一、叙事诗

我国是诗的国度,中华民族在诗歌方面的辉煌成就及其对于人类文化的贡献,已在世界上获得公认。但中国诗歌(主要是汉语诗歌)的发展,一直侧重于抒情诗,叙事诗特别是篇幅较长的叙事诗,并不多见。这是一个值得注意和研究的问题。它和西方正好相反,西方抒情诗并不繁荣,但叙事诗非常发达,从荷马史诗开始,一直到 20 世纪上半叶,有许多长篇巨制。而中国文学史上汉语叙事诗所占的比重,远远不能与抒情诗相比。

唐代以前,中国汉语叙事诗的创作经历了两个较为发达的阶段:其一,以《诗经》为代表的时期。《雅》、《颂》中有《生民》、《公刘》、《绵》、《皇矣》、《大明》、《玄鸟》、《长发》、《殷武》等类似史诗之作;《风》中有《谷风》、《氓》等叙事诗。后于《诗经》的楚辞中也有少量近于叙事之作,如《国殇》。其二,汉魏时期。有《战城南》、《陌上桑》、《羽林郎》、《上山采蘼芜》、《东门行》、《孔雀东南飞》、《悲愤诗》等篇。其中《悲愤诗》出自著名女诗人蔡琰之手,馀者大部分属于民歌或对民歌的模拟。自晋至隋,叙事诗很少,但大约在北朝后期产生了《木兰诗》,与《孔雀东南飞》为中国民间叙事诗的双璧。

唐代叙事诗绝大部分是文人的作品,数量多于上述两个阶段,但跟同时期的抒情诗相比,它所占的比重仍然很小。

中国汉语叙事诗不发达,既有文化传统方面的原因,又有诗歌发展的内部原因。

中国文化有比较内向的特点。汉民族执着于人生,又非常现实,在上古和中古时期,不大可能从人生圈子中走出来,以旁观或接近旁观的态度,把生活作为故事歌唱。[①] 中国文学要求作家根据民族生活理想,首先对自身生活有一番

[①] 亚里斯多德认为史诗"像叙述与自己无关的事那样去叙事,如荷马所作的那样"(转引自苏联波斯彼洛夫《文学原理》第一部第五章第一节《亚里斯多德和黑格尔的文学分类说》,三联书店 1985 年版,第 118 页)。

亲切体会,然后将这种体会形诸文字。诗歌则以作家个人为中心,努力表现一种精神境界,重在即事生感、即景生情、随意抒写,通过诗人的种种情感表现,反映或喻示作者的生活环境、人生遭遇,乃至所处的时世。这样,一般地就表现为即事而发的抒情诗,编造和歌咏故事的可能性很小。

中国古代诗歌,尤其是文人的抒情诗,不像荷马诗歌和欧洲诗剧那样,直接面对欣赏的群众,需要有具体性和激动性,需要对所歌唱的事件进行加工增饰,形成情节动人的故事。中国诗一般不面对欣赏的群众,甚至可以不顾是否有外在的读者而自抒心灵,因此不必对事件进行增饰,而且由于事件是作者自身经历的,他不需要把事件重复给自己听,所以许多诗不交待本事而直抒其情。如陈子昂《登幽州台歌》,若将他随武攸宜北征的经过一一叙述出来,也可以写成叙事诗。但实际上他根本不提从军之事,只是以寥寥四句抒写了生不逢时之感。

中国史官文化发展较早,先民早期的情况,很早就由史书记录了下来,因而大规模的、详备的史诗产生的必要性就小了。《诗经》中几篇近似史诗的作品,比起我国先秦史书和散文中的有关记载就显得片断而零碎。可以说中国文化一开始就没有形成史诗——叙事诗的传统。再加上中国文化重征实,儒家不语怪力乱神,在很大程度上排斥了虚构和幻想。这样,情节曲折的或以非现实为特征的长篇叙事诗便难以产生。黑格尔说:"中国人没有民族史诗,因为他们的观照方式基本上是散文性的。从有史以来最早的时期就已形成一种以散文形式安排的井井有条的历史实际情况,他们的宗教观点也不适宜于艺术表现,这对史诗发展也是一个大障碍。"(朱光潜译《美学》第三卷下)

中国艺术不重具象重抽象。绘画重写意,戏剧多歌唱少对白,没有布景。这种艺术精神体现在诗中,使得关于具体事件和人物的交待叙述一减再减,本来可以是叙事诗的写成了抒情诗,本来可以是长篇叙事诗的,也只剩下了寥寥几句。如《上山采蘼芜》只抓住弃妇和故夫邂逅相遇的场面写了几句紧要的对话,至于弃妇如何被弃,故夫如何又对新妇不满,被弃时"新人从门入,故人从阁去"的具体情景如何,邂逅相逢时的尴尬场面,两人的内心活动等等,皆未作交待。这样,本来可以写成长篇叙事诗的婚姻悲剧,就只剩下了"上山采蘼芜,下山逢故夫。长跪问故夫,新人复何如"等十二句诗。又如韩愈的《别鹄操》写商陵穆子悲叹其妻因不育而被父母逼离:"雄鹄衔枝来,雌鹄啄泥归。巢成不生子,大义当乖离。江汉水之大,鹄身鸟之微。更无相逢日,且可绕树相随飞。"韩愈借弃妇之情抒其逐臣之悲。目的本不在控诉封建婚姻制度,但清代诗人查慎行说:"读此,觉《孔雀东南飞》一首未免冗长。"(《初白庵诗评》)像这样把不同主题、不同体裁的作品,牵扯到一起来加以抑扬,正是重抒情轻叙事、重抽象轻具象等传统偏见使然,在这种传统偏见的支配下,叙事诗的发展受到抑制。

传统诗论强调比兴。叙事诗比兴用得少,主要通过赋的手法叙述故事,描写人物。为了让人听得懂,而且让人对所叙之事发生兴趣,它在语言上一般比较通俗详尽。这些都与在对抒情诗认识的基础上建立起来的传统诗论不一致。正因为如此,传统诗论对文人创作的叙事诗总是指责多而肯定少。元稹、白居易的叙事诗,历代都有人指责它冗长卑陋,缺少含蓄,批评的立场明显地向抒情诗一方倾斜。

此外,入唐以后近体诗发达,文人喜爱写近体诗。近体诗中的绝句,体制短小,不可能构成情节曲折的叙事诗。律诗多偶句,偶句上下对称,互相独立,并列展开,往往是共时的而非历时的,不像古体诗,上下句连属,语意一贯,因而也不便叙事。这样又从诗体上形成对叙事诗的约束。

唐代叙事诗与抒情诗的庞大阵容相对,局面仍显得不够宽阔,但与前代比较,无论在数量上或质量上都有较大进展。杜甫、白居易的新乐府诗,尤其是中唐以后出现的一系列篇幅较长的叙事诗,如白居易的《长恨歌》、《琵琶行》,元稹的《连昌宫词》、《琵琶歌》、《望云骓马歌》,李绅的《悲善才》,刘禹锡的《泰娘歌》,韩愈的《华山女》,柳宗元的《韦道安》,杜牧的《张好好诗》、《杜秋娘诗》,韦庄的《秦妇吟》等篇,更在中国叙事诗史上占有重要地位。唐代叙事诗是在什么样背景上得以展开新局面的呢?

唐代文化对中国传统文化比较内向的特点有所突破。佛教文化、西域文化的传入,启发人们对于人生选择多种角度去思考认识。跳出个人生活的圈子,对人生加以描述或展开幻想的小说(传奇)、初级戏剧、说话、变文等大量涌现。声气相应,促使诗歌也往往以较为客观的态度去歌唱生活故事。唐孟棨《本事诗》记载张祜曾嘲弄《长恨歌》中"上穷碧落下黄泉,两处处茫茫皆不见"两句为《目连变》,今人陈允吉考证《长恨歌》摹袭附会《欢喜国王缘》,足以见出唐叙事诗和变文之间的关系。至于传奇对叙事诗的影响则更为显著。现存的文献资料表明,不少著名的叙事诗都与唐传奇有牵连,如《长恨歌》与《长恨歌传》,《会真诗》与《莺莺传》,《冯燕歌》与《冯燕传》。可见,当唐传奇这种新兴的文学样式在取得巨大成就的同时,也给了叙事诗的创作以很大的推动。

社会生活的复杂化,都市的繁荣,促使人们在精神生活方面提出新的要求,形制短小着重表现士大夫情志的抒情诗,已不能满足社会对文学的要求。为了扩大诗歌阵地,表现丰富多变的社会生活,一些人遂较多地致力于叙事诗的创作。

民间文学特别是前代乐府诗对唐代叙事诗的发展也有积极的影响。"感于哀乐,缘事而发",汉魏乐府中有一些很优秀的叙事诗,但唐以前诗人出身贵族的比较多,他们对下层人民感于哀乐叙述其生活遭遇的诗歌比较隔膜,对汉魏乐府的优秀传统未能很好地继承发展。到了唐代,出身下层的文士大批登上诗坛,这些人熟悉民情,有丰富的生活体验,在创作上学习乐府叙事诗的精神和写作方法,取材于当时,写出了以杜甫"三吏"、"三别"和白居易新乐府为代表的叙事诗。

唐代诗人中叙事诗创作最多、成就最高的是白居易和元稹。他们的叙事诗可以分为乐府和歌行两类。乐府叙事诗继承了汉魏乐府和杜甫"三吏"、"三别"的传统,一般比较短小朴实。所写的事虽然经过了概括加工,但征实性还比较强。他们将生活中许多真实事件加工为诗中之"事",酷似真实生活的场景和过程。但作者的兴趣不完全集中在他所叙述的故事上,而是特别关心由此引出的问题。"首句标其目,卒章显其志",所写之事是作为问题的例证出现的。故虽有个别诗篇情节比较曲折(如《缚戎人》、《新丰折臂翁》),多数却只是简短的事件。对这类诗要用近似读问题诗、读报告文学和读汉乐府的心情去体会,而不宜用纯粹的叙事诗或"诗体小说"之类的眼光去读,否则在欣赏过程中会出现种种不切实际的期求。

元白的另一类叙事诗以《长恨歌》、《琵琶行》、《连昌宫词》为代表,可以说是更成熟、更典型的叙事诗。不仅继承了先秦以来叙事诗的艺术传统,而且吸取了初唐以来七言歌行的成就,其叙事的委曲动人,语言的顺适惬当,音调的优美和谐,都取得了高度的成就。更值得注意的是,拿它们与作者的乐府叙事诗相比,征实性因素下降了,诗人的兴趣更多地集中在故事上。而作者本人又是抒情诗的高手,虽为叙事诗却同时具有浓厚的抒情气氛。它所呈现的艺术风貌,有以下几点值得注意:

(一)完整曲折的故事情节

元白之前文人叙事诗很少有曲折复杂的情节。蔡琰的《悲愤诗》叙述了一些事件,但还说不上完整曲折的故事情节;李白、杜甫的一些小型叙事诗,如《长干行》、《佳人》及"三吏"、"三别",也只有一个简单的故事轮廓。等到元白登上诗坛,叙事诗才真正故事化了。同样的故事,可以写成小说(传奇)、戏剧,足见其情节引人入胜。《长恨歌》的故事由五个环节组成:结合、惊变、思念、寻觅、致词,一环环连续向前发展,既经常出现出人意外的转折,又环环相扣,完全符合人物性格逻辑,而且每一大环节中又有一些小的曲折波澜(如致词一节先寄旧物,后又提及密誓)。像李、杨这样一个爱情悲剧,如果按照杜甫那种仅仅是纪事的写法,到马嵬事变即须收场。但从构成传奇故事的要求看,杨贵妃生前的事,无非是承欢侍宴、缓歌曼舞,可以说是无奇可写。《长恨歌》突破了现实生活的限制,着重写马嵬事变以后的情节,便增加了许多曲折,给整个故事带来了浪漫的传奇色彩。《长恨歌》不仅歌咏了一个传奇故事,而且还紧紧抓住这条主线,把故事叙述得非常紧凑。凡遇到有可能使爱情主线中断或松弛的地方,即通过剪裁和语言上的承接连系,把这条主线拉紧。如安史之乱爆发和玄宗由蜀回京,如果离开主线去叙述背景,无疑会使故事岔开,生出枝蔓,但《长恨歌》只分别用“渔阳鼙鼓动地来”、“天旋日转回龙驭”这样的诗句,就把背景交待清楚,而仍将叙述重点放在爱情主线上。这表明作者不仅善于创造故事,而且善于对它进行叙述。《琵琶行》的故事没有《长恨歌》那样富有传奇性,但诗中除了琵琶女的身世构成一层故事外,作者由京城贬居江州的遭遇也构成一层故事。与此同时,两人此次相遇,由送客到闻乐、到演奏、到琵琶女和作者先后自叙身世、到再次弹奏和满座掩泣,又是一重故事。由于有这样三方面结合,《琵琶行》的故事也显得丰富曲折,不同凡响。元稹的《望云骓马歌》虽然写一匹马,但并非咏物诗。作者实际上是把望云骓作为一个平时受冷遇,到朝廷危难时方受到识拔的英雄人物来写的,而它在给皇帝立了大功之后,又在群小的排挤暗算下,郁郁而死。故事颇具波澜,耐人寻味。

(二)卓越的叙事艺术

苏辙云:“老杜陷贼时,有《哀江头》诗……予爱其词气如百金战马注坡蓦涧,如履平地,得诗人之遗法,如白乐天诗词甚工,然拙于纪事,寸步不遗,犹恐失之。此所以望老杜之藩垣而不及也。”(《栾城集》三集卷八)批评的立场显然是站在抒情诗一边。只要稍加思考,人们很容易会问:能否用《哀江头》等抒情诗的写法去衡量叙事诗呢?事实上,不仅不能用《哀江头》的写法来要求《长恨歌》、《琵琶行》,就是《哀江头》与杜甫《北征》、《自京赴奉先县咏怀五百字》的写法也不能一样。《哀江头》作为抒情诗,以抒写诗人忆昔伤今的情感发展为线索,首尾写诗人自己,中间插入回忆中玄宗与杨贵妃游幸曲江的情景。构成转换跳跃,大起大落。而《长恨歌》、《琵琶行》以及《北征》、《自京赴奉先县咏怀五百字》，旨在叙述故事或纪事，则需要首尾连贯，有节次步骤。二者区别很明显，不能以此例彼。所谓"寸步不遗"，如果理解为叙事的前后连属，有条不紊，则正是叙事诗这种体裁对于叙述方式的一种基本要求。当然，这不等于说不要剪裁或排斥插叙、倒叙、设伏、照应等艺术手法。《唐宋诗醇》分析《长恨歌》云："通首分四段：'汉皇重色思倾国'至'惊破《霓裳羽衣曲》'，畅述杨妃擅宠之事。却以'渔阳鼙鼓动地来'二句暗摄下意，一气直下，灭去转落之痕。'九重城阙烟尘生'至'夜雨闻铃肠断声'叙马嵬赐死之事。'行宫见月伤心色'二句，暗摄下意。盖以幸蜀之靡日不思，引起还京之彷徨念旧，一直说去，中间暗藏马嵬改葬一节，此行文飞渡法也。'天旋日转回龙驭'至'魂魄不曾来入梦'，叙上皇南宫思旧之情。'悠悠生死别经年'二句亦暗摄下意。'临邛道士鸿都客'至末叙方士招魂之事。结处点清长恨为一诗结穴，戛然而止，全势已足，更不必另作收束。"对照苏辙与《唐宋诗醇》的评析，让我们看到从宋代到清代诗学思想的进步。《唐宋诗醇》认同了作者按爱情线索分四段依次推进的写法，同时对《长恨歌》中"一气直下，灭去转落之痕"以及妙于剪裁、"行文飞渡"等具匠心处，也作了点拨。除《唐宋诗醇》所举的例子外，《长恨歌》叙事精彩处还很多。如上文提到的用"渔阳鼙鼓动地来"、"天旋日转回龙驭"等句简洁地交待背景而又扣紧主线，削去可能出现的枝杈。如诗的开头，用"汉皇"二句写玄宗，"杨家"二句写杨妃，"天生"二句写结合，只六句就把男女双方合到一起，两股成一线，简洁且又清楚。长诗表面上"一气直下"，而行文之中伏笔和前后照应之处极多。如从"回眸一笑百媚生"到"回头下望人寰处"、"含情凝睇谢君王"；从"尽日君王看不足"至"回看血泪相和流"、"不见玉颜空死处"，既形成联系照应，又显示了情节发展。末尾写杨妃致词一段，把诗人叙述语与女性陈述语融为一体。致词本身又分两层，第一层寄物，第二层寄词，愈转愈深，且转入回忆与倒叙。凡此，皆极见白居易叙事艺术之精。从叙述故事看，《琵琶行》的头绪比《长恨歌》复杂，它把自叙和一个可能是虚构的故事整合在一篇之中，既要写琵琶女的身世与思想情绪，又要写作者的遭遇与思想情绪，还要写琵琶演奏以及两人如何见面、如何收场，处理起来难度是相当大的。作者巧妙地用琵琶演奏贯串始终，使首尾一贯而又紧凑。又通过"同是天涯沦落人"这种联系，用琵琶女的身世映带、衬托作者身世，既减省了头绪和笔墨，又使诗中两条线索结合得更为紧密。

（三）细致传神的人物描写

中国传统艺术是重抽象轻具象的。叙事诗作为一种应该重视具象的诗体，却又出现在中国文化大背景下,它在人物描写方面面临着一些难题,但白居易等人对此作了较好的解决,既能传神又较为细致。前代叙事诗中人物描写最为成功的是《孔雀东南飞》,但在解决上述问题方面尚未达到《长恨歌》、《琵琶行》的自觉程度。《孔雀东南飞》对于刘兰芝有一段很集中的肖像描写:"足下蹑丝履,头上玳瑁光。腰若流纨素,耳著明月珰。指如削葱根,口如含朱丹。纤纤作细步,精妙世无双。"从足下说到头上,看上去很细,实际上在传神方面是不够的。《长恨歌》和《琵琶行》不作这样的集中描写,避免了具象过多之嫌。但同时又配合情节发展,在关键时刻加以点画,着墨不多却能细致传神。如《长恨歌》中"回眸一笑百媚生,六宫粉黛无颜色"、"玉容寂寞泪阑干,梨花一枝春带雨";《琵琶行》中"犹抱琵琶半遮面"、"整顿衣裳起敛容"都是显例。在心理描写方面,《孔雀东南飞》还非常简单,如写焦仲卿会见刘兰芝后回家准备自杀,只有两句诗:"长叹空房中,作计乃尔立。"而《长恨歌》写玄宗回京后在空寂的宫殿中思念杨妃则是大段情景交融的心理描写。《琵琶行》中心理描写的内容也很丰富,特别是借音乐描绘曲传琵琶女的内心世界,更是心理描写中一种新的成功的尝试。

(四)浓郁的抒情气氛

中国汉语诗歌抒情诗占优势,而元白叙事诗又出现在唐代抒情诗特盛的背景之下,因此元白叙事诗抒情气氛非常浓郁。拿《长恨歌》和《长恨歌传》作比较,李、杨故事的开头部分,诗短传长。因为有关入宠的许多事不便抒情,勉强写出,必然是只有事件而无情韵。写马嵬事变后玄宗对杨妃的怀念,传短诗长。如从事变发生到玄宗回京,传文只有四句,而诗则分为云栈剑阁、行宫月夜、重经马嵬三个层次进行咏叹。因为这些地方宜于抒情,在中国传统文化所造成的心理定势下,无论是作者还是读者到此都会发生感情的震颤而需要有极好的抒情文字。陈鸿的《长恨歌传》自始至终以第三人称进行叙述,显得比较客观,可是《长恨歌》正如清代学者贺贻孙所评"如泣如诉","字字从肺腑中流出",作者(叙述人)的口吻和诗中人物的心声、语言常常融合在一起,难以区分。这样,既保持了音节气氛的统一连贯,又时时以近似人物自身的口吻来演唱他们的悲歌,使抒情力量大大加强。"一篇《长恨》有风情","风情"和诗中的抒情因素是不可分的。与《长恨歌》相比,《琵琶行》的抒情气氛显得更浓。《长恨歌》开头部分尚带有若干讽刺成分,而《琵琶行》不存在这种障碍。《琵琶行》的作者在诗中直接出场,与琵琶女共同倾诉天涯沦落之痛。从抒写"迁谪意"来讲,《琵琶行》等于是抒情诗，而从为琵琶女作诗传的角度看，又是叙事诗。《琵琶行》等于是把抒情诗嫁接在叙事诗上，其抒情气氛之浓自不待言。

（五）与抒情叙事紧相配合的写景状物

中国古典抒情诗抒情与写景向来密切联系，元白叙事诗的抒情因素既然在诗中占有重要地位，也就必然时时要把写景状物带进诗里。诗中以人物心理感受为本位，创造一连串情景交融的意境。《长恨歌》中或触景伤情，如"行宫见月伤心色，夜雨闻铃肠断声"；或融情入景，如"峨嵋山下少人行，旌旗无光日色薄"；或借景言情，如"西宫南苑多秋草，落叶满阶红不扫"，正是依靠这些景物描写，使作者的抒情得以多方面地深入地展开。相对于《长恨歌》按空间转换和时间顺序展开多种景物意境，《琵琶行》的景物描写则侧重于在故事发展的关键时刻用不同的方式展现统一的环境气氛，诗中有三处关于江月的描写，前后映带，使船与人始终浸沉在迷蒙的水光月色之中。

二、叙情长篇

唐代李白、杜甫、韩愈等诗人笔下，有一种藉叙事以抒情的长诗，在思想上、艺术上达到很高的境界。它的规模气魄超过一般作品，诗人们在创作时往往拔山扛鼎，全力以赴，把多种成分熔铸在一起，成为唐代诗坛上令人特别瞩目的壮观。这批作品的出现，是唐诗繁荣的一个重要标志。尤其是在中国古代，短篇的抒情诗偏胜，叙事性强的作品比较少见，这类长篇巨制及其着重通过叙事以表现"情"的写法，弥足珍贵。

（一）"李白始为叙情长篇"

近代学者王闿运说："李白始为叙情长篇，杜甫亟称之，而更扩之，然犹不入议论。韩愈入议论矣，苦无才思，不足运动，又往往凑韵，取妍钓奇，其品盖卑，骎骎乎苏、黄矣。"（《论七言歌行流品答完夫问》）王氏在讨论七言歌行品类时，根据李白、杜甫、韩愈等人的某些作品，首先使用了叙情长篇的概念，但对其所具的内涵未曾说明。王氏所谈是由讨论七言歌行引发出来的，其他诗体中的情况如何？进而言之，叙情长篇在唐诗中具体包括一些什么样的作品？究竟有哪些特征？对此，我们将据王氏的话，并结合唐诗实际情况和有关诗歌理论进行探讨，着重把叙情长篇作为相对于一般抒情诗和叙事诗而独立存在的品类加以认识，不完全受王氏最初论述范围所限。

其一，王闿运认为李白始为叙情长篇，说明他把这类诗看成歌行发展到一定阶段才成熟起来的类型。既称之为"叙情"，显然不同于叙事诗，也不同于一般抒情诗。至于议论，和抒情差别更大一些。王闿运苛刻地批评韩愈，除他一向推崇汉魏盛唐诗歌，对入中唐以后诗歌抱有成见外，更主要的可能还在于他从"叙情"这种诗体的自身特征出发，反对在诗中掺入议论妨碍"叙情"的统一格调。

其二，王闿运所说的李白叙情长篇，当以《忆旧游寄谯郡元参军》为代表。这首诗叙述了天宝初年诗人思想感情发展变化的历程以及与元参军的友情。全诗长达六十二句，《唐宋诗醇》评曰："历数旧游，纯用叙事之法……奇情胜致，使览者应接不暇。"延君寿说："一首长歌，以惊艳绝世之笔，写旧游朋从之欢。"（《老生常谈》，见《清诗话续编》）可见，冠以"叙情长篇"之名极为确切。王闿运又说："杜亟称之，而更扩之。"杜甫七言歌行中著名的通过叙事以抒情的作品，如《追酬故高蜀州人日见寄》、《观公孙大娘弟子舞剑器行》均不满三十句，似不能算真正的"长篇"。篇幅最大的《暮秋枉裴道州手札率尔遣兴寄递近呈苏涣侍御》达四十句，虽属长篇，但也不及李白《忆旧游寄谯郡元参军》的规模。因此，说杜甫扩展了李白的叙情长篇，单就七言歌行而论，未足引人注目，只有把他的五、七言古诗中有关作品合在一起看，才显得突出。

其三，考虑五、七古都有可能出现长篇，若这些长诗也是借"叙"的方式以表现"情"，应该说同样有理由被列入"叙情长篇"范围之内。李白集中以离合为经纬、用叙事之法抒发情感的长篇，并不限于七言歌行。其五言长诗《忆旧游书怀赠江夏韦太守良宰》"历叙交游始末……以交情时势互为经纬"（《唐宋诗醇》），写法与《忆旧游寄谯郡元参军》相类，两诗像姐妹篇一样常为人所并提，自然应该同被看作叙情长篇。因而，叙情长篇在体式上当不限于七言歌行。李白之后，杜甫和韩愈用五言写的通过叙事以抒情的长篇，不仅数量多，而且在内容和形式上都有新的发展。

其四，王闿运提出唐诗中叙情长篇的问题，是否受到前人的启发，不得而知。但在他之前，不少研究者已常把一些著名的长篇加以联系对照，如：

　　　叶梦得《石林诗话》："长篇最难。晋魏以前，诗无过十韵者。盖常人以意逆志，初不以叙事倾尽为工。至老杜《述怀》、《北征》诸篇，穷极笔力，如太史公纪传，此固古今绝唱也。"

　　《唐宋诗醇》评李白《忆旧游书怀赠江夏韦太守良宰》："通篇以交情时势互为经纬，汪洋浩瀚，如百川之灌河，如长江之赴海，卓乎大篇，可与《北征》并峙。"又，管世铭《读雪山房唐诗序例》评曰："计八百三十字，太白生平略具，纵横恣肆，激宕淋漓，真少陵《北征》劲敌，后人舍此而举昌黎《南山》，失其伦矣。"

　　沈德潜评李白《忆旧游寄谯郡元参军》："叙与参军情事，离离合合，结构分明，才情动荡，不止以纵逸见长也，老杜外谁堪与敌！"（《唐诗别裁集》卷六）

　　胡应麟评杜甫《北征》等篇："杜之《北征》、《述怀》皆长篇叙事，然高者尚有汉人遗意，平者遂为元白滥觞。李之《送魏万》等篇，自是齐梁，但才力加雄，辞藻增富耳。"（《诗薮·内编》卷二）又，王嗣奭评《北征》云："韩之《赴江陵寄三学士》等作，庶可与之雁行也。"（《杜臆》卷二）

　　黄钺评韩愈《此日足可惜一首赠张籍》："此篇颇似老杜《北征》，第微逊其纤馀卓荦耳。"（转引自钱仲联《韩昌黎诗系年集释》卷一）

　　朱彝尊评韩愈《赴江陵途中寄赠三学士》："此却近《北征》，其笔力驰骋，亦不相上下。"（同上，卷三）

　　方世举评韩愈《答张彻》："公叙事长篇如《此日足可惜》、《县斋有怀》、《赴江陵途中寄三学士》及此篇，所叙之事，大约相同，而笔法变化。"（同上，卷四）

　　陈仅《竹林答问》云："古诗至盛唐始有长篇，六朝以前不多见。""太白《经乱忆旧游书怀赠江夏韦太守》诗，书体也。少陵《北征》诗，记体也。昌黎《南山诗》，赋体也。三长篇鼎峙一代，俯笼万有……"

　　谭嗣同评白居易《游悟真寺诗》："宋人以杜之《北征》匹韩之《南山》，纷纷轩轾，闻或惑焉。以实求之，二诗比兴篇幅各有不同，未当并论……杜之《北征》，可匹韩之《赴江陵》及《此日足可惜》等诗。韩之《南山》惟白之《悟真寺》乃劲敌耳。情事既类，修短亦称矣。"（《石菊影庐笔识》卷二）

　　以上诸家评述，注意力有向若干最具代表性的叙情长篇靠拢的趋势。针对这些诗，胡应麟、方世举又称之为"长篇叙事"或"叙事长篇"，虽不及"叙情长篇"的概念来得准确，毕竟反映出诗评家已有不少人注意到唐诗中有这样一种独特的类型了。而且，他们使用"长篇"的概念，可能还与高棅编选的《唐诗品汇》有关。《唐诗品汇》第一次大量选录了唐诗中的长篇，于五古、七古、五排末尾，明确地标出"长篇"一项。五古之后，附有李白的《送王屋山人魏万还王屋》、《忆旧游书怀赠江夏韦太守良宰》，杜甫的《自京赴奉先县咏怀五百字》、《北征》，韩愈的《南山诗》。七古之后，附有骆宾王的《帝京篇》，元稹的《连昌宫词》，白居易的《琵琶行》。并且又在"七言古诗叙目"中指出："歌行长篇，唐初独骆宾王有《帝京篇》、《畴昔篇》。文极富丽，至盛唐绝少。李杜间有数首，其词亦不甚敷蔓，大率与常制相类，已混收从汇，不复摘去……"交待混收在一般七古中的李杜某些作品，亦属长篇，因为体式与盛唐之后一般七古相类，才没有单列出来。① 现在单就高棅正式放在"长篇"栏目内的五、七言古诗看，有属于叙情的(李白《送王屋山人魏万还王屋》、《忆旧游书怀赠江夏韦太守良宰》，杜甫《咏怀》、《北征》)，有属于纪游的(韩愈《南山诗》)，有属于叙事的(白居易《琵琶行》，元稹《连昌宫词》)，有描写京城生活的(骆宾王《帝京篇》)，其中叙情长篇数量最多，且出自李白、杜甫之手。《唐诗品汇》编成于明洪武年间，终明之世，为馆阁之宗，是比较全面而有广泛影响的大型选本。它的分类乃至选目，王闿运无疑非常熟悉，对他当不无启示。《唐诗品汇》于五排长篇收了杜审言等五位诗人的作品九首。长篇排律由于铺陈排比，对仗用典，不便叙述，但唐诗中这一体的部分作品铺陈和枝蔓较少，叙次清晰，作为叙情长篇看，也还是可以的。

　　其五，王闿运批评韩愈的叙情长篇引入议论，其实议论并不自韩愈始。李白《忆旧游寄谯郡元参军》、《忆旧游书怀赠江夏韦太守良宰》、《下途归石门旧居》、《送王屋山人魏万还王屋》，魏万《金陵酬翰林谪仙子》，大体上可算不入议论。杜甫的《草堂》、《昔游》、《遣兴》也未入议论，但他的《自京赴奉先县咏怀五百字》、《北征》、《暮秋枉裴道州手札率尔遣兴寄递近呈苏涣侍御》以及高适的《酬裴员外以诗代书》，都含有议论。韩愈作品，只是议论更多、更显露一些。议论在表达思想感情的方式上与叙情不同，但一篇作品若主要是通过"叙"来表达情感，而议论只占较小的比重，就不妨碍其在总体上仍然是叙情长篇。韩愈的《此日足可惜一首赠张籍》、《赴江陵途中寄赠三学士》、《岳阳楼别窦司直》、《忆昨行赠张十一》、《答张彻》、《送区弘南归》、《崔十六以诗及书见投因酬三十韵》、《送侯参谋赴河中幕》、《寄崔二十六立之》等篇，多半属于此种类型。

　　关于元稹、白居易两人，王闿运在本文开头所引的那段话之后，又说"元白歌行，全是弹词。"弹词有的偏重叙事，有的偏重叙情。《长恨歌》、《琵琶行》可算叙事诗篇，而元稹的《元和五年三月六日至陕府因投五十韵》、《寄吴士矩端公

---

① 唐代七言歌行有两类：一类以初唐四杰和元稹、白居易为代表，铺陈富丽，结构整齐，多用律句；一类以李白、杜甫为代表，破偶为奇，极尽变态。后者自盛唐起，居主导地位。

五十韵》、《感梦》，白居易的《醉后走笔酬刘五主簿》、《江南喜逢萧九彻因话长安旧游》等诗则应属于叙情长篇。李、杜、韩、元、白之外，如任华《寄李白》、《寄杜甫》，卢纶《畅博士当感怀前踪有五十韵见寄辄有所酬》，张籍《祭退之》，李商隐《安平公诗》、《偶成转韵七十二句赠四同舍》、《戏题枢言草阁》，杜牧《郡斋独酌》、《池州送孟迟先辈》，皮日休《吴中苦雨一百韵寄鲁望》，陆龟蒙《奉酬袭美先辈吴中苦雨一百韵》，都可算叙情长篇中比较有代表性的作品。唐人五言排律《寄彭州高使君适虢州岑长史参》（杜甫）、《哭台州郑司户苏少监》（杜甫）、《风疾舟中伏枕书怀》（杜甫）、《代书一百韵寄微之》（白居易）、《酬翰林白学士代书一百韵》（元稹）、《奉使江陵途中感怀寄献尚书》（李商隐）、《和郑拾遗秋日感事》（韦庄），也都是大量地通过叙事以抒发情怀的长篇。

（二）唐代叙情长篇的发展过程

　　叙情长篇的出现，是中国五、七言诗歌在抒情和叙事两方面都积累了足够的艺术经验，同时又吸收了辞赋的思想艺术营养，逐渐发展起来的。屈原的《离骚》，就通篇而论，抒情和议论成分多于叙述。而其中的叙事段落，仍然足以构成一部自叙传和思想发展史。唐代诗人创作叙情长篇无疑从屈赋中吸取过营养。李白《忆旧游书怀赠江夏韦太守良宰》开头"天上白玉京，十二楼五城。仙人抚我顶，结发受长生"，跟《离骚》篇首的写法就有点相近。不过，唐人的叙情长篇不用骚体，李白等人的写法属于艺术上的借鉴，不能说这种品类与《离骚》有直接的承祧关系。从诗体看，它终究是五、七言诗自身演进过程中的产物。五言诗成熟早，两汉乐府、建安诗歌即已取得了较高的成就。但当时民间诗歌多叙事，文人创作重抒情，两方面能够巧妙配合、左右逢源地交织在一首诗中，还需要一个过程。从为叙情长篇溯源的角度去审视，建安诗歌中最值得注意的长篇是蔡琰的《悲愤诗》、曹植的《赠白马王彪》。两诗都叙自身遭遇，抒情气氛浓郁，对唐代诗人创作自叙兼抒情的篇章，无疑极有影响。施补华说："《奉先咏怀》及《北征》……从文姬《悲愤诗》扩而大之者也。"（《岘佣说诗》）但蔡琰之作，自始至终实叙，诗中所写的悲苦历程，作为故事看，自具首尾，从中国古代诗歌创作的实际情况出发，应该视为第一人称的叙事诗。曹植的《赠白马王彪》共七章，只有三章着重叙事，其馀都是抒情，与唐人的叙情长篇侧重于叙述还是有区别的。自两晋至隋，玄言诗、山水诗、宫体诗先后盛行，士族的腐化与时世的分裂动乱，使文人缺乏大气包举的胸襟魄力，孕育和产生叙情长篇，只有留给诗歌更为繁荣、社会生活空前富有活力的唐代了。

　　唐代七言歌行勃兴,初唐四杰歌行与六朝后期的赋之间有密切关系。赋体格局宽大、铺陈叙事等特点,在四杰歌行中被吸取了。庾信《哀江南赋》自悲身世,近乎一篇有韵自传的写法,对唐代诗人影响尤深。七言歌行本是较少约束和富有容量的诗体,现在又接受了来自赋的影响,格局大,铺叙多,而又旨在抒写身世遭遇和情感变化历程的长篇,便有可能首先见于此体。果然,骆宾王"历叙生平坎壈,以抒怀抱"(陈熙晋《续补骆侍御传》)的长诗《畴昔篇》以七言歌行的形式出现了。这首长诗句数是杜甫《自京赴奉先县咏怀五百字》的两倍,字数约相当《自京赴奉先县咏怀五百字》、《北征》的总和。从诗中约略可见诗人自幼年直至出任临海丞前的大致经历,以及"年来岁去成销铄,怀抱心期渐寥落"那种不断追求而又不断遭受摧抑的郁郁情怀。因此和李白的《忆旧游书怀赠江夏韦太守良宰》、韩愈的《县斋有怀》等叙情长篇,并没有什么本质的不同。问题仅仅在于此诗赋的气息较浓,大量的段落用于铺陈,在对各种景象的铺陈描写中,暗逗人事变化,而从叙事本身看,则欠明晰。诗中七言段落和五言段落交替出现,组合尚嫌生硬,不及李白、杜甫等人七言歌行长短错落,挥洒自如。可能正是由于艺术上不能算成熟的七言歌行,"叙"的特点又体现得不够充分,王闿运才把"始为叙情长篇"之功,归之于李白。

　　以《忆旧游寄谯郡元参军》为代表的李白七言叙情长篇已经消除了四杰歌行那种受赋体影响的痕迹,以富有诗意的抒情叙事代替了铺陈,通篇一气而下,极其畅遂,叙次明晰,而又能有起落、有剪裁,与骆宾王的《畴昔篇》等相比,显见叙情长篇的成熟。

　　初盛唐七言歌行的发展繁荣,对五古的新变有一定诱发推动作用。盛唐一部分五古用韵错杂,出语豪纵,特别是一些大篇,把叙事和抒情因素结合在一起,深厚广阔,汪洋恣肆,其演进方向呈现出与七古靠近的趋势。今天在骆宾王《畴昔篇》、《帝京篇》等初唐七言歌行里,能看到五言句和七言句大段地互相交织配合的情况。《畴昔篇》全诗二百句,其中五言九十二句;《帝京篇》全诗八十六句,五言三十二句。大量成段的五言句与七言句相配合,服从于七言歌行的统一格调,久而久之,对五言诗自身的创作也不免要产生影响。李白《忆旧游寄谯郡元参军》用的是歌行体,写于天宝五载。其后他用五言写了《送王屋山人魏万还王屋》(天宝十二载)、《留别崔侍御》(乾元二年)、《忆旧游书怀赠江夏韦太守良宰》(乾元二年)。而杜甫亦于天宝十四载、至德二载分别写了《自京赴奉先县咏怀五百字》和《北征》。李杜这一系列五古,才力标举,起伏动荡,有在七言歌行中更容易见到的发扬蹈厉、纵横驰骋的格局,表现出唐代五古发展变化的新风貌,也标志着五言叙情长篇继七言之后迅速取得了丰硕成果。

李白的叙情长篇多半是写赠友人的,结合叙交游、述友情,描写社会生活、抒写个人怀抱。杜甫的《暮秋枉裴道州手札率尔遣兴寄递近呈苏涣侍御》属赠友诗。《昔游》、《遣怀》虽非赠友之作,而忆交游、述情怀,亦与李诗相近。但他叙情长篇中成就最高的《自京赴奉先县咏怀五百字》、《北征》,则不涉交游。诗中对社会情况与生活过程的描写,与李白偏于概括、偏于主观感受相比,也显得客观细致,生动逼真。这些地方显示了杜甫的创造性和他对于古代乐府叙事诗真实地表现生活的传统有更多的继承。如果说李白是从曹植《赠白马王彪》的方向增加了叙事因素构成自己的叙情长篇,杜甫则是从蔡琰《悲愤诗》的方向,融叙事、抒情、议论为一体,构成自己的叙情长篇。李杜各自所作的开拓,使叙情长篇从内容到形式很快走向丰富多彩。

中唐时期,韩愈的《县斋有怀》与初唐骆宾王《畴昔篇》在"历叙生平坎壈,以抒怀抱"方面,性质相近,而他的其馀各篇,均为写赠朋友之作。这些作品,一方面固然是结合叙述交游展示自己种种心境感受,并且像李白诗歌那样有一种深挚缠绵的感情和悲歌慷慨的浪漫气质;另一方面,"倥偬杂沓",摹写种种情感和事件过程,又和《北征》、《咏怀》颇为相近。如《赴江陵途中寄赠三学士》叙述被贬出京时的情景:"中使临门遣,顷刻不得留。病妹卧床褥,分知隔明幽。悲啼乞就别,百请不领头。弱妻抱稚子,出拜忘惭羞。"描写真切,极尽情态,可与《北征》归家一段相匹。正如何焯指出,完全是"老杜家数"。《此日足可惜一首赠张籍》写在郾师听到汴州兵乱的消息:"夜闻汴州乱,绕壁行彷徨。我时留妻子,仓卒不及将……娇女未绝乳,念之不能忘。忽如在我所,耳若闻啼声。"因为妻子丢在汴州,所以急得绕着旅舍四壁打转,耳边如同听到娇女的哭声。下笔琐细,而"愈琐愈妙,正得杜法"(钱仲联《韩昌黎诗系年集释》引程学恂评)。后幅写急如星火地追赴徐州安顿家小,却记叙了途中的景物:"东南出陈许,陂泽平茫茫。道边草木花,红紫相低昂。百里不逢人,角角雉雊鸣。"这又是杜甫那种作极紧要极忙文字偏向闲处传神的写法。朱彝尊云:"要知此间点景,方是诗家趣味。《北征》诗'或红如丹砂'等句,亦是此意。"(见钱仲联《韩昌黎诗系集释》引)以上可见韩愈的叙情长篇对李白、杜甫的艺术经验均有所吸收。但能够把李白那种一往情深、叙故忆旧的布局和杜甫琐细逼真、淋漓尽致的摹写整合起来,实在需要大手笔。再加上他所具有新颖奇突的面貌和排奡之气,可以说在艺术上对叙情长篇又是一次重大开拓。

韩愈之后,张籍《祭退之》与韩愈写给他的《此日足可惜一首赠张籍》诗达到神似的地步。晚唐杜牧《郡斋独酌》可能受韩愈《县斋有怀》影响,但不及韩诗整饬。他的《池州送孟迟先辈》和李商隐的《安平公诗》、《偶成转韵七十二句赠四同舍》、《戏题枢言草阁》则又属于叙旧述情一类。李商隐的长篇在写法和语言上,兼学韩愈和白居易,但不及白居易自然,也不及韩愈劲健。不过,对于绮才艳骨的李商隐,更值得注意的是他的这类长篇,有时竟然"俊快绝伦,变尽艳体本色"(陆士湄评《偶成转韵》)。这固然与写诗时的心境以及体式(五七古)有关,但叙情长篇经李白、杜甫、韩愈等人之手,已经大体上形成了一种独特的风貌,对于李商隐无疑要产生影响。纪昀评《偶成转韵七十二句赠四同舍》说:"挨叙而不板不弱,觉与盛唐诸公面目各别,精神不殊。"(《玉溪生诗说》)如果细析之,所谓与盛唐"精神不殊",应该是由叙情长篇沟通起来的。前辈大师们这类诗篇的潜在规范作用,再加创作时的特殊心境,使他得以避免艳体的轻车熟路。顺着叙情长篇这条线索向前发展,直到皮日休、陆龟蒙的吴中苦雨唱和诗,虽学韩愈不免流于驳杂冗长,但所包含的生活内容和情感内容仍然可算是广阔的。比较起来,中晚唐诗人中以白居易、元稹的某些叙情长篇相对地写得随便一些。白居易的《江南喜逢萧九彻因话长安旧游》,元稹的《元和五年三月六日至陕府因投五十韵》、《寄吴士矩端公五十韵》等篇,都是追忆年轻时放荡生活、夹带着复杂感慨的诗篇,由于下笔随便,颇能流露真实思想,无所讳饰。元白作为大诗人,并非只有一副笔墨,白居易《醉后走笔酬刘五主簿》,一气盘旋,情意殷殷,浑厚而又畅达,可谓自成一境。他们两人的五排《代书一百韵寄微之》、《酬翰林白学士代书一百韵》在唐人长篇排律中叙事最为明晰,则又是很好的律体叙情长篇。

(三)唐代叙情长篇的艺术特征与巨大成就

　　叙情长篇的出现,离不开中国诗歌发展的独特背景。中国古代叙事诗不发达而抒情诗特盛,似乎二者为了谋求某种平衡,在它们的中间地带通过交融产生了叙情长篇。简言之,就是诗歌发展到唐代,由于社会生活和思想文化原因,常常促使作者追求用更大的篇幅、更多样的手法,把生活感受更加充分地表达出来。但即使这样,在传统文化心理和诗歌创作风尚的制约下,诗人们多数时候仍不习惯于把生活素材加工成故事化的乃至带上超现实色彩的叙事诗,而是崇实本分地按照生活原貌进行叙写,并注入自己浓烈的情感。这样,突破一般抒情诗形制小、重写意的限制,但也并没有走向叙事诗,而是成为重视表现实际经历和见闻、大量采用叙述手法的叙情长篇。

　　叙情长篇由一般抒情诗比较单纯地侧重抒情，朝叙述方向跨进一步，自然会令人刮目相看。由于有了这一步，某些长篇究竟应该属于抒情诗还是叙事诗，在唐诗研究著作中颇见分歧。因此，叙情长篇与一般抒情诗以及叙事诗的关系问题，很值得辨析。也只有辨清它们之间的不同，把叙情长篇作为一种可以独立的类型看待，才能更确切地把握它的艺术特质以及有关诗人在创作上的联系。

　　叙事诗中的情节是至关重要的因素。中国古代叙事诗不发达，诗论在这方面也相应地显得薄弱。像张祜嘲戏白居易的《长恨歌》为《目连变》、何焯指出《长恨歌》为"传奇体"、胡应麟说《孔雀东南飞》似"下里委谈"等等，①虽然接触到了这类诗具有吸引人的故事情节问题，但终究未作细论。西方诗学基于叙事诗的繁盛，在这方面讨论得比较深入。亚里斯多德说：

　　　　与其说诗（按：指叙事诗）的创作者是"韵文"的创作者，毋宁说是情节的创作者。（罗念生译《诗学》第九章）
　　　　史诗的情节也应像悲剧的情节那样，按照戏剧的原则安排，环绕一个整一的行动，有头，有身，有尾。（同上引第二十三章）
　　　　悲剧是对于一个严肃、完整、有一定长度的行动的模仿。（同上引第六章）

这些论述的基本精神——强调情节的重要，要求叙事诗的情节有头、有身、有尾，乃至像悲剧情节一样，"有一定长度"，对我们在情况非常复杂的中国诗歌中大致地区分叙事诗与抒情诗，很有参考价值。

　　叙事诗与叙情长篇的共同特点是一个"叙"字，说明这类诗叙述的手法用得多，它们之间不同的特点在于有"情"与"事"之别。叙事诗立足于故事，如《孔雀东南飞》叙述焦仲卿夫妇为反抗封建压迫双双殉情的故事，《木兰诗》叙述女主人公代父从军的故事，都是围绕"有头，有身，有尾"的情节进行咏唱的。叙情长篇不同，它立足于抒情，不论在李白、杜甫、韩愈、白居易、李商隐等人笔下，各种叙情长篇结构上有何不同，也不论叙述成分在诗中占有多大比重，抒情在根

---

①唐孟棨《本事诗·嘲戏》："诗人张祜，未尝识白公。白公刺苏州，祜始来谒。才见白，白曰：'久钦籍，尝记得君款头诗。'……张顿首微笑，仰而答曰：'祜亦尝记得舍人《目连变》。'白曰：'何也？'祜曰：'上穷碧落下黄泉，两处茫茫皆不见，非《目连变》何也？'"明胡应麟《诗薮·外编》卷一云："《孔雀东南飞》一首，聚读之，下里委谈耳。"清何焯《义门读书记》评《长恨歌》云："是传奇体。"

本上乃是这类诗作的出发点和归宿。它在叙述中固然涉及大量具体情境，但主体在情境之中把各种各样的内容纳入他的情感和观感里，着重表现客观事物在主体心中所引起的回声、所造成的心境，即在这种环境中所感觉到自己的心灵。如李白《忆旧游书怀赠江夏韦太守良宰》写天宝十一载北上幽州一节：

> 十月到幽州，戈铤若罗星。君王弃北海，扫地借长鲸。呼吸走百川，燕然可摧倾。心知不得语，却欲栖蓬瀛。弯弧惧天狼，挟矢不敢张。揽涕黄金台，呼天哭昭王。无人贵骏骨，绿耳空腾骧。

诗中固然一方面自叙行踪，一方面写时势，但着重突出的是"心知不得语"、"挟矢不敢张"的焦灼情绪及眼见变乱迫在眉睫而又无可奈何的痛苦心境。又如杜甫《自京赴奉县咏怀五百字》中间一段叙述途经骊山所见所闻，则是要全力以赴地推向"朱门酒肉臭，路有冻死骨。荣枯咫尺异，惆怅难再述"那种观感。总之，"中心点并不是那件事迹本身，而是它在他心中所引起的情绪"（朱光潜译黑格尔《美学》第三卷下册）。把李白的《忆旧游寄谯郡元参军》、《忆旧游书怀赠江夏韦太守良宰》，韩愈的《答张彻》，白居易《醉后走笔酬刘五主簿》，李商隐的《偶成转韵七十二句赠四同舍》等篇综合起来看，一般是围绕朋友离合聚散织进抒情主人公某些与之有关联的社会人生感受。友朋聚散构成的人事上的网络等于是个海绵体，内中灌注的汁液则是情感。杜甫的《自京赴奉先县咏怀五百字》、《北征》，围绕一个过程展开，这些过程近似上述诸作中的离合聚散。诗人通过与这个过程相联系的种种叙述和描写抒发情感。由此可见叙事诗立足于故事，而叙情长篇立足于叙情的明显区别。叙事诗通过事件中人物的表现乃至语言和思想活动，塑造的是故事中人物的形象，而叙情长篇由于旨在抒发主体感受，塑造的主要是诗人自我形象。

　　再就事而言，叙情长篇虽然也用叙的手法写了种种事件，但与叙事诗中的事又很不相同。叙事诗包含"有头，有尾，有身"的情节，是完整动人的故事，而叙情长篇所写的一般只是日常生活事件。叙事诗具有情节的"整一性"，"它所摹仿的只限于一个完整的行动，里面的事件要有严密的组织，任何部分一经挪动或删削，就会使整体松动脱节"（罗念生译亚里斯多德《诗学》第八章）。而叙情长篇的情况比较复杂，既不能笼统地要求这种整一性，也不可散漫庞杂，没有章法。一首叙情长篇往往能写到许多事件，出现在不同时间、不同场合，事件可能比较长，也可能只是一些片断。诗人以表现情感过程为主，情必须畅通，而事不一定连贯，不必每首诗只围绕一个事件，更不必把每一件事都交待得有头有尾。如果说《长恨歌》等叙事诗相对地接近小说，情节集中紧凑，那么叙情长篇则近似散文，它没有那种集中紧凑的情节和从首贯到尾的故事，而是大致围绕一个中心或过程，意到笔随地抒写。各种场景与事件之间不一定要求连贯乃至互为因果。《自京赴奉先县咏怀五百字》和《北征》如果在散文家笔下也可以写成以回家探亲为题材的散文。正因为散，所以它的笔触可以自由伸展到各个方面，并可以有叙述、议论、描写等各种笔调，得以扩大所抒之情的内涵。但是这种散，也像散文，不是散漫芜杂，而是散中见整。它是以散避免呆板局促，使神情敷畅，往往外显暇豫而中具法度。杜甫《北征》中有写得极闲远、极琐细处，写到山间的青云幽事，写到小儿女的可悲可笑，在极紧极忙的文字和悲怆的氛围中插上这些描写，非但不见散漫支离，相反地通过由正及反对生活多方面的审视，能让读者更亲切具体地感受那种时代氛围，表现出杜甫思想感情的博大深广和他对平定叛乱、恢复正常美好生活的巨大热望。锺惺说："读少陵《奉先咏怀》、《北征》等篇，常于潦倒淋漓，忽正忽反，时断时续处得其篇法之妙。"（杨伦《杜诗镜铨》引）杜甫如此，李白的长篇更让人在其自由挥洒的同时有一气呵成之感。《忆旧游寄谯郡元参军》虽是天南海北、风起云涌、纷至沓来的奇情胜致使读者应接不暇，但终归是通过对故人往事的理想化、浪漫化的强烈忆念，突出现实生活的缺憾。《唐宋诗醇》在赞扬李白"七言长古，往往风雨争飞，鱼龙百变"的同时，说"此篇最有纪律可循。历数旧游，纯用叙事之法。以离合为经纬，以转折为节奏，结构极严而神气自畅"。它之于参差中寓整饬，较《北征》等篇更为易见。韩愈《此日足可惜一首赠张籍》一方面"摹刻不传之情，并缏缕不必详之事"，颇近《北征》；另一方面追溯与张籍交结之始，至今日重逢别去，通篇围绕艰难时局中的深厚友情，自勉而又勉励对方。"其劲气直达处，数十句如一句……搏捖操纵，笔力如一发引千钧"（《唐宋诗醇》），参差中自有"神明于规矩之外"的法度。叙情长篇既要丰富多彩，又要避免支离散漫，这种散中见整，以情统领大大小小生活场景和片断，构成有机整体的写法，较之叙事诗贯串着一个"有头，有身，有尾"的故事，从而获得情节的整一性，情况是很不相同的。从这些地方着眼，也很容易看出这两种诗歌确实存在质的差异。

　　叙情长篇与叙事诗之间的差异，说明它始终未能走出抒情诗的领域，但它向叙述方向所跨出的一步，则又使它与一般抒情诗表现出多方面的不同。

　　叙情长篇与一般抒情诗都旨在抒情。但一般抒情诗往往集中于对一时一事的反应。大量即兴诗、应景诗，只需托某一行动、某一事件或某种景物加以抒写就行了。像短小的绝句，有些抒写的只是零星飘忽的灵感。而叙情长篇的情感，正像叙事诗中的故事一样，"具有一定长度"，作者沉吟属辞之际，内心中有前后相续、此伏彼起的感情波澜，它需要通过对一系列或一段又一段事件的叙写，方能把那"具有一定长度"的情感完整地表现出来。杜甫《自京赴奉先县咏怀五百字》的首段回顾在长安十年的困顿，叙述"自比稷与契"的志愿、"穷年忧黎元"的精神、"居然成濩落"的结局，抒写由昔至今的一贯情怀；中段叙述自京赴奉先一路见闻和感触，是途中的情怀；末段叙述到家后由"幼子饿已卒"所引起的联想，是由身及国、忧念未来的情怀。这种情怀由昔日推向今天和日后，确实"具有一定长度"，而所叙之事的范围也是广阔的、多方面的。李白的《忆旧游书怀赠江夏韦太守良宰》围绕与韦良宰在长安、贵乡、江夏等处四次离合，于重温旧情的同时，写了诗人被谗出京、北上幽州、参军从璘、流放遇赦的经过，并着重表现了诗人在这些时候的心境：有"呼天哭昭王"的急切，有"翻谪夜郎天"的悲慨，有"炎烟生死灰"的遇赦之感，有"中夜四五叹"的老犹忧国之心。这些情感绵延起伏在十多年的岁月里，丰富复杂，汪洋浩瀚。如此长篇巨制，它的情感必须通过对一连串事件的经历、感受、评价中才能充分表现出来，决不是靠对一两处景物或片断的事件进行描写就能完成的，因此与一般短篇薄物、旁见侧出的抒情诗不同。

　　叙情长篇的主要表现手段是叙述。它能展示主体多方面的活动和有关事件与生活场景，表现主体繁复的心境以及广泛的社会现实。得意处往往淋漓飞动，穷极笔力。而一般抒情诗，特别是短小的律绝，很少展开叙述，它通常是把社会生活和自然景物所提供的作诗机缘，转化为心灵反应。因此不是将情境事件一一摊开，而是凭诗人的特殊用意和心情，选择对象的某些方面加以点拨，让人体味。杜甫因疏救房琯，被打发回家探亲，离开行在时写了《留别贾严二阁老》，返家后写了《北征》。首途之前和归家之后，心情大体一致，翻搅在诗人胸中最为固结难解的是：对肃宗错误处理感到满腹委屈，对乾坤疮痍无比痛心，对自家身世不胜感慨。但这种情绪在两诗中表现方式不同。《留别贾严二阁老》用五律写成：

　　　　田园需暂住，戎马惜离群。去远留诗别，愁多任酒倾。一秋常苦雨，今日始无云。山路时吹角，那堪处处闻。

满腹心事，只能从含蓄的话中去揣摹。杜甫本是不顾家庭和自身的危难奔赴行在的,何至于要在西京未复战事紧迫之际怀念田园,有"需暂住"之想？此次探亲,若是出自皇帝关照,本属可喜可慰,又何以"愁多任酒倾"呢？苦雨乍晴,正好有清秋助其归兴,何以感到长途上将受不了那处处可闻的角声呢？这些都透露了诗人心情的沉郁,但引而未发。《北征》则不同,它对如何拜辞皇帝,如何离开行在,途中行色,归家情景,以及种种身心体验,一一作了细致生动的叙述。末尾关于时事的议论,也有许多插叙。因此,大量运用叙述,把有关情事展开,在叙情长篇中是一个很显著的特色。

基于对情景和事件展开大量叙述,叙情长篇往往是实多虚少。情多实叙,事多实写,比兴以及空际传神的写法,不再占突出地位。它不像阮籍《咏怀》、陈子昂《感遇》那样高度概括,也不像某些小诗那样空灵。叙情长篇有很强的自叙性,与诗人的生活、思想联系更直接,给人更多的具体感、真切感。由于叙情长篇体制阔大、多用实写,它对生活的卷入相当深广,具有浓厚的生活气息、鲜明的主体性。长诗本身往往体现为一种绵延开展的动态系统,与某些收敛内向、自足自在的小诗,大异其趣。

叙情长篇在唐诗中是一批掣鲸碧海的伟构,对各个作者来说,则往往是该诗人代表性的篇章。较之某些叙事诗题材和情趣向市民方向靠拢,叙情长篇则更符合诗言志的传统,它的身份、口气都更加士大夫化。心胸博大、才情高超的诗人,往往藉这些长篇驰骋笔力,对自己某些阶段的生活感受进行总结性的咏唱。这些长篇从诗人注意力较多地落在身世感受抑或时世感受上看,大致有两种类型:李白、韩愈、白居易、李商隐等人的作品,以及杜甫的《昔游》、《遣怀》等篇,较多地叙写身世感受;杜甫的《自京赴奉先县咏怀五百字》、《北征》则较多地叙写时世感受。但二者之间的界限不是绝对的。《自京赴奉先县咏怀五百字》写上层奢侈腐化、下层骚屑不安以及阶级对立、社会危机,同时写稷契之志落空的悲哀、幼子饿死的惨痛。《北征》一方面写战争的破坏、人民的苦难、国步的艰难;一方面又写自身的委屈、家庭的穷困、团聚时的复杂心境。诗人在前首诗中,抚迹有酸辛之感;在后首诗中,自顾叹身世之拙。两诗都是"上关庙谟,下具家乘",既是时代社会生活的写真,又处处体现诗人的性情怀抱。李白、韩愈一类写身世感受的长篇,由于涉及作家作品多,情况比较复杂,有的属于比较单纯的自叙,如骆宾王的《畴昔篇》、韩愈的《县斋有怀》;有的虽涉交游,而意图主要在于自叙,如李白的《忆旧游书怀赠江夏韦太良宰》、韩愈的《赴江陵途中寄赠三学士》;有的则酬赠用意更重,如李商隐的《偶成转韵七十二句赠四同舍》。但无论何种情况,述情道旧之言毕竟有限,诗人们仍然多利用述情的机会,介绍自身的遭遇和怀抱,藉以求取对方对自己的深入了解。如李商隐的《偶成转韵七十二句赠四同舍》追述与幕主卢弘止的旧谊,虽通过叙述生平遭际之困顿失意以见府主之知遇,但同时又是借此作一坎壈咏怀之自叙传。不仅见其身处逆境、仕宦艰难,同时亦在:"破帆坏浆"、"著破蓝衫"的困厄中,突出地显示性格中傲岸激昂、豪纵不羁的一面。这类长篇,包括单纯自叙性作品,有的通过自叙或对知交的倾诉,可以令人想见包围着诗人的社会环境和政治气氛。如李商隐入卢幕前的困厄,即暗透着大中初年政治形势的险恶;骆宾王"适离京兆谤,还从御府弹",亦可见武后时期利用爪牙和官僚机构对臣下防范惩治之严。有的则在自述所历所想时,直接插入对社会背景、国家大事和民生状况的描叙评述。特别是那些亲身卷入重大历史事变中的诗人,往往把国家大事和个人遭遇打成一片。深沉的人生感慨和强烈的社会感慨结合,使坎壈咏怀兼具诗史的性质。如李白《忆旧游书怀赠江夏韦太守良宰》通过交情与时势的交织组合,在诗中写进了天宝后期幽州形势、安禄山兵犯中原以及哥舒翰潼关之败、玄宗奔蜀、永王出师等时事,展现了安史之乱前后许多重要历史图景;韩愈《此日足可惜一首赠张籍》写贞元十五年汴州兵乱,《赴江陵途中寄赠三学士》写贞元十九年关中大旱,《送侯参谋赴河中幕》写元和四年讨成德叛镇,也都是在叙情中涉及时事。以上诸作,说明叙旧道情中的优秀长篇,通常是借与友人叙情论心,作为引发创作的契机,中心仍落在抒写怀抱和反映时代生活方面。诗人与友人的聚散离合,牵连许多逝去的岁月。在叙旧之际,极容易把一腔热血、满怀感触引发出来,不仅由昔而今陈述自己的心灵历程,同时连带着对往时的遭际乃至当日的环境气氛、朝廷政治局面作出回顾反思。这样,着重于身世感受的这一部分叙情长篇,在自叙怀抱和遭遇的同时,广泛地反映了时代生活;着重于写时世感受的一部分叙情长篇,却也处处不离开切身的经历和体验。两部分叙情长篇,注意力和着眼点可能各有侧重,但其中优秀篇章,则往往兼具两重性质:是坎壈咏怀的篇什,又是反映时代生活的乐章。

　　叙情长篇是诗歌叙事和抒情两大因素在协调统一过程中产生的,随着诗歌中叙事、抒情乃至议论等多种成分组合的千变万化,不仅叙情长篇的格局面貌表现为一动态序列,而且有的作品还在一定程度上越出一般抒情诗、叙事诗和叙情长篇的常规,呈现复杂情况。联系叙情长篇的艺术经验,可以对这些作品内部成分的组合进行比较对照。白居易《琵琶行》从叙述琵琶女的故事角度看,是一首叙事诗,而从诗人自叙角度看,又包含有叙情长篇的某些成分和韵味。琵琶女身世和作者身世的近似之点,构成了"同是天涯沦落人"这样把双方绾合起来的主调，所以能够在叙事诗中有机地融合叙情长篇的某些成分，而不见任何扭合的痕迹。白诗在几种成分的组合上是成功的，而元稹的《连昌宫词》、韦庄的《秦妇吟》，在人物叙说之外，加上作者介绍，像是一层薄薄的抒情诗的外壳，套着一个叙事诗的内核，从人称、语调和前后气氛看，让人有不完全协调统一之感。李商隐的《行次西郊作一百韵》有追摹杜甫《北征》的用意。但他采取"作者——村民——作者"三段式。只开头、结尾与《北征》仿佛，中间部分由村民出场评述开元至开成年间的社会变化、朝政得失。谈话的内容语气与其身份并不相称，展现不出像《北征》那种真正出自亲身体验的生活过程与心灵历程。谈话一段的过分膨胀和三段之间语气的变化，也使前后有不够融贯匀称之感。可以说作者虽然在某些方面学杜，但终究是借述史事以议政之作，而有别于《北征》式的叙情长篇。对照分析唐人这些长诗，可以看出，叙事、抒情、议论组合的形态虽然变化多样，但要做到长篇中各种因素和各个部分都能真正有机统一，具有故事情节的整一性，或如同主体亲身经历体验的那种生活魅力，实在并非易事。李白、杜甫、韩愈等人的优秀叙情长篇，在唐文化的特定背景下，凭借唐诗高峰期卓越的抒情叙事艺术，在这些方面为诗歌发展作出了重要开拓。叙情长篇中那种前后相续、不断发展演进的情感过程，几乎像叙事诗中"有头，有身，有尾"的情节一样，给全诗以一种开合起伏而又不致松懈散漫的内在凝聚力。它以表现情感过程为中心，把各种境况纳入主体的体验观感之中，既有坎壈咏怀，又有史诗之笔，融叙事、描写、抒情、议论等多种因素，却保持了艺术上的有机完整、生动具体。这类作品给民族诗歌朝规模宏大、内容丰富深广方面发展所提供的艺术经验，无疑是值得认真加以总结和吸取的。

　　叙情长篇非有巨大的才力难以驾驭。唐诗中这一类型的成功之作多出自大诗人之手，而且多半出现在这些诗人的中后期，是正当他们阅历丰富、精力旺盛、诗艺成熟、感慨最深的时候。由于叙情长篇的作者要用一大片魄力去写，读者也相应要用一大片魄力去读，甚至评论介绍也要费一大片气力去从事，所以历代选本选录和反映不够。特别是一些普及性选本，被动地适应一般读者的欣赏习惯，更很少以之入选。"或看翡翠兰苕上，未掣鲸鱼碧海中。"从全面地认识唐诗，藉以发展我们民族诗艺创造力的角度来要求，这种不足应该得到弥补。

第十一章 几种主要诗体的艺术风貌

一、唐诗的分体

中国古典诗歌发展到唐代,体制大备。诸体在字数、长短、音节、格调、偶对等方面各不相同。由于体式纷繁,各体之间又互有交叉,以致清代学者们尚有"分界之际,究未显揭"之叹。但如不求苛细纤悉,则明代胡震亨在《唐音癸签·体凡》中于诸体的原委分合所作的说明,还是比较清楚的,兹录如下:

> 今考唐人集,录所标体名,凡效汉、魏以下诗,声律未叶者,名往体;其所变诗体,则声律之叶者,不论长句、绝句,概名为律诗、为近体;而七言古诗,于往体外另为一目,又或名歌行。举其大凡,不过此三者为之区分而已。至宋、元编录唐人总集,始于古、律二体中备析五七等言为次。于是流委秩然,可得具论:一曰四言古诗(有古章句及韦孟长篇二体,唐作者不多),一曰五言古诗(唐初体沿六朝,陈子昂始尽革之,复汉魏旧),一曰七言古诗,一曰长短句(全篇七字,始魏文。间杂长句,始鲍明远。唐人承之,体变尤为不一。当与后歌行诸类互参),一曰五言律诗(唐人因梁陈五言四韵之偶对者而变),一曰五言排律(因梁陈五言长篇而变),一曰七言律诗(又因梁陈七言四韵而变者也。唐一代诗之盛,尤以此诸律体云),一曰七言排律(唐作者亦不多,聊备一体),一曰五言绝句,一曰七言绝句。(绝句即六朝人所名断句也。五言绝始汉人小诗,而盛于齐梁。七言绝起自齐梁间,至唐初四杰后始成调。又唐人多以绝句为乐曲……)外古体有三字诗(李贺《邺城童子谣》),六字诗(《牧护歌》),三五七言诗(始郑世翼,李白继作),一字至七字诗(张南史及元白等集有之,以题为韵,偶对成联。又鲍防、严维多至九字),骚体杂言诗(此种本当入骚,如李之《鸣皋歌》,杜之《桃竹杖引》,相沿入诗,例难芟漏),律体有五言小律、七言小律(严沧浪以

唐人六句诗合律者称三韵律诗。昭代王弇州始名之为小律云），又六言律
诗（刘长卿集有之），及六言绝句（王维集有）。而诸诗内又有诗与乐府之
别，乐府内又有往题、新题之别。往题者，汉、魏以下，陈、隋以上，乐府古题
唐人所拟作也（诸家概有，而李白所拟为多，皆仍乐府旧名。李贺拟古乐
府，多别为之名，而变其旧）。新题者，古乐府所无，唐人新制为乐府题者也
（始于杜甫，盛于元、白、张籍、王建诸家。元微之尝有云：后人沿袭古题，唱
和重复，不如寓意古题，刺美现事，为得诗人讽兴之义者，此也……）。其题
或名歌，亦或名行，或兼名歌行（歌，曲之总名。衍其事而歌之曰行。歌最
古，行与歌行皆始汉，唐人因之）。又有曰引者，曰曲者，曰谣者，曰辞者，曰
篇者（抽其意为引，导其情为曲，合乎俗曰谣，进乎文为辞，又衍而盛焉为
篇。皆以其词为名者也）。有曰咏者，曰吟者，曰叹者，曰唱者，曰弄者（咏
以永其言，吟以呻其郁，叹以抒其伤，唱则吐于喉吻，弄则被诸丝管。此皆
以其声为名者也）。复有曰思者，曰怨者，曰悲若哀者，曰乐者（如李白之
《静夜思》，王翰之《蛾眉怨》，杜甫之《悲陈陶》、《哀江头》、《哀王孙》，乐则
如杜审言之《大酺乐》、白居易之《太平乐》、张祜之《千秋乐》，又皆以情为
之名者也）。凡此多属之乐府，然非必尽谱之于乐。谱之乐者，自有大乐，
郊庙之乐章，梨园教坊所歌之绝句、所变之长短填词，以及琴操、琵琶、筝
笛、胡笳、拍弹等曲，其体不一。而民间之歌谣，又不在其数……唐诗体名，
庶尽乎此矣。

胡震亨的解说，对于我们了解唐诗繁复多样的体式是很有帮助的。不过，通常
的分类不能这样繁杂，明代高棅《唐诗品汇》、清代沈德潜《唐诗别裁集》两个重
要选本，将唐诗划分为七大类：五言古诗、七言古诗、五言律诗、七言律诗、五言
长律、五言绝句、七言绝句。他们这种分类法，已为明清以来一般学者所接受。
其中五古、五律、五言长律、七律、五绝、七绝，都是齐言，只有七古既包含齐言，
也包含杂言。只要篇中有七言的句子，无论徒诗、乐府，还是骚体等，都一并包
括在内。除这样七类外，当然还有四言诗、六言诗、七言长律等，但数量有限，唐
诗绝大部分篇章，都可列入上述七类之中。由于五言长律一体，篇幅短的风貌
接近五律，篇幅长的今天一般读者已很少问津，故本书姑且从略，只讨论其馀六
类诗歌的风貌。

二、古体诗

（一）五古

五言诗从汉代开始,就成为诗歌的主要样式,直到唐代,仍未见衰。由于自身体制上的特点,也由于在长期发展过程中所形成的历史传统作用,五言古诗在唐诗中所拥有的领地相当宽广,它给诗人们提供了一种似乎比较平,实际上却很有弹性、能够反映多种面貌和思想情感的文学样式。

五言在音节乃至意念节奏上一般是不激不厉、逐层向前推进的,即所谓按辔有程,而较少过猛过急的动荡起落。较之《诗经》四言句、近体诗的律句和七言歌行的长句,它更接近于自然语气。因此五古多半写得比较朴实。一些亲切的平易近人的情与境,如农家生活、山水景物、骨肉情感,用五古写来倍觉亲切。同时从时间发展过程看,它在五七言诸体中最为古老,汉魏两晋的文化精神对它有较深的浸染,遂具高古、浑厚等特征。它外在给人的感觉一般显得简省,而内中往往渊深朴茂,有较为充实的内涵。

五古和其他文学体裁一样,有它自身的风貌特征,但在长期历史发展过程中,又不可能一成不变。唐代五古在新的社会和文学条件下,有它新的表现。有人把汉魏五古视为极则,以汉魏之"古"量长较短,不承认唐代五古的应有地位。明代李攀龙说:"唐无五言古诗,而有其古诗。陈子昂以其古诗为古诗,弗取也。"(《唐诗选序》)他看到了唐代五古与汉魏五古的区别是不错的,但因为有这种区别,就对唐代五古弃而不取,则是受了只重源不重流的狭隘观念支配。①汉魏五古本身有两种:一种是以汉乐府为代表的偏于叙事的体系;一种是从苏李赠答、古诗十九首到陶渊明的偏于抒情的体系。李攀龙以之为古诗正格的也不过是后一种而已。事实上五古到了谢灵运手里,即已发生了变化,由纯任自

---

①金代元好问关于五古的品评亦颇苛严,但在唐五古中至少还肯定了陈子昂等人。其《东坡诗雅引》云:"五言以来,六朝之陶谢,唐之陈子昂、韦应物、柳子厚最近风雅,自馀多以杂体为之,诗之亡久矣。"清王士禛受元好问、李攀龙等人影响,所编《古诗选》于五古一体断自六朝,唐代仅取陈子昂、张九龄、李白、韦应物、柳宗元五家附于六朝之后。但他在《居易录》中说:"唐五言诗,开元、天宝间大匠同时并出。""盛唐诸公五言之妙……于六朝率揽其菁华,汰其芜蔓,可为学古之法。"可见他虽然认为唐代五古与汉魏古诗有别,但对唐代五古也并不低估,较李攀龙有见。

然到人工经营，由虚括到注重具体描写，由浑朴到打开声色之门，而在总体上与陶以前的五古构成"真"、"厚"与"新"、"俊"的区别。永明之后，作诗多讲究声病，其时的五言诗，唐人称为"齐梁体"，更与汉魏五言诗迥然有别。反倒是陈子昂反齐梁复汉魏，才真正在内质上逼近汉魏五古传统。当然由于唐代具有丰富多彩的社会生活、文质彬彬的文化环境，诗人们对于题材和语言潜在功能的多方面开拓，又不能不使五言诗演化出许多前所未有的局面。而这正是五古发展史上一个新的富有活力的阶段，它使五古的体裁特征和唐调的时代特征得到了完美的统一。"盛唐诸诗人惟能不为建安之古诗，吾乃谓唐有古诗。"（叶燮《原诗·内篇》）像这样从发展的眼光去肯定唐代五言诗是正确的。

胡应麟说："唐初（五古）承袭梁隋，陈子昂独开古雅之源，张子寿首创清澹之派。盛唐继起，孟浩然、王维、储光羲、常建、韦应物本曲江之清澹，而益以风神者也。高适、岑参、王昌龄、李颀、孟云卿，本子昂之古雅而加以气骨者也。"（《诗薮·内编》卷二）在初盛唐诸名家中理出了两条线索是不错的。但唐代五古中成就更为多方面的是李白、杜甫和韩愈三家。这三位诗人的五古，都具有前人以及上述名家所未具备的广阔社会内容，在基本保持五古一些主要特质的同时，最富有拓新的胆识与才力。李白《古风五十九首》和《长干行》等乐府诗，经心用意，近于五古正宗。而另外许多看似不甚经意的抒情赠友之作，格调放逸，变化莫测，更能显示李白的精神气质。杜甫的五古，牢笼众有，品类更多。尤其是他的《北征》、《自京赴奉先县咏怀五百字》及"三吏"、"三别"等篇，把五古叙事和抒情的传统结合到一起，广阔苍茫，可以说是唐调五古的丰碑。比起陈子昂、李白、杜甫等人，韩愈的五古当然往往因逞才使气稍欠古朴淳厚之美，但他笔力强、用意正，仍然可算唐代五古巨擘。他又非常富有戛戛独创的勇气，如《南山诗》将汉赋铺张雕绘之体移之于诗，管世铭说："不读《南山诗》，那识五言材力，放之可以至于如是。"（《读雪山房唐诗序例》）从发挥五言诗的潜在功能看，韩愈和中唐一些诗人的尝试仍应给予重视。尽管到了晚唐，由于情志和格调愈来愈卑靡，五古这种更为强调"质"的诗体，终于衰微。但陈子昂到中唐诸大家在五古这块土地上耕耘所取得的成绩，还是得到了多数学者的公认。管世铭在《读雪山房唐诗序例》中评述唐代五古："五言肇兴至唐，将及千载，故其境象尤博。即以有唐一代论之：陈、张为先声，王、孟为正响。常建、刘昚虚几于苏、李天成，李颀、王昌龄不减曹、刘自得。陶翰慷慨，喜言边塞；储光羲真朴，善说田家。岑嘉州峭壁悬崖，峻不得上；元次山松风涧雪，凛不可留。李供奉襟情偶傥，集建安、六代之成；杜员外气韵沉雄，尽乐府古词之变。韦、柳以澄澹为宗，钱、李以风标相尚。韩、孟皆戛戛独造,而途畛又分;乐天若平平无奇,而裨益自远。其他一吟一咏,各自成家,不可枚举。于戏,其极天下之大观乎!"这段话不仅高度评价了唐代五古,而且在历数唐代名家的同时,扼要地从风貌上作了介绍,我们可以在管氏勾画的轮廓基础上进一步加以研究。

(二)七古

七古的产生和发展,迟于五古。《诗经》和《楚辞》中虽然有些七言的句子,但不能称为七言诗。项羽《垓下歌》、刘邦《大风歌》、刘彻《秋风辞》、刘彻和群臣共赋的《柏梁诗》、张衡的《四愁诗》,仅可算七言的萌芽。其后,曹丕的《燕歌行》、陈琳的《饮马长城窟行》、鲍照的《行路难》以及"东飞伯劳西飞燕"、"河中之水向东流"等篇,虽然很杰出,但总的来说,数量还是很有限的。可以说,隋唐以前,虽然具备了七古这种形态的诗体,但谈不上有丰厚的遗产,更没有形成具有约束性的传统力量。唐人在这一诗体中并不沿袭旧轨,不断加以新变,呈现出纷繁壮盛的局面。所以宋代有七言无古诗之论,实际上是不得不承认唐人之作为七言正宗和楷式。王士禛说:"七古,前代虽有,唐人独盛。"(《师友诗传录》)相对于五言而言,唐人在七古中表现了更大的创造力。一系列七古名篇,也更具有唐人的精神面貌和时代气息。

七古的概念,内涵不像五古那样确定和单一。胡应麟说:"七言古诗,概曰歌行。"(《诗薮·内编》卷三)而有些学者,却将古诗、乐府和歌行加以区分。凭直觉印象,几者固然有其各自的面目,但粗分比较容易,若对具体作品一一加以归类,则比较困难。往往是不细析则已,细析则有治丝愈棼之感。所以高棅的《唐诗品汇》、沈德潜的《唐诗别裁集》都不作苛细划分,在七古名目下,既收了古诗、歌行,同时也收了乐府和杂言等。

七古在唐代成就虽高,但能在这一体上获得成功的作家并不很多。初唐和盛唐各有一种七古,中唐白、韩两派分别继承之,造成了二水分流但中间又往往互相沟通的局面。初唐七古以卢照邻、骆宾王、王勃等人为代表。冯班说:"至梁末……诗赋多有七言,或有杂五七言者,唐歌行之祖也。"(《钝吟杂录》)卢、骆等人在梁陈赋的基础上,适应表现初唐时代盛大气象和庶族文人开阔胸襟的需要,创造了《长安古意》、《帝京篇》等七言长诗。这些诗,变梁陈的艳丽为富丽,格局开阔,气度宏大,多用律句,数句(四句、六句或八句)一转韵,蝉联而下,七言之体,至此畅发。嗣后,李峤、宋之问、刘希夷、张若虚等,基本上承其框架脉络,而更为调纯语畅,富有情采。在篇章结构方面,他们不同程度地改造了卢、骆的冗繁，显得较为简约和较有变化。不过，总的来说，从卢、骆到盛唐中间的这些作家对卢、骆继承多而革新较少。盛唐作家，则一方面在一些作品的转韵方式和运用对句、律句等方面吸取了初唐的艺术经验；另一方面，在更多的情况下，不拘声病，不把骈骊视为能事，以前所未有的魄力，大胆地推陈出新，"极尽变态"。"高达夫七古，骨整气遒，已变初唐之靡。"（施补华《岘佣说诗》）"李太白崛起，奄古人而有之，根于《离骚》。杂以魏三祖乐府，近法鲍明远，梁陈流丽，亦时时间出，谲辞云构，奇文郁起。后世作者，无以加矣。歌行变格，自此定矣。子美独构新格，自制题目，元白辈祖之，后人遂为新例。陈隋初唐诸家，渐渐灭矣。"（冯班《钝吟杂录》）这样，盛唐诸大家以其卓越的成就，与初唐七古划开了明显的界限。冯班称初唐七古为"齐梁体"、盛唐七古为"古调"。刘熙载则进一步发挥说："七古可命为古近二体：近体曰骈、曰谐、曰丽、曰绵，古体曰单、曰拗、曰瘦、曰劲。一尚风容，一尚筋骨。此齐梁、汉魏之分，即初、盛唐之所以别也。"（《诗概》）这种区分，有助于我们把握初盛唐七古各自的主要特征。以后韩愈继承了李杜的七古而又别开境界。他的一系列长篇，句法上强劲排奡，韵法上常常一韵到底，篇法上虽变化不及李杜，而规模堂庑往往更加阔大。白居易、元稹继承四杰的体式，以优美流畅的语言、宛转的格调，将叙事和抒情揉合在一起，创作了《长恨歌》、《琵琶行》和《连昌宫词》等篇。而元、白和张籍、王建等人的乐府，则又继承了杜甫"即事名篇"的精神和李白、杜甫歌行、杂言的句式，另成一种局面。可见由初、盛唐七古发源的两条线，对中唐都产生了积极的影响。

七古在中国古代诗歌中是最少约束、最富有容量的一种体式。它亦歌亦诗，亦文亦赋，篇幅可长可短，语言灵活自由，声韵变化自如。因此，它给唐代诗人提供了一种可以放笔骋气，尽量发扬才思，即事即物即情地抒写，开合纵横，创新出奇的诗体。唐人的创造力在七古一体中得到了最充分的表现，万宝杂陈，群雄竞逐，足令后人叹为观止。但与此同时，我们也看到从事七古（特别是通常所谓七言歌行）创作所面临的一种矛盾，即它的容量，它的自由，它对于创造力的呼唤，与一般作者的才气、功底以及生活感受的深广程度，常常构成很大悬差。就句而论，七言句较五言句多两字，句的涵量要比五言大得多，有时甚至是两个五言句之和。如刘熙载的《诗概》所举的"明月皎皎照我床"之于"明月何皎皎，照我罗床帏"之类。就篇而论，七言歌行一般比律绝要长，需要有充实阔大的内容。即使是歌行短篇，也需要有厚气远韵，方为称体。七言声长字纵，跟口语的距离比五言大，句法本身就有扬厉之势，加以章法上的开放自由，它需要有一种气势和张力，至少是"必有一段气足神旺处，方足耸目"（施补华《岘佣说诗》)。而与此同时,七古又不是绝对没有法度。较之别的诗体,它是更多地在运动中求法度,在风樯阵马之中不失左右规矩。它凭借浩气的鼓荡,忽疾忽徐,忽收忽放,忽停忽转,但即使在最散漫处,也应该如"老将用兵,漫山弥谷,结率然之阵,中击不断"(田雯《古欢堂集杂著》)。此外,它还讲究音节,讲究格调。因此,才力不足,或是精神不够发越解放的作者,驾驭七古总是很难得心应手。孟浩然很善于扬长避短,写了《夜归鹿门歌》等名作,但终究佳什不多,而且绝无长篇。王维虽然也是七古名家,但精神的发越解放显然不够,故只能较多地继承四杰的传统,格整而气敛,骈骊气息较浓,在骨力变化方面,远不能与李杜抗衡。任华、卢仝、马异等人,诗胆有余,诗才不足,又难免生拉硬凑,"务喝喊以为豪",而缺少法度。所以七言歌行对于诗人来讲,往往易于扬长,难以避短。胡应麟说:"李杜之才,不尽于古诗,而尽于歌行。"(《诗薮·内编》卷三)钱泳说:"七古以气格为主,非有天姿之高妙,笔力之雄健,音节之铿锵,未易言也。尤须沉郁顿挫以出之,细读杜韩诗便见。若无天姿、笔力、音节三者而强为七古,是犹秦庭之举鼎而绝其膑矣。"(《履园谭诗》)这些话正是看到了七古创作中面临的矛盾,并非危言耸听。当然,所谓天姿和才气,终究和诗人所处的时代及其生活遭遇有关。李杜韩白的时代,社会物质文化条件助长了他们的才思和大胆创造的精神。他们自身的学力、生活,也为创作歌行提供了丰富的资料。这正是开元、天宝和贞元、元和时期歌行得以登峰造极、大放异彩的原因。出于同样道理,晚唐诗人自然也不会再有太大的兴趣魄力去创造与他们心态不甚相合的歌行了。杰出的诗人如李商隐、温庭筠、杜牧,虽然并没有完全废弃七古创作,但除《韩碑》等有数的几篇外,总体上给人的感觉则是"秾鲜柔媚近诗馀矣"(许学夷《诗源辩体》卷三十)。七言歌行,诗家也称为七言长短句,但它和另一种长短句构成的诗歌样式——词,恰恰是一个发越张扬,一个收敛内向;一个需要自出机杼、绝去因袭,一个则有固定的程式。既然诗人们的才思笔力写歌行已经不能适应,那就需要更多地往近体诗和词方面寻找出路了。

三、近体诗

(一)律诗

　　律诗是顺着六朝文学发展趋势必然要演化出的一种诗体。六朝文学重视丽辞,讲究声律,正是为律体的出现开辟了道路。赵翼说:"自谢灵运辈始以对属为工,已为律诗开端;沈约辈又分别四声,创为蜂腰、鹤膝诸说,而律体始备。"(《瓯北诗话》卷十二)谈律诗的产生,追溯到谢灵运和沈约是应该的,但他把律诗从"开端"到"始备"这样一个进程,推前了一些。如同五、七古的发展有先有后一样,五、七律的发展也是不平衡的。五言律诗,阴(铿)、何(逊)、徐(陵)、庾(信)大致可算是开端,到了初唐四杰及沈、宋、杜审言等,又加以发展。尤其是沈、宋和杜审言造诣更深,体制更纯正,把五律进一步推向成熟。盛唐时期,王维、孟浩然、高适、岑参、李白、杜甫等人并出,各人发挥所长,分道扬镳,众妙咸备,使五律创作达到极盛局面。其后,大历时期的刘长卿、韦应物,元和时期的韩愈、白居易,晚唐时期的李商隐,虽然都写了不少名篇,但"变态虽多,无有越(盛唐)诸家之范围者矣"(沈德潜《唐诗别裁集·凡例》)。总之,五律一体,由于"律句自齐梁始,其来自远",成熟和发展都比较早,开元、天宝时期已达到了极顶。与五律相比,七律发展进程要慢得多。唐以前,梁简文帝、庾信、隋炀帝仅有个别篇章可算七律的萌芽。初唐四杰写了大量五律,却未在七律方面进行尝试。在唐代诗人中开始有成功之作的,是更晚一些的沈、宋及杜审言、李峤等人。但数量少,体制上尚未能像他们的五律那样纯美。开元、天宝时期的重要诗人,均采用七律的形式写有佳作,特别是王维的精深华妙和李颀的清丽典则颇受后人推崇,但从总体看,盛唐时期七律数量依然有限,体制风格变化不多,内容上与他们古诗和五律那种广阔丰富的程度相比,也距离很远。直到杜甫后期对七律作了多方面的开拓,才使得这一诗体开始取得和五、七古及五律相并列的地位。杜集中的七律达一百五十一首之多,超过了他以前初唐和盛唐诗人所作七律的总和。① 但杜甫从质量和数量上对七律作出巨大的贡献,是在其前期创作丰富经验的基础上,继之以晚年辛勤劳动才取得的。赵翼指出,杜甫在朝的时候(公元758年),与诸人一起作七律,"犹多写景,而未及于指事言情,引用典故。"等到杜甫漂泊西南以后,"以穷愁寂寞之身,借诗遣日,于是七律益尽其变,不惟写景,兼复言情;不惟言情,兼复使典。七律之蹊径,至是益大开"(《瓯北诗话》卷十二)。这样地把全面推进七律成熟发展之功归于杜甫,且归之于杜甫晚年,是符合实际的。由于七律成熟较晚,开元、天宝时代的大师们没有充分地借以大显身手,所以杜甫之后,七律仍然有所发展。如刘长卿、钱起的七律,格律精纯,富于韵致;刘禹锡、白居易的七律,对偶参以活句,追求变化错综;李商隐的七律,用意深而措辞婉,运以秾丽,极尽妍态,在七律的发展上都作出

---

①据萧涤非先生统计。见《杜甫研究》上卷,齐鲁书社1980年版。

了贡献。

律体字数有有定格,对仗有定格,声律有定格,它是经过多少代人揣摩研炼而创立起来的,因此它更多地具有均衡、整齐、圆润、和谐等特点。八句的律诗,尤其是中间两联与古诗的陈述方式相比,区别相当明显。古诗一韵之间上下两句意思通常是直贯的,连起来才是一个完整的意思。而律诗一联之中两句往往是一句一个相对完整的意思,两句互相对称,组成一个联合体。古诗上下句相贯,在语意、语气方面动态感比较强,律体(中间四句)上下句相对,静态感较强。所以古诗宜于叙述,而律诗适合于一句一景,以一联(两句)构成一个均衡和谐的画面。律诗平仄配合,富有音乐性,对于六朝"丽辞"沿而不废,较之古诗,它的文辞也提炼得更为优美。

五律和七律,风貌上又有差别。五言限于字数和音节,比较端正、浑厚。它显得有节制,显得优雅而稍近古朴。七言声长字纵,"曼声可听,而古色渐稀"。由于每句较五言多两字,"语长气短者易流于卑,而事实意虚者又几乎塞"(范晞文《对床夜语》),"平叙易于径直,雕镂失之佻巧"(沈德潜《唐诗别裁集·凡例》),所以七律"尤贵气健",必须排荡而成。这样它就不能像五律那样沉静、贴妥,气格风神更显得不平常一些。

律诗在唐人手里定型,又是由唐人把它推向极致。中唐以后,古诗创作数量减少,律诗创作数量超过古诗。① 加以应试用五律,应制用七律,律诗成了唐代文人苦心研炼的重要对象。因此,有人认为律诗是唐代诗歌的代表。焦循

① 关于四唐各体诗的数量,施子愉曾就《全唐诗》存诗一卷以上诗人的作品进行统计,制成下表,载《东方杂志》第四十卷第八号。

数目 体裁＼时期	初唐	盛唐	中唐	晚唐
五言古诗	663	1795	2447	561
七言古诗	58	521	1006	193
五言律诗	823	1651	3233	3864
七言律诗	72	300	1848	3683
五言排律	188	329	807	610
七言排律		8	36	26
五言绝句	172	279	1015	674
七言绝句	77	472	2930	3591

说："论唐人诗以七律、五律为先，七古、七绝次之。诗之境至是尽矣……余尝欲自楚《骚》以下至明八股撰为一集。汉则专取其赋，魏晋六朝至隋专录其五言诗，唐则专录其律诗……还其一代之胜。"（《易馀籥录》）这种看法，可以说在有意抬高律诗地位的同时，又无意中贬低了它。把唐律的成就放在唐代古诗之上，不免有些拔高夸大。但把它和明代八股文之类同时推举为"一代之胜"，却又未必光彩。焦循并没有根据真实的思想艺术价值去衡量他所品评的对象，而只看一种文体成于何时及其在当时风行的程度，故王国维批评焦循说："余谓律诗与词，固莫盛于唐、宋，然此二者果为二代文学之最佳之作否，尚属疑问。"（《宋元戏曲史·元剧之文章》）

律诗在体制上有它的内在矛盾，一方面它的声律对偶经过一代代人的研揣，在作者面前树立起一套有规矩可依的范型；但另一方面它越是把规矩研揣得细密，对人在艺术上发挥自由创造精神的束缚力就越大。这从李白、韩愈、李贺等很少创作七律的事实中，可以得到一些消息。因为敛才就法对于他们这些喜爱自由创作的诗人，显然是难以忍受的。《唐宋诗醇·凡例》云："大家全力多于古诗见之。就近体而论，太白便不肯如子美之加意布置；昌黎奇杰之气尤不耐约束；东坡才博，又不免轻视，故篇体常近于率。惟白、陆于古今体间庶少偏向耳。"

"律伤严，近寡恩。"（强幼安《唐子西文录》）五律句短，束缚力还相对小一些，七律句长，每句都多一层束缚，更是壁垒森严。胡应麟说："近体之难，莫难于七言律。五十六字之中，意若贯珠，言如合璧。其贯珠也，如夜光走盘，而不失回旋曲折之妙；其合璧也，如玉匣有盖，而绝无参差扭捏之痕。綦组锦绣，相鲜以为色；宫商角徵，互合以成声。思欲深厚有馀，而不可失之晦；情欲缠绵不迫，而不可失之流。肉不可使胜骨，而骨又不可太露；词不可使胜气，而气又不可太扬。庄严，则清庙明堂；沈著，则万钧九鼎；高华，则朗月繁星；雄大，则泰山乔岳；圆畅，则流水行云；变换，则凄风急雨。一篇之中，必数者兼备，乃称全美。故名流哲匠，自古难之。"（《诗薮·内编》卷五）认为七律符合这样多方面的要求固然"不免于罔世"（许学夷《诗源辩体》卷十七），但由此也可见这种诗体由声律对仗牵连而生的清规戒律之多。

历来诗评家绝大多数认为作七律最难。但这种难与我们在谈七古时所讨论的那种困难很不一样。七古没有固定的程式可循，它呼唤诗人的创造力，对于作者一般是能够扬长，难以避短。七律则有严格的程式："古诗可以驰骋由我……至局变而为律体，则承应既难，又不可无承应；关锁费手，又不可废关锁。一句之离，则上下体势俱碍；一字之滞，则通篇神理不浃。求其前后联属，血脉贯通,盖难之矣。"(毛张健《唐体肤诠·丹黄馀论》)这样,一方面固然是难,而另一方面由于七律的程式化,低能者经过平时反复训练和创作时的苦吟,在通过程式这一关之后,有七律的声调对偶等所谓"空壳套子"的掩护,偶尔也能瞒过俗人的眼睛而鱼目混珠。所以律体或许又可能遮人之短,似乎能在诗中把人的才能拉平。对于律诗的戒律,胡适是非常反感的。他在《白话文学史》中也将律诗与八股文并提,而认为是"枷锁镣铐",说"骈偶之上又加一层声律的束缚,文学的生机被它压死了。"话虽然说得过激,但历来只强调律诗之难的人,却很少有谁掉过头来打通这一关,从诗体本身的局限着眼。王国维说:"近体诗体制,以五、七言绝句为最尊,律诗次之,排律最下。盖此体于寄兴言情,两无所当,殆有均之骈体文耳。"(《人间词话》五九)也是近代在文学思想开始尊尚自由的风气下,方能出现这样的评论。

　　看到律诗在体制上的局限,有助于我们进一步认识唐代诗人的艺术功力和创造精神:①声律对偶在杜甫、李商隐等人的作品中被运用得极其得心应手,如驱遣最为听话贴心的奴仆。"用强如用弱,用长如用短",因难见巧,令人叹为观止。②律诗在妥贴地通过声律对偶的严格监禁之后,容易失去生气。针对这一难题,唐人在章法、在起结承转方面作了极大的努力。强大的生气,能够穿透极严的关卡流贯全身。所谓"处处打得通(合律),又处处跳得起(不被律捆死),草蛇灰线,生龙活虎,两般能事,以一手兼之"(刘熙载《诗概》);所谓"又凝重,又流动","能求之章法,不惟于字句争长"。这些在杜甫、王维、李商隐等人的律诗里都有充分的体现。③限于声律、对偶和篇幅,律诗不宜于叙事和描写人物。但杰出的诗人往往能在抒情写景中,以精炼含蓄的笔法,对事件和人物作出概括和暗示。杜甫在《蜀相》里以"三顾频烦天下计,两朝开济老臣心",在《咏怀古迹》里以"一去紫台连朔漠,独留青冢向黄昏"等诗句,分别概括了诸葛亮的生平和王昭君的悲剧。在《又呈吴郎》里,通过劝说吴郎,兼带写出那位打枣妇人的孤寡、窘困和复杂的心理。李商隐许多诗用侧笔写女子形象,"已闻环佩知腰细,更辨琴声觉指纤"等句,所写之人达到呼之欲出的程度。朴苟鹤甚至尝试着用律诗来行使像白居易新乐府那样写人叙事的功能,写出像《山中寡妇》等名作。④李白、杜甫等诗人,在律诗中并不放弃对自然的追求,或运古入律,或引口语入诗。特别是杜甫在体式上作了各种探索和变化,又好作拗体和连章,其根本意图就是要解决律体的内在矛盾,拓宽律诗的天地,使律诗能够变得灵活,适合于反映更丰富的生活内容。

　　律诗在中唐以后的发展逐渐超过古体,其间起伏盛衰的消息,是一个值得探讨的课题。

　　元稹说:"律体卑下,格力不扬。"而大历以后开始由重风骨逐渐走向追求风调,"韵律调新,属对无差,而风情宛然"(元稹《上令狐相公诗启》)的律体,自然更容易见风调。晚唐诗人才力不及盛唐大家。心思收敛,更重自我抒情,对以宽阔的篇幅叙事写人、反映社会生活,既感到难以驾驭,又缺少足够的兴趣,也是由写古体转向写律体的重要原因。而从律诗的来源看,它起于六朝,腔调方面的声律化,语言方面的骈偶藻丽,始终保持不变。因此六朝的南方文化的因子,柔美的成分在律诗中保留得多一些。唐诗发展到晚唐,六朝的传统在一些方面更多发挥作用,气质发生由刚向柔的变化。这样,律体创作盛于古体就成了一种自然趋势。

(二) 绝句

　　绝句最明显的特征是每首四句,而每首四句或是用四句表达一个意念单位是中国民歌和古代诗歌一个普遍的现象。翻开中国历代歌谣集,许多都是四句一篇,古老的《诗经》也是四句一章。因此绝句写成四句,在中国诗歌中应该说是自然而然的。当然,五、七言绝句形成具有自己独立风貌的诗体,也还有它的发展过程。高棅说:"五言绝句作自古也。汉魏乐府古辞则有《白头吟》、《出塞曲》、《桃叶歌》、《欢问歌》、《长干曲》、《团扇郎》等篇。下及六代,述作渐繁。"(《唐诗品汇·五言绝句叙目》)"七言绝句始自古乐府《挟瑟歌》,梁元帝《乌栖曲》、江总《怨歌行》等作,皆七言四句,至唐初始稳顺声势,定为绝句"。(《唐诗品汇·七言绝句叙目》)高棅基本上理清了五、七绝的源头。不过,最直接的导源主要是南北朝乐府。晋宋之际,非常繁盛的"吴歌"、"西曲"基本形式是五言四句,当时文人作五言四句诗也颇为流行。齐梁以后,这种形式的诗更为普遍,同时随着古诗由发展为新变体到形成律诗的过程,五言四句以及当时为数尚少的七言四句也日趋律化,到唐初遂定型为律绝。

　　绝句源于乐府,而绝句得名则由于联句。南北朝时文人联句的风气很盛,一般是各作五言四句。如果在联句中有人作了五言四句,他人未能联唱下去,那么这独立的四句就被称为断句或绝句。再发展下去,即使不与联句相干,而只要是五言四句,也可称为断句或绝句。这样由乐府歌谣来的五言四句便得了"绝句"之名,而七言绝句则又从五言绝句借用了名称。

　　绝句得名由于联句,而绝句的内容也并非与文人这种创作风尚毫无关系。联句与闭门作诗不同,它更多地是一种集体的口头创作,然后笔录、加工。所以联句诗较一般案头之作来得自然朴实,与民间创作容易接近一些。正是在这种情况下,它才能和五言四句的歌谣通过嫁接形成绝句这一体式。而绝句(特别是五言绝句)也因此与歌谣、与率笔口占的即兴式创作,有着更深的联系。

可能由于绝句源于乐府歌谣,跟"歌"有天然的缘分。且每首四句,既适合于演唱,也便于即兴创作,应付歌妓、乐工的需求。因此唐代所演唱的声诗,主要是绝句,特别是七绝。王士禛说:"开元、天宝以来,宫掖所传、梨园弟子所歌、旗亭所唱、边将所进,率当时名士所为绝句耳。故王之涣'黄河远上'、王昌龄'昭阳日影'之句,至今艳称之。而右丞'渭城朝雨'流传尤众,好事者至谱为阳关三迭。他如刘禹锡、张祜诸篇,尤难指数。由是言之,唐三百年以绝句擅长,即唐三百年之乐府也。"(《带经堂诗话》卷一)绝句作为歌辞,充当唐乐府的重要角色。除有助于推动绝句在语言上追求通俗流畅、深入浅出,声调上追求优美和谐外,由于歌辞需要群众性,需要在思想上、情感上沟通社会大众,以求引起广泛的共鸣,又促使唐代相当一部分绝句抒写的是一种带普遍性的情感。可以说不是一种纯个人的艺术,而是代表群体、反映一部分人的共同心声,使人听到后产生心灵上的共鸣。诗中的抒情主人公并非作者自己,而是假托的某一角色或某一群体;题材上则是以牵涉社会面大的宫(闺)怨、边塞、送别等最为常见。到晚唐,王朝面临没落之势,人们多沧桑之感,咏史、怀古的题材乃随即成为热门。中国文学本来就多注重于共相,少注重于别相,而绝句作为唐乐府,又加强了这种倾向,这就使得绝句中像古诗那样具体地抒写诗人自个生活经历、体验和思想情感的诗,在比重上相对要小一些。

绝句与其他一些诗体比较,显得更为精练、委曲、含蓄、自然,更容易上口。由于篇幅限制,在材料选择的典型化方面,要求更为严格。抒情写事,往往不能全面或正面展开,需要小中见大,借端托寓。王世懋说:绝句"贵有风人之致,其声可歌,其趣在有意无意之间"(《艺圃撷馀》)。即分别从表达、音节、意趣等方面指出了它的特点。胡应麟说:绝句"语半于近体,而意味深长过之;节促于歌行,而咏叹悠永倍之"(《诗薮·内编》卷六)。也是拿它和四韵律诗比较,强调以少许胜多许,并不因其短而减少意味,失去一唱三叹之致。绝句因为跟口头创作、跟乐府接近,"又是五七言诗里最不宜'繁缛'的体裁,就像温、李、皮、陆等人的绝句也比他们的古体律体来得清空"(钱锺书《宋诗选注·杨万里简评》)。

五言绝句和七言绝句除了这些比较共同的风貌特征外,还有一些自身的特征。由于五绝音节短促,产生过程中跟六朝乐府歌谣有更为密切久远的关系,所以它比七绝古朴,其差别有点类似五古、五律之于七古、七律。七绝每句较五绝多两个字,容量增加了,节奏上亦转折自如而无迫促之感,因而显得回旋动荡,摇曳生姿。它入歌的机会较五绝为多。作为乐章,更需要声辞俱美,情韵悠长。在文和质的关系上,"五言尚真切,质多胜文。七言尚高华,文多胜质"（胡应麟《诗薮·内编》卷六）。五绝由于字数少,文字的功力更加难于施展,率性在作品的风神等方面让七绝一筹,而图在其他方面另有所长,它要求立意造语有更多的天然机趣,直接地、真切地从生活和肺腑中流出。吴乔说:"五绝即五古之短篇,如婴儿孲笑,小小中原有无穷之意,解言语者定不能为……此体中才与学俱无用也。五绝,仙鬼胜于儿童女子,儿童女子胜于文人学士,梦境所作胜于醒时。"（《围炉诗话》卷二）话虽然似乎说得过了头,但意在强调五绝不可粉饰做作,须有真朴自然之趣。与此相对,如果再看王夫之对七绝的描述:"此体一以才情为主,言简者最忌局促,局促则必有滞累。苟无滞累,又萧索无馀。"（《姜斋诗话》）二者相较,可见有人说:"七绝贵神韵,五绝似纯乎天籁"（陈仅《竹林答问》）,并非没有道理。沈德潜在《唐诗别裁集·凡例》中关于五言绝句,举王维、李白、韦应物三家为极则,说三家之作"纯是化机,不关人力"。而关于七言绝句则说:"贵言微旨远,语浅情深,如清庙之瑟一倡而三叹,有遗音者矣。开元之时,龙标（王昌龄）、供奉（李白）允推神品。"以微言而求远旨,当然就不光是一种天籁式的自然自在的流露,而需要有作家的匠心和才情。

五言绝句和七言绝句在发展上也不完全一致。五绝发展较早,但由于"短而味长,入妙尤难"（张谦宜《绚斋诗谈》卷二）,作品数量较少,中唐以后更呈下降趋势,而七言绝句则后来居上。具体地讲,五绝在初唐时起点较高,"工之者众"（高棅《唐诗品汇·五言绝句叙目》）,王勃的五绝,优柔不迫,"意虽未深,却为正声之始"（沈德潜《唐诗别裁集》卷十九）。杨炯、卢照邻、骆宾王、宋之问、韦承庆也有不少佳作。盛唐时,李白、王维之作达到最高水平。李白接近乐府,气体高妙;王维接近古诗,幽玄自然。此外,孟浩然笔韵超逸,崔国辅、崔颢、储光羲大有六朝乐府的情味,富于生活气息。中唐韦应物"出（自）右丞（王维）而加以古淡"。钱起、刘长卿、柳宗元跟韦应物比较接近。李益声情凄惋,卢纶《塞下曲》有盛唐的笔力。其他如李端、张祜、王建、韩翃、张仲素、令狐楚等人的名篇也多具乐府遗意。晚唐雕琢的风气日盛,倾向于真率质朴的五绝作者越来越少。而李商隐的一些五绝追求深厚的含蕴,则是这一诗体中的新发展。与五绝在初唐即涌现大量作品不同,七绝在这一阶段还是"初变齐梁,音律未谐"。除王勃、杜审言等有些作品较有韵味外,一般作家七绝的数量和质量都不能跟同时的五绝相比。而进入盛唐后,五、七绝的地位就转换了。盛唐七绝数量既多,质量尤高。在众多的作家中,李白、王昌龄最受推崇。李俊爽,王含蓄。李信口而成,飞扬自然;

王深厚有馀,优柔自在。李览胜纪行之作,将主观感情融入客观景物,多神来妙境;王宫词乐府,写人物内心,尤细致入微。二家之外,岑参、高适以骨气胜,王维以气韵胜。王翰、王之涣作品虽少,但"葡萄美酒"、"黄河远上"等篇,却达到了唐代七绝的最高水平。大诗人杜甫入蜀以后,七绝达到百首,题材多样,格律方面时时突破律化的音节。虽然一般不以风神韵味见长,但往往古质而有情趣,似乎有意"别开异境",对中、晚唐作家从多方面拓宽绝句有积极影响。而杜甫之后,则正如高棅在《唐诗品汇·七言绝句叙目》中所说:"大历以后,作者之盛,骈踵接迹而起。或自名一家,或与时唱和,如乐府、宫词、'竹枝'、'杨柳'之类,先后述作,纷纭不绝。逮至元和末而声律不失,足以继开元、天宝之盛"。高棅重点选录了刘长卿、钱起、韦应物、皇甫冉、韩翃、卢纶、李益、刘禹锡、张籍、王建、王涯等人的作品,其中以李益、刘禹锡成就更高一些。李益写边塞的作品多出于慷慨之气,音情悲壮,同时他也有一些闺怨、行旅之作。刘禹锡以"竹枝词"表现巴楚的风土人情,又兼有一些政治抒情和咏史怀古的作品。两人的共同特点都是从乐府民歌中吸取了丰富的营养。晚唐七绝创作繁富多样的局面不减中唐,高棅说:"开成以来,作者互出,而体制始分。"(《唐诗品汇·七言绝句叙目》)既有愈出愈滥的情况,如汪遵、胡曾、周昙等人咏史,动辄百首,曹唐《小游仙词》九十八首,罗虬《比红儿诗》一百首,都不免失之流易粗浅;但也有愈出愈精的情况,胡应麟说:"晚唐李(商隐)、许(浑)、杜(牧)、赵(嘏)、崔(涂)、郑(谷)、温(庭筠)、韦(庄)皆极力此道。"尽管他又说这些人"纯驳相揉,所当细参"(《诗薮·内编》卷六),但李商隐、杜牧的作品,在唐代七绝中确实有更精于前人的地方。虽然杜牧可能有李白的某些作风,李商隐可能有王昌龄的某种影子,而两家的个人风貌特征仍然是很突出的。杜牧的七绝豪迈俊逸,在浏亮的音节中有风流华美之致。李商隐的七绝,构思缜密,语言优美,韵调和谐。叶燮说:"李商隐七绝寄托深而措辞婉,实可空百代无其匹也。"(《原诗·外篇》)管世铭说:"李义山用意深微,使事稳惬,直欲于前贤外另辟一奇。绝句秘藏,至此尽泄。"(《读雪山房唐诗序例》)两人虽未免推崇过甚,但从中可以见晚唐绝句在盛、中唐后,确实仍有重大发展。王世贞说:"七言绝句,盛唐主气,气完而意不尽工。中晚唐主意,意工而气不甚完。然各有至者,未可以时代优劣也。"(《艺苑卮言》)评价是很中肯的。所谓"气"即通常说的"元气"。"气完",指兴会淋漓的精神状态、充沛的精神力量。这方面中、晚唐诗人当然无法与开元、天宝时期诗人相比。李白等人不必攻苦着力而一气呵成,天机浩荡。中、晚唐由于时代生活的影响,同时也是由于不能只是步骤盛唐而没有新的开拓,因之自然更加惨淡经营,力求语新意深,精警动人。

　　唐代绝句从体制上看,主要是初唐时定型的律绝,但除此以外,还有古绝和拗绝。并且,即使的律绝,禁忌也不像四韵律诗那样严格。钱良择说:"绝句之体,五、七言略同……或四句皆对,或四句皆不对,或二句对,二句不对,无所不可。所稍异者,五言用韵,不拘平仄。七言则以平韵为正,然仄韵亦非不可用也。"(《唐音审体》)可见它是一种比较自由的诗体。自由加上短小灵便,使它成为唐人最爱用的诗体之一。题材广泛,风格多样,而且作者面也最广。"自帝王、公卿、名流、方外,以及妇人女子,佳作累累。"(宋荦《漫堂说诗》)绝句在创作上所表现的这种广泛性、多样性,在诸体中是很突出的。

　　由于绝句体制自由灵便,题材风格多样,所以对于绝句不应机械地从某一点上把它说死。如绝句体制短小,要以少许胜多许,在创作上是重要课题。但究竟如何胜法,需就各种类型分别论之,并非在短小的四句中,内容装填得愈多愈好、愈深愈妙。以至"地窄而舞拙,意满而词滞"(毛先舒《诗辩坻》卷三),失去自由灵动之美。王世贞说:"绝句固自难,五言尤甚。离首即尾,离尾即首,而腰腹亦自不可少。妙在愈小而大,愈促而缓。吾尝读《维摩经》得此法:一丈室中,置恒河沙诸天宝座,丈室不增,诸天不减,又一刹那定作六十小劫。须如是乃得。"(《艺苑卮言》)王世贞以禅喻诗,极为玄妙。但用粗浅的语言诠释,也无非是说,麻雀虽小,五脏俱全,不可因陋就简,而仍应是完整的、有机的,是充实的生命体。否则,把"丈室不增,诸天不减",理解为在内容上密度愈大愈好,与他的"盛唐主气"、"中晚唐主意"之说,也是抵触的。因为"主气"的盛唐,单论绝句中内容的多寡、密度的大小,显然不能比肩于中、晚唐。就具体作品讲,像王昌龄的"秦时明月"一章,几乎可能蕴含有高适《燕歌行》的全部意思;元稹的《行宫》有人夸张说"抵一篇《长恨歌》"(沈德潜《唐诗别裁集》);高适的《哭单父梁九少府》被截取前四句作绝句,而此四句实足以提携这首长诗的全篇。但四句诗几乎可以和长篇相敌,也只是在于他具有那种咫尺万里之势,并非说在内容上真正可以划等号。而像高适的《别董大》、李白的《赠汪伦》、郑谷的《淮上与友人别》等篇,用意尽于第四句。韦应物《滁州西涧》,被认为"起二句与下半无关"(沈德潜《唐诗别裁集》),则意思主要只在三、四句。这些诗便都很难说作者是要用四句容纳尽可能多的内容。就创作的情况说,李白等人往往机到神流,自然成章;王昌龄、李商隐组织工妙,刻意精炼。他们各以所长,从多方面发挥绝句的效能,而决不是仅凭内容多少,就足以衡量其优劣的。

附录　文体交融与唐代诗文的变化革新

　　唐代是我国文学艺术极盛时期。以文学而论,诗固然达到了中国诗史的顶峰,而文、赋、小说、词等成就也很高。王国维论"一代有一代之文学"(《宋元戏曲考序》),举诗为唐代文学代表,但钱锺书却质疑说:"唐诗遂能胜唐文耶?"(《谈艺录》四《诗乐离合　文体递变》)可见唐文的成就也能与唐诗相颉颃。诗之李杜,文之韩柳,在中国诗文两体中分别居于巅峰地位,两个巅峰出现的时间相近,起伏之间,自然会有相互影响。一代之诗文达于极盛,且持续时间甚长,究其原因,除文体自身不断增强和开发其内在功能外,另一重要途径则是不同文体间彼此渗透交融,产生相互滋补生成、相互促进带动的效果。本文打算就唐代诗歌与散文由相互影响带动所引起的变化发展,进行梳理分析,展示一代诗文互动互生的具体情景,并估价这种互动在文学发展上所作出的贡献。

一、诗格之变与文格之变

　　从总体上看,唐代诗歌在各种文体中居主流位置,引领一个时代的文学潮流。此时诗歌最富有活力,既多方面吸收各种文体的营养,同时亦以其强大的辐射力,影响于各种文体。"唐人文多似诗",①唐文确实较其他时代之文具有更多的诗的印记与诗的特质。此中大致有两种情况:一方面是受时代风尚影响兼作者本身就是诗人,往往出手即是诗的语言,诗的情调,甚至出现诗的意境。它基本上属于不经意中的自然流露,并非出于作者的自觉。而另一种情况则是诗的发展变革,带动文的发展变革。我们将着重考察后一种情况,但前后两者也是彼此关联的。如写景之诗唐代高度发展,文亦深受其影响,柳宗元的永州八记等篇,达到写景文的最高峰,正是由于吸收了山水诗的艺术手法和营养。又如韩愈、柳宗元的赠序、宴序,在其散文中占有重要地位,而这种文体原是由

---

①毛先舒:《诗辩坻》卷3,郭绍虞辑:《清诗话续编》,上海古籍出版社,1983年,第1册,第67页。

诗序发展而来的。闻一多说："唐代早期某些散文，如王勃的《滕王阁序》，李白的《春夜宴桃李园序》等，原来只是作为集体写诗的说明书而存在，是附属于诗的散文，到中唐便发展成独立的一体，可说是由诗衍化出来的抒情散文，它形成了所谓八大家式的古文，显然是受了唐诗的影响而别具一格。"①由此可见在深层中前者对后者的促进作用。

(一)陈子昂的诗文革新理论

考察唐代诗歌发展与散文发展之间的关系，《四库全书总目提要》有两段话值得注意。其卷一百五十《毗陵集》提要云：

> 考唐自贞观以后，文士皆沿六朝之体，经开元、天宝，诗格大变，而文格犹袭旧规，元结与（独孤）及始奋起涤除，萧颖士、李华左右之，其后韩、柳继起，唐之古文遂蔚然极盛，斫雕为朴，数子实居首功。

四库馆臣的这段文字，极其简要地叙述了唐代散文从涤除六朝骈体到韩柳推向极盛的经过。在介绍文格之变时，特别提到诗格之变，并在时间顺序上强调文格之变是在"诗格大变"之后方才逐渐完成。馆臣之论有引而未发之处。围绕体制格调的变化，诗文并提，并注意其先后。二者之间究竟是什么关系，有无相互影响，实在是值得探讨的问题。

又，同书卷一百四十九《陈拾遗集》提要云：

> 卢藏用所为《别传》："唐初文章不脱陈隋旧习，子昂始奋发自为，追古作者。"韩愈诗云："国朝盛文章，子昂始高蹈。"柳宗元亦谓张说工著述，张九龄善比兴，兼备者子昂而已。马端临《文献通考》乃谓：子昂惟诗语高妙，其他文则不脱偶俪卑弱之体，韩、柳之论不专称其诗，皆所未喻。今观其集，惟诸表序犹沿排俪之习，若论事书疏之类，实疏朴近古，韩、柳之论，未为非也。②

---

①郑临川述评：《闻一多论古典文学·说唐诗》，重庆出版社，1984年，第82页。
②所引韩愈诗句出自《荐士》。所引柳宗之论出自《杨评事文集后序》。马端临之论原为："陈拾遗诗语高妙绝，出齐梁，诚如先儒之论。至其他文则不脱偶俪卑弱之体，未见其有异于王、杨、沈、宋也。然韩吏部、柳仪曹盛有推许。韩言'国朝盛文章，子昂始高蹈'。柳言'备比兴、著述二者而不作'。则不特称其诗而已。二公非轻以文章许人者，此论所未喻。"

上引《陈拾遗集》和《毗陵集》的提要,联系起来看是耐人寻味的。围绕对陈子昂的评价,四库馆臣不同意元代马端临的看法。马端临认为陈子昂未脱骈俪习气,对韩愈、柳宗元将其诗文一并加以肯定表示不可理解。四库馆臣则认为子昂的论事书疏已能疏朴近古,韩愈、柳宗元肯定其诗文兼善,开始端正了唐代文学方向是不错的。这样,四库馆臣再次将唐代诗与文革新的起点都上溯到陈子昂。从这一点起至韩愈、柳宗元,构成一个完整的历史过程。韩、柳既是古文革新的完成者,又是诗文兼善的大家。由韩、柳来肯定陈子昂,实际上代表着含诗与文在内的对唐代文学发展的整体性回顾。非陈子昂不足以开启其局面,非韩愈、柳宗元不足以全面收其功。从陈子昂逐渐推进到韩愈、柳宗元,诗文的步调,虽时有所分,但又终有所合。在步伐上无论孰先孰后,都是彼此牵连、互相带动的。

陈子昂《与东方左史虬修竹篇序》云:

> 文章道弊五百年矣。汉魏风骨,晋宋莫传,然文献有可征者。仆尝暇时观齐、梁间诗,彩丽竞繁而兴寄都绝,每以永叹。思古人常恐逶迤颓靡,风雅不作,以耿耿也。一作于解三处见明公《咏孤桐篇》,骨气端翔,音情顿挫,光英朗练,有金石声。遂用洗心饰视,发挥幽郁。不图正始之音,复睹于兹,可使建安作者,相视而笑。……

陈子昂此篇虽然是论文章,但具体内容,却是关于“风雅”、“兴寄”、“汉魏风骨”、“齐、梁间诗”、“建安作者”、“正始之音”,以及东方虬和自己的诗作,因而实际上可以说是诗论。这样看来,不仅马端临批评陈子昂“惟诗语高妙,其他文则不脱偶俪卑弱之体”似乎有理,就连在理论上如果说他偏于诗论,也不会是没有根据。但唐代人从前期的古文家李华、独孤及、梁肃到韩愈、柳宗元,一直未把陈子昂局限在诗歌一边。梁肃总结唐代文章变化革新的过程,提出“唐文三变”说,首先就肯定了陈子昂“以风雅革浮奢”的功绩,[1]难道梁肃没有见到陈子昂论文具体涉及的是诗,难道古文家能把论诗错认为论文? 其实,“诗文原无二道”,[2]刘知幾甚至举《离骚》、《诗经》为例,认为“文之将史,其流一焉”,[3]连史学之文与诗,在一些基本原则上都是相通的,何况一般的文与诗。在中国古代

----

① 梁肃:《补阙君前集序》。
② 贺贻孙:《诗筏》,郭绍虞辑:《清诗话续编》,第 1 册,第 141 页。
③ 刘知幾:《史通·载文》。

文学理论批评中，关于诗歌的理论，是发展得最早、最充分的，从《书·尧典》的"诗言志"说、孔子的"兴观群怨"说，到《毛诗序》、钟嵘《诗品》、刘勰《文心雕龙》中的《辨骚》、《明诗》、《乐府》、《声律》、《比兴》等，从内容到形式，已有了堪称系统全面的理论，而其他文体，则缺乏完整的理论。甚至连堪称文苑中大国的赋，也不免要依傍借鉴于诗。① 人们通常习惯于用诗的理论去认识其他文体。因此，当陈子昂把与诗论关系最密切的"风雅"、"兴寄"、"汉魏风骨"等提出来作为号召，针砭的对象也只举出"齐、梁间诗"的时候，人们对其所指，在理论上却是扩展到广义的整个"文"的领域。当然，从诗文关系上看，来自诗的方面对于文的带动力在这里也就表现出来了。

（二）诗歌在开拓题材内容上的先导作用

除了诗文理论合一，陈子昂的诗歌理论对文的革新起了巨大推动作用外，诗歌创作的发展和繁荣，对古文的发展更是起了巨大的实际带动作用。

韩愈、柳宗元为代表的散文创作受诗歌影响或借鉴诗歌，表现在哪些方面呢？可据唐代散文发展进程予以分析。清人赵翼在《廿二史劄记》卷二十中说：

> 宋景文谓唐之古文由韩愈倡始，其实不然。按《旧书·韩愈传》：大历、贞元间，文字多尚古学，效扬雄、董仲舒之述作。独孤及、梁肃最称渊奥……是愈之先，早有以古文名家者。今独孤及文集尚行于世，已变骈体为散文。其胜处有先秦、西汉之遗风，但未自开生面耳……在愈之前，固已有早开风气者矣。

如赵翼所说，唐文变骈为散，确实是在韩、柳以前已有开风气的古文家。然而问题也正如他所说，毕竟"未自开生面"。使唐代古文展现出前所未有的盛况，鲜明地显示出对骈文的优势，正式取得古文运动的成功，终究还是有待于韩、柳。韩、柳给古文运动带来的是全面的创新。这种创新，不是凭空所能成事的，需要在当时的文化背景下广泛地有所吸纳，然后熔铸以出。并且，韩、柳改革提升散文，仅仅依靠对前代散文遗产的继承是远远不够的。从韩、柳的理论和实践看，他们含英咀华、交通吸纳是多方面的，而当时成就空前走在散文前面的诗歌，则给了散文创作以巨大的启示和带动。

---

①当赋被认是"古诗之流"的时候，它的依傍性就表现出来了。

韩、柳散文,在内容上的突破,是以"不平则鸣"为纲领的。"不平则鸣"由韩愈提出,柳宗元自述其为文是"长吟哀歌,舒泄幽郁"(《上李中丞所著文启》),亦与"不平则鸣"相近。韩愈《送孟东野序》云:

> 大凡物不得其平则鸣。……其于人也亦然。人声之精者为言;文辞之于言,又其精也,尤择其善鸣者而假之鸣。……唐之有天下,陈子昂、苏源明、元结、李白、杜甫、李观,皆以其所能鸣。其存而在下者,孟郊东野,始以其诗鸣。……从吾游者,李翱、张籍其尤也。三子者之鸣信善矣,抑不知天将和其声,而使鸣国家之盛邪? 抑将穷饿其身,思愁其心肠,而使自鸣其不幸邪?

韩愈在这里,无论是理论阐述,还是所举的具体作家,虽都是兼诗文两体而言,但从开元、天宝到韩愈、孟郊的时代,这种"不平之鸣",体现得最为突出的毕竟不是在文体而是在诗体之中。韩愈这一命题,在送孟郊序中提出,与其时诗中鸣声之强劲有关。诗人们感遇咏怀,郁于中而泄于外,空前扩展了文学的内容。

韩、柳散文,从内容看,除有关哲学和伦理道德等外,最有积极意义的,是那些针对现实社会,对政治、对人生表达自己认识和情感的作品,抒忧娱悲,抨击黑暗,为受打击、受压抑的不幸者鸣不平。这些现实性强、跟作者生活遭际和情感体验关系密切的内容,在其前一阶段的文中是很薄弱的,而在诗中,无论是追求理想、抒发豪情所反映出的盛大奋发的时代精神,还是自鸣不幸、揭露黑暗所抒发的愤懑情绪,都是饱满而有力。那种在生动的艺术形象之中,蕴结作者成熟的思想与真实的生活感受,实即盛唐以来诗人们追求风骨兴寄之所系。实大声宏,从陈子昂的《感遇诗》,到李白的《古风》、《行路难》、《将进酒》、《梦游天姥吟留别》,杜甫的《兵车行》、《自京赴奉先县咏怀五百字》、《春望》、《北征》、《闻官军收河南河北》、"三吏""三别",乃至元结的《舂陵行》、《贼退示官吏》等,有无数名篇,他们作为诗歌的代表,走在这一时期散文和其他各种文体的前面,其辐射和带动力是不言而喻的。其至就一些具体篇章,还可以大致看到其间相互启发带动的某些迹象,如韩愈《御史台上论天旱人饥状》:

> 右臣伏以今年已来,京畿诸县夏逢亢旱,秋又早霜,田种所收,十不存一。……上恩虽弘,下困犹甚。至闻有弃子逐妻以求口食,坼屋伐树以纳税钱,寒馁道途,毙踣沟壑。……

此状所表现的心情与杜甫"穷年忧黎元"的精神是一致的。韩愈此次上书,为当政者所恶,被贬南荒。事后,韩愈在《赴江陵途中寄赠三学士》诗中加以追述:

> 是年京师旱,田亩少所收。……有司恤经费,未免烦征求。富者既云急,贫者固已流。传闻闾里间,赤子弃渠沟。持男易斗粟,掉臂莫肯酬。我时出衢路,饿者何其稠。亲逢道边死,伫立久咿嚘。归舍不能食,有如鱼中钩。……

状云:"寒馁道途,毙踣沟壑";诗云:"我时出衢路,饿者何其稠。亲逢道边死,伫立久咿嚘",都自然会令人联想到杜甫的《自京赴奉先县咏怀五百字》。杜甫写官府残酷聚敛,造成"路有冻死骨"的惨象;写自家幼子饿死,同时推想承担赋役的平民处境更加悲惨。对照韩愈所写,后者则是前者在中唐时期的恶性再现。又如韩愈《杂说》(其四)写千里马不遇伯乐,辱于奴隶之手,食不饱,力不足,与凡马骈死于槽枥之间。这些内容,在盛唐人的诗歌中也已多有表现,如李白的《天马歌》:

> 白云在青天,丘陵远崔嵬。盐车上峻坂,倒行逆施畏日晚。伯乐剪拂中道遗,少尽其力老弃之。愿逢田子方,恻然为我悲。虽有玉山禾,不能疗苦饥。严霜五月凋桂枝,伏枥含冤摧两眉。

韩愈最为推崇李白、杜甫,李、杜的这些名篇,他无疑是熟悉并有所借鉴。同样,杜甫之同情劳动人民、关心民生疾苦,对柳宗元等中晚唐文人创作反映下层人民的作品,也无疑有极重要的影响。

(三)诗歌在创作上、语言上对散文走向解放的推动

诗歌对于唐代散文的带动,当然绝不只限于题材内容,其在创作的态度、方法以及语言、修辞、抒情、写景等方面的成功经验,对中唐散文发展创新也具有巨大的借鉴意义。韩愈《调张籍》云:

> 李杜文章在,光焰万丈长。不知群儿愚,那用故谤伤?蚍蜉撼大树,可笑不自量。伊我生其后,举颈遥相望。夜梦多见之,昼思反微茫。徒观斧凿痕,不瞩治水航。想当施手时,巨刃磨天扬。垠崖划崩豁,乾坤摆雷

碥。……我愿生两翅,捕逐出八荒。精神忽交通,百怪入我肠。刺手拔鲸
牙,举瓢酌天浆。腾身跨汗漫,不著织女襄。顾语地上友,经营无太忙。乞
君飞霞佩,与我高颉颃。

韩愈此作,肯定李杜的高度成就,而关于要求摆脱拘挛追随李杜的劝勉,则应该
是兼及诗与文两个方面。张籍《祭退之》诗云:"呜呼吏部公……独得雄直气,发
为古文章。公文为时师,我亦有微声。"韩愈古文的"雄直气",与他跟李杜"精
神交通",受其启发,当有一定关系。

韩愈从事古文革新,在当时受到保守者的嘲笑,连他的好友裴度也曾表示
反对。裴度《寄李翱书》云:

且文者,圣人假之以达其心,达则已,理穷则已,非故高之、下之、详之、
略之也。……昔人有见小人之违道者,耻与之同形貌、共衣服。遂思倒置
眉目,反易冠带以异也。不知其倒之反之之非也,虽非于小人,亦异于君子
矣。故文人之异,在气格之高下,思致之浅深,不在其磔裂章句,隳废声韵
也。……昌黎韩愈,仆识之旧矣,中心爱之,不觉惊赏。然其人信美材也。
近或闻诸侪类云:恃其绝足,往往奔放,不以文立制,而以文为戏,可矣乎?
可矣乎?

裴度的批评,涉及两个问题:一是在章法和句法上故意"高之、下之、详之、略
之","磔裂章句,隳废声韵";二是"以文为戏"。以上两点,在裴度等看来,是要
加以规范的。而对韩愈说来,正是要从这两点上对当时安于故步、缺少生气的
散文创作现状予以突破。传统的正宗散文,确如裴度所说,是"达其心,达则已,
理穷则已。"这样的散文,平正通达,但往往缺少艺术力量。韩愈则如裴度所说:
"恃其绝足,往往奔放。"并且,不止是奔放,按照《调张籍》的描写,乃是"刺手拔
鲸牙,举瓢酌天浆。腾身跨汗漫,不著织女襄。"与其"地上友"的经营,也就是常
规的做法,等于是一在天上飞舞,一在地下学步。

裴度所提出的故意"高之、下之、详之、略之","磔裂章句,隳废声韵",主要
是语言修辞上的问题,即韩愈破骈为散,并且创造他那种独具风格的散文语言。
这在当时,许多人以为怪;但在后世,却获得了文学史上的高度评价。他的语言
工夫,如他自己所说,是"沉浸酞郁,含英咀华",多方面吸取,而取法于多姿多
彩、生动活泼的诗歌语言是重要方面。

诗歌，尤其是近体诗，在语法修辞上与散文有很大不同。王力《汉语诗律学》对古近体诗句法和语法曾作详细分析，①而钱锺书则形象地加以描述云：

> 韵语既困羁绊而难纵放，苦绳检而乏回旋，命笔时每恨意溢于句，字出乎韵，即非同狱囚之银铛，亦类旅人收拾行滕，物多箧小，安纳孔艰。无已，"上字而抑下，中词而出外"（《文心雕龙·定势》），譬诸置履加冠，削足适履。②

指出诗歌因受字数、对仗、音律等方面限制，难以自在地放开手脚来遣词造句。像出门人所带的旅行包，容量小而物品多，只好在安置上打主意，原在上的放于下，原在中的置于外，使其能够容纳。这样做当然是有困难费心力的。但类似于此的文体和语言之间关系，通过"高之、下之、详之、略之"等处理，却做到了"陈言之务去"，特别是使得语言的灵活性和潜能增大了。韩愈、柳宗元等正是多方面吸收借鉴诗歌，以救散文语言的板滞贫乏。韩愈《送李愿归盘谷序》中李愿的一段话，造语形容极为精彩。许多地方即取法于诗歌。如"喜有赏，怒有刑"，出自刘向《新序·杂事》："喜则无赏，怒则无刑"，中间省略了"则"字。比照王力《汉语诗律学·近体诗的语法》属于"省略法"。"车服不维，刀锯不加，理乱不知，黜陟不闻"，比照王著近体诗的语法分类，属于"倒置法"中"目的倒置"；同时，四个"不"字下面，省略了"能"一类字，属于"可能式的省略"。宋人刘克庄还指出其中"'坐茂树'、'濯清泉'即《楚辞》'饮石泉'，'荫松柏'也；'飘轻裾，翳长袖'即《洛神赋》'扬轻袿，翳修袖'也"。③ 由此可见，韩愈等人正是借鉴诗歌（包括与诗关系密切的辞赋），对散文的语言、修辞等进行了改造与提升。

关于"以文为戏"，既与语言上不循常轨有关，更主要地是指创作态度和构思，柳宗元《读韩愈所著毛颖传后题》云：

> 自吾居夷，不与中州人通书。有来南者，时言韩愈为《毛颖传》，不能举其辞，而独大笑以为怪。而吾久不克见。杨子诲之来，始持其书。索而读之，若捕龙蛇，搏虎豹，急与之角，而力不敢暇，信韩子之怪于文也。……且

---

①王力：《汉语诗律学》，上海教育出版社，1963 年，第 252–303、495–507 页。

②钱锺书：《管锥编》，中华书局，1986 年，第 149–150 页。

③刘克庄：《后村诗话》卷 1，中华书局，1983 年，第 44 页。

世人笑之也，不以其俳乎？而俳又非圣人之所弃者。《诗》曰："善戏谑兮，
不为虐兮。"太史公书有《滑稽列传》，皆取乎有益于世者也。……韩子穷古
书，好斯文……是其言也，固与异世者语，而贪常嗜琐者，犹咕咕然动其喙，
彼亦甚劳矣乎！

《毛颖传》是韩愈"以文为戏"的代表作，当时一般人嗤笑以为怪，《旧唐书》谓其
"讥戏不近人情，此文章之甚纰缪者"。但柳宗元却旗帜鲜明地给以高度评价，
认为是超越当代，"与异世者语"，并斥责讥议的人为"贪常嗜琐者"。韩柳之
"以文为戏"，实际上是把文章作为纯文学意义上的"文"、作为艺术作品来创
作。处在中唐前期文坛上"贪常嗜琐"积习仍然很深的情况下，韩愈、柳宗元等
破常规、脱拘挛的写法，特别是韩愈那种"猖狂恣睢，肆意有所作"的文章，①受
到讥贬是不足为怪的。韩愈、柳宗元之所以能够冲破拘谨守常的习惯势力，不
循故步，并获得成功，在《调张籍》中实际上已经从一个方面透露了信心的来源
和取法之所自。与散文带实用性相比，诗歌的纯文学性质，一直是明确的。历
代文人不仅以诗言志，而且也以诗作为怡情悦性的工具。"善戏谑兮，不为虐
兮"。"戏"在诗歌创作中一开始就存在。到盛唐时，李白的夸张幻想，浪漫不
羁，颇有游戏六合，"手弄白日，顶摩青穹"②的奇情奇趣。杜甫更有一种与生俱
来的幽默风趣，胡适《白话文学史》中一再说杜甫"始终保持一点'诙谐'的风
趣"，"往往有'打油诗'的趣味"，并举了多篇诗歌为例。③ 杜甫诗集中"戏题"、
"戏作"、"戏赠"一类诗，多达22首。此外，在许多生活描写乃至写危难困苦的
诗中，往往多有诙谐幽默的成分。诗歌中这种把人的性情充分自由地展开，从
奇幻放纵到幽默诙谐，都可任意而行的创作态度，对于散文的解放和变革，当然
会有诱导促进作用。韩愈、柳宗元不怕讥嘲，敢于"以文为戏"，至少是有诗歌在
一边与之相呼应并为之提供榜样。从诗的解放到文的解放，在韩、柳的诗文创
作中不难发现踪迹。

---

①柳宗元：《答韦珩示韩愈相推以文墨事书》。
②李白：《暮春江夏送张祖监丞之东都序》。
③胡适：《白话文学史》第十四章《杜甫》，新月书店，1928年，第318－356页。

二、中唐诗文互动的新形势与"以文为诗"

（一）盛唐之后诗歌的持续性发展问题

中唐时期诗文发展处于关键时刻。诗由陈子昂推动革新，至李白、杜甫和盛唐诗人，不仅完成了革新，而且充分吸收前代诗赋和各种文体中的有益成分，将传统的五七言诗推到极盛的境界。盛唐的巨大成就是令人振奋的。然而诗到这一步，也就自然出现了一个问题：当诗歌把五七言诗的潜能发挥得淋漓尽致，至少从汉魏六朝以来所形成的趋势看，几乎发展到了登峰造极的地步之后，再下一步诗将在什么地方、通过什么渠道寻求它新的生长点，以保证其持续性发展呢？

就散文而言，当它受诗歌发展与兴盛的带动，一步步革新和推进，到贞元、元和之际，在题材、体裁和各种艺术手法上都得到拓新，表现出空前活力的时候，它在艺术上同时也就具备了影响其他文体，给其他文体输送营养的能力。正好，此时诗歌在极盛之后，需要寻求新的发展，需要从汉魏六朝以来的传统轨道中走出，以开创新的局面。因而，诗文两体在中唐时期，展开了非常活跃的双向交融与渗透。

（二）"以议论为诗"

"诗到元和体变新"（白居易《馀思未尽加为六韵重寄微之》）。中唐时期，在韩愈、孟郊、白居易、元稹、刘禹锡、李贺等人的努力下，诗歌向多方面拓展变化，迎来唐诗发展的第二次高潮。其中文对诗的渗透，文与诗的交融，给中唐诗歌开辟新局面以极大的推动。诗歌此时的变化，论者常称之"以文为诗"。所谓"以文为诗"究竟包含哪些内容呢？综合宋代至当代学者之说，大致是指以议论说理为诗，以才学为诗，平直详尽，缺少含蓄，以及以古文的文体、文法（包括章法、句法）、词语为诗，等等，涉及到内容、表达方式、写作规范等一系列问题，并且进一步影响作品的风格。尽管涉及许多方面，但一些诗歌，最能突出地给人以近于文的感觉，主要有两种情况：一种是大量出现议论和叙述，显得异于一般的抒情之作。特别是在情感不足的情况下发议论，会近似押韵之文；二是从体裁风格到章法句法用语用字，吸收了文的成分，具有将诗之押韵和文之体段句调组装到一起的新变意味。中国诗歌自先秦至汉魏六朝所形成的传统，是以抒情诗为主。叙事和议论,在诗中一般从属于抒情,不像在散文中可以占据主导地位。诗史上具有典范意义的《诗经·国风》、汉魏五古,绝大部分为抒情短章,涉及人物、事件,一般仅点到为止,连贯性的叙事很少,议论则更少。乐府诗虽有叙事,但都很简括。传播上处于优势,并在更大程度上支配诗史进程的是文人的抒情诗。

　　然而诗苑由成分比较单一的抒情诗维持局面的现象,终究是要发生变化的。到了唐代,随着社会生活的日益丰富复杂和文学的发展,简括的抒情短章已不能适应要求。初唐卢照邻、骆宾王的歌行,叙述和描写成分已大大增加。盛唐开元、天宝时期篇幅较长的五七言古诗内在成分更加趋于丰富多样。其后,杜甫经历安史之乱前后的巨大灾变,结合所见所感,创作史诗式的大篇;韩愈生活在矛盾更加尖锐复杂、社会生活更加动荡的中唐,本人从考场到官场经受一系列的挫折和打击,借诗歌舒忧娱悲,同时亦以见世态人情。对于像杜甫、韩愈所从事的创作,传统式的抒情模式和五七言诗的章法、句法、用语、用字其局限性更为明显。因此,有必要借鉴吸收其他文体,特别是散文那种自由的形式、能够容纳和组织丰富内容的章法结构,以及含叙事、描写、抒情、议论在内的多种艺术手法,就成了借鉴与取法的主要对象。韩愈作为散文大家,把散文的各种手段一齐尝试着带入诗歌,诗文合力,促成诗歌内容、表现手段、风格样式的巨大开拓,可以说是历史发展的一种必然。

　　韩诗议论的广度深度和力度　韩愈既是一位散文家、诗人,同时又是一位思想家,有些诗固然是用押韵式的散文发表议论,但也有许多平常的、琐碎的事物,在他人可能不至于有议论,或根本上不会引起注意和进行描写的事,他却能由小即大,由个别推向一般,左右前后联系,出以议论。如《赠侯喜》写与侯喜至温水钓鱼,"温水微茫绝又流",两人在干涸的河床边"晡时坚坐到黄昏",才钓了一条一寸长的小鱼,这样扫兴的事在别人本来可以不写不议。但韩愈始而详叙经过,继而感慨议论:

　　　　是时侯生与韩子,良久叹息相看悲。我今行事尽如此,此事正好为吾规。半世遑遑就举选,一名始得红颜衰。人间事势岂不见,徒自辛苦终何为?便当提携妻与子,南入箕颍无还时。叔迅(侯喜)君今气方锐,我言至切君勿嗤。君欲钓鱼须远去,大鱼岂肯居沮洳!

　　从钓鱼无所得,联系两个人的身世,发表议论:一是人间有些事徒自辛苦,而无所得；再则是要想有大作为大收获，必须要有可供施展身手的好环境、大环境："君欲钓鱼须远去，大鱼岂肯居沮洳"。通过这样的议论，深化了诗境，颇能显示韩诗特色。

像《赠侯喜》这样的诗，"通篇多为结句作势"，[①]是有意推向议论。而韩愈更多时候，是在抒情叙述中，随时引出议论，随时收转，并不需要作势和用力。如《与张十八同效阮步兵一日复一夕》在叙述自己病情时，顺便带出"富贵自紫拘，贫贱亦煎焦"的议论；《游城南十六首·题韦氏庄》，写韦氏庄今昔变化时说："宁须惆怅立，翻覆本无穷"；《题木居士二首》其一，写了神庙中木偶"根如头面干如身"的朽烂之状，由此推出"偶然题作木居士，便有无穷求福人"的醒快讽世之论；《和归工部送僧约》，因文约虽为和尚，亦忙于名利，遂进一步推而广之："汝既出家还扰扰，何人更得死前休"，像这样随机发论，在韩愈诗集中比比皆是，受到历代读者的特别注意。

以议论带动抒情叙事和描写　　韩愈诗歌让人感觉议论成分重，还在于前代诗人往往将理念抒情化，而韩愈却反倒经常以类似议论的方式来抒情叙事。这样，意在说理的诗固然是议论，抒情叙事也不离议论，遂感觉其诗中议论几乎所在皆是。如《入关咏马》：

> 岁老岂能充上驷，力微当自慎前程。不知何故翻骧首，牵过关门妄一鸣？

韩愈于元和四年贬官洛阳，元和六年方召回长安任职方员外郎，途经潼关，颇有感慨。联想起李林甫曾训斥朝廷官员："明主在上，群臣将顺不暇，亦何所论？君等独不见立仗马乎？终日无声而饫三品刍豆，一鸣则黜之矣，后虽欲不鸣，得乎？"韩愈以言事得罪，真有如立仗马，一鸣即遭斥，但他觉得自己即使谨慎缄默亦生性难改。这种心情，本可以通过叙事抒情来表现，而此诗却以幽默的口吻，借对马的议论和嘲讽予以表达。韩愈的《把酒》："扰扰驰名者，谁能一日闲？我来无伴侣，把酒对南山。"很容易令人联想起李白的《独坐敬亭山》："众鸟高飞尽，孤云独去闲。相看两不厌，惟有敬亭山。"但李白是描写和抒情，而韩愈诗前两句出以议论。

韩愈不仅借议论抒情，而且还用议论来带动描写。《李花二首》其二云："谁

---

① 查慎行评语，转引自钱仲联：《韩昌黎诗系年集释》卷 2，上海古籍出版社，1984 年，第 144 页。

将平地万堆雪,剪刻作此连天花? 日光赤色照未好,明月暂入都交加。"李花的特点是颜色白,所以说是将万堆雪剪刻成了连天花;日光色赤,照在李花上未能很好地显其白,而明月照耀,却能收到最佳效果,充分显出其白。这如果要是单纯描写,可能表达不清,难以收到精警的效果,用议论方式带起,却是化静为动,突出李花的生气和颜色。《醉留东野》用议论带动人物描写:"东野不得官,白首夸龙钟;韩子稍奸黠,自惭青蒿依长松。"不仅从对照性议论中写出孟郊与韩愈在个性和处世上的差异,而且因这种议论描写,出自韩愈之口,更可见韩愈的为人和胸襟。

在议论与描写的关系上,韩愈既能用议论带动描写,又有时借描写构成议论。如《杂诗四首》其一:

> 朝蝇不须驱,暮蚊不可拍;蝇蚊满八区,可尽与相格? 得时能几时? 与汝恣啖咋。凉风九月到,扫不见踪迹。

以蚊蝇喻小人,既见蚊蝇势焰之嚣张,又见其必然灭亡的命运。从表现的主题看,是议论,但诗不是靠逻辑推论,而是以描写为主,展示具体形象。

(三)虚字运用与句法新变

韩愈大量运用虚字入诗,以及与此有密切关系的句法上的新变,也是以文为诗的重要表现。古代汉语诗歌与文的一个重要区别,是诗中虚字的用量比文少得多。诗歌从构成上看,主要成分是意象。意象无论是跟自然界相关的类型,还是跟社会生活相关的类型,主要靠实词表示。实词树形体,而虚词帮助实词表达情态。后者虽有其独特的功能,但在诗中用得不好,会造成语气的不顺,声调的不谐,乃至游离意境之外,显得是不协调的非诗成分的介入。唐末卢延让曾感慨作诗之难,说:"不同文赋易,为著者之乎"(《苦吟》)。如果说从汉魏六朝到盛唐,诗歌语言大体上是沿着追求精炼灵活的方向发展,减少虚字在诗中特别是在近体中的用量。那末,当完成这一过程,在句法和用字都达到高度成熟之后,各种句式和词语搭配方式,又会因形成新的规范和传统,对语言活力和潜能的发挥,形成某种制约。韩愈诗歌的虚字运用和句法新变,是对这种制约的突破。韩愈诗歌的句法,变化多样,读者往往要抛开常规句法,追随他的语句组合方式,才能获得确切的理解。其句法的变态百出,又常与虚字的运用有密切关系。或是用虚字变化意脉与节奏,或省略原来应该有的虚字,都会造成与常规的偏离。清代赵翼《瓯北诗话》卷三云：

> 昌黎不但创格，又创句法，《路旁堠》云："千以高山遮，万以远水隔。"此创句之佳者。凡七言多上四字相连，而下三字足之。乃《送区弘》云："落以斧引以纆徽"，又云："子去矣时若发机"。《陆浑山火》云："溺厥邑囚之昆仑"，则上三字相连，而下以四字足之。

韩愈用虚字与变化句法，在其诗中大量存在，不止于赵翼所举的几例。兹结合赵翼所举，略作分析。改变常规句式，在韩愈是有意追求更好的表达效果。"子去矣时若发机"，前三字末尾用"矣"字表示感叹；"时若发机"说时间像射出的箭一样快速，言下之意是时不我待，应该赶快回家。前三字，因有"矣"字，声气拖长了，后四字"时若——发机"一收一放，真有箭弩发射的感觉。"嗟我道不能自肥"，用叹词"嗟"字开头，三字一顿，以见对其所奉行之道的无限感慨。再接以"不能自肥"，跌落感很强。"不能"二字处在句中，起逆向转折作用，显见其悖理反常。"溺厥邑囚之昆仑"，写对火神的报复，前面是水淹其城，后面是将其囚禁。淹城是第一步，将其囚禁是目的。后半四个字，中间又加"之"字，有加强加重的意味。《路旁堠》"千以高山遮，万以远水隔"，改变上二下三的句式，用一字领起全句，再用介词"以"字引出"高山遮"、"远水隔"，音节情味都很新鲜。"堠"是路旁所置土堆，标志路程。两句开头"千"、"万"，已因其多而显示了"远"，再补以"高山遮"、"远水隔"，无论是送别者还是游子都有那种行路遥遥，望而不见，音情阻隔的感觉。不仅有眼见的景象，而且传达了心理上的感受。韩愈诗中以一字领起五言句的用例也很多。首字既有用实字的，也有用虚字的。实字的用例，如"我岂不足欤"、"臣犹自知之"、"湜也困公安"、"籍也处闾里"、"牛不见服箱，斗不挹酒浆"、"时天晦大雪"，多数在开头的实字下面接以虚字，以提起阅读时注意。实词所领起的，从意义上看，有时不只一句，而是一联。如"木之就规矩，在梓匠轮舆。人之能为人，由腹有诗书。"单字开头，继而由虚字呼起下文，构成意义上的十字长句，而且两联的下句，音节字数也是"1—4"结构，以散漫形古奥，可见韩诗句法之多所变化。韩愈诗中还有多处用一个虚字来结束全句的，有一种特殊的情味。如《赴江陵途中寄赠三学士》写贞元十九年被贬，猜想被贬之故，怀疑是刘禹锡、柳宗元将他的话泄漏给了仇家所致，但随后又否定了这种推想。诗云："或虑语言泄，传之落冤仇。二子不宜尔，将疑断还不。"章士钊《柳文指要》指出："'将疑断还不'，语意十分斩截，谓吾曾疑之,旋敢断为决无此理也。"韩愈为了否定自己的想法,在句子最后,也是在韵脚上用了一个虚字"不",陡然截住,显得"语意十分斩截"。《符读书城南》:"君子与小人,不系父母且",也是把助词"且(jū)"放在句子末尾的押韵位置上。此处用了《诗经·小雅·巧言》中的话:"悠悠昊天,曰父母且",这在《巧言》是开头对天的呼告,韩愈加以引用,特意把"且"字保留在五言句中,加强了长辈对子侄郑重嘱告的意味。

疑问句在韩诗中占有重要地位,这类句中,虚字也很突出。韩愈疾恶如仇,又先后在考场和官场上一再遭受挫折,内心常处于郁躁和冲突状态,其诗中问句尤其是反诘句明显多于一般诗人,而且有不少是出现在全诗的结尾。除上文曾引的《送僧约》等篇结尾外,像《猛虎行》:"亲故且不保,人谁信汝为?"《题木居士二首》其二:"朽蠹不胜刀锯力,匠人虽巧欲何如?"《归彭城》:"遇酒即酩酊,君知我为谁?"《山石》:"嗟哉吾党二三子,安得至老不更归?"都是结尾运用反诘的名篇。

从诗与文两种文体关系上进行考察,韩愈运用虚字对其诗歌语言的总体影响,显然表现为将诗与文进一步拉近了。原来诗歌语言的规范、约束减弱了,灵活性加大了。这在中唐,除韩愈外,其他作家也有不同程度的类似表现。如钱锺书云:"昌黎荟萃诸家句法之长,元白五古亦能用虚字,而无昌黎之神通大力,充类至尽,穷态极妍。"①指出了元稹、白居易亦能用虚字,虽认为元、白没有韩愈的神通大力,但说明当时运用虚字,变化句法不是韩愈一家,而是韩愈、白居易两大诗人群体的共同趋向。如白居易的《效陶潜体诗十六首》其五:

> 朝亦独醉歌,暮亦独醉睡。未尽一壶酒,已成三独醉。勿嫌饮太少,且喜欢易致。一杯复两杯,多不过三四。便得心中适,尽忘身外事。更复强一杯,陶然遗万累。一饮一石者,徒以多为贵。及其酩酊时,与我亦无异。笑谢多饮者,酒钱徒自费。

这首诗句句都有虚字。因为词旨畅达,句法上看似没有独特之处。但像"一杯复两杯,多不过三四。便得心中适,尽忘身外事",完全像口头说话,跟传统诗歌的造句相比,便不能不承认是一种变化。如果说韩愈用虚字增加了诗歌语言的参差错落,白居易用虚字则增加了语言的流畅便利。

---

① 钱锺书:《谈艺录》(补订本),中华书局,1984 年,第 73 页。

许学夷云:"白乐天五言古,其源出于渊明,但以其才大而限于时,故终成大变。其叙事详明,议论痛快,此皆以文为诗,实开宋人之门户耳。"①白居易五古是否出于陶渊明此处不拟讨论,但许学夷注意到白居易所处的中唐诗坛的时代特点,指出元和诸公更为自觉地以文为诗,"终成大变",则确有见地。

(四)以散文的章法入诗

中唐韩愈等人诗歌对散文的吸收,还表现在章法结构上。这在诗歌发展中也是一种明显的变化。汉魏六朝至盛唐王维、孟浩然等人的五七言诗,其创作行为主要是由情感发动,借助韵语将情感过程表达出来,在篇章组织上,一般无需着意安排。盖即钟嵘《诗品》所谓:"气之动物,物之感人,故摇荡性情,形诸舞咏。"这在一些诗人身上,可以得到印证,如唐代的孟浩然,为其编集的同时代人王士源说他作诗是"贮兴而发";②与孟浩然同乡的晚唐诗人皮日休也说他:"遇景入咏,不拘奇抉异……若公输氏当巧而不巧者也。"③都是其作诗重直寻,不巧作安排的表现。并且,盛唐之前,诗歌篇幅一般不长,篇章安排上的难度也比较小。这种状态,到李白、杜甫的大篇出现,难免要发生变化。但李白诗歌正如明代谢榛所云:"李白斗酒百篇,岂先立许多意思而后措辞哉?盖意随笔生,不假布置。"④诗之在章法上讲究布置,是到杜甫出现的与一般诗人不同之处,所谓"长篇沉著顿挫,指事陈情,有根节骨格,此老杜独擅之能"。⑤"根节骨格"正是由组织结构来体现的。不过,情况又正如胡应麟所说:"杜诗正而能变,变而能化,化而不失本调。"⑥在变化而"不失本调"的情况下,人们一般毕竟不会认为其超越了正常范围。只有到了韩愈,在诗歌中骋其为文之恣肆,才让人分明有以文法用之于诗的感觉。韩愈的《雉带箭》,"短幅中有龙跳虎卧之观"。⑦ 诗写纵火围猎,围绕猎物(野雉)和射猎者(将军)双线展开,交错分合地写射者、射技、被射物和观射者。诗中"将军欲以巧伏人,盘马弯弓惜不发"二句,点明射者为博得最佳效果的用心与策略,同时亦可以看作是作者暗示自己在用笔上的

---

① 许学夷:《诗源辩体》卷28,人民文学出版社,1987年,第271页。
② 王士源:《孟浩然集序》,董诰等编:《全唐文》卷378,中华书局,1983年,第3836页。
③ 皮日休:《郢州孟亭记》,董诰等编:《全唐文》卷797,第8355页。
④ 谢榛:《四溟诗话》,人民文学出版社,1961年,第23页。
⑤ 胡震亨:《唐音癸签》引《焦氏笔乘》,上海古籍出版社,1981年,第48页。
⑥ 胡应麟:《诗薮·内编》,上海古籍出版社,1979年,第73页。
⑦ 清代汪琬语,转引自钱仲联:《韩昌黎诗系年集释》,第112页。

安排布置之法。先在空处（未射时）传神，然后一矢中的，"以留取势，以快取胜"，①推进到诗歌高潮处，立即收住。确实有似文的盘旋蓄势之法。"韩愈诗歌运用散文的章法，随着内容的不同，变化多样。但归纳起来，不外直与曲两类。直的一类可以《山石》为代表。这首纪游诗，从第一天黄昏，写到次日清晨。按入山、到寺、留宿、离山的过程，一直往下叙述。其中雨后黄昏景色是到寺即景；观壁画、置羹饭，是到寺后即事；夜深虫鸣月出，是宿寺写景；天明涉涧是出寺写景；"人生"四句，写感想收结。虽是场景变换，刻画逼真，使人应接不暇，但都是顺时间和空间转换，写所见所感。方东树云："从昨日追叙，夹叙夹写，情景如见，句法高古。只是一篇游记，而叙写简妙，犹是古文手笔。"②

　　韩愈诗歌中用文的章法而又较多曲折变化的，可以《八月十五夜赠张功曹》为代表：这首诗用主客对话，分三段，前后两段写月色和自己，中间一段为张功曹（署）的歌辞。表面上我是主，张是宾，实际上张的歌辞是诗中的主体，是诗人所要表达的真实思想情感。可谓反宾为主。从开头写月色，到张署唱歌，再到作者对张署的开导，都是跳跃转折。张署的歌辞，叙述两人的被贬和遇赦量移，也是几经曲折。汪琬云："虚者实之，实者虚之，得反客为主之法。"③方东树云："一篇古文章法。前叙，中间以正意苦语重语作宾，避实法也。一线言中秋，中间以实为虚，亦一法也。收应起，笔力转换。"④都表明这是韩诗运用古文章法中偏于曲的一类。韩愈贬潮州途中所作的《泷吏》，则是用了杂文的写法。作者将对贬地环境气候的畏惧，对朝廷的怨怼，借与泷吏对答予以表现。表面上泷吏是戏弄指责韩愈，韩愈自省自责，实乃指桑骂槐，发泄牢骚。诗中有实写的眼前险恶之景，有泷吏戏言的潮州恐怖之景；有泷吏谴责追问韩愈在朝的表现，有韩愈故作姿态的认罪自责。真真假假，虚虚实实，忽而奇波顿起，忽而意外转折。多方面内容，借对话穿插组织在一起。何焯云："此篇虽似扑拙，然用笔极精妙，无一平笔顺笔。"⑤查慎行云："通篇以文滑稽，亦《解嘲》、《宾戏》之变调耳。"⑥韩愈诗中的滑稽幽默之作，有不少都运用了俳谐滑稽文章的组织布置之法。

---

① 清代查晚晴语，转引自钱仲联：《韩昌黎诗系年集释》，第112页。
② 方东树：《昭昧詹言》卷12，人民文学出版社，1962年，第270页。
③ 转引自钱仲联：《韩昌黎诗系年集释》，第263页。
④ 方东树：《昭昧詹言》卷12，第271页。
⑤ 转引自钱仲联：《韩昌黎诗系年集释》，第1118页。
⑥ 转引自钱仲联：《韩昌黎诗系年集释》，第1118页。

　　章法上接近散文，在中唐其他诗人笔下也很常见，张籍的《祭退之》诗从语言风格到结构安排都像一篇祭文。元稹、白居易篇幅较长的诗一般顺起顺结，从头到尾有条有理地叙述事件，或抒情说理，也是以平直有序通于古文。《唐宋诗醇》评白居易《答四皓庙》诗云："全是以作文法行之，直可当一篇四皓论读。"他的《青毡帐诗二十韵》宋程大昌评云："乐天诗最为平易，至其铺叙物制，如有韵之记，则岂世之徒缀声韵者所能希哉！"①白居易晚年诗歌信口信笔而成，如《吟四虽》、《和裴晋公一日日一年年杂言见赠》等诗，让人感觉在语言和章法上几乎没有任何限制，非常接近平顺的散文。

三、既是变局又是开局

　　中唐诗歌向散文靠近，吸收来自散文的各种艺术因素和营养，乃至在一些作品中出现散文化倾向，在作家中产生像韩愈这样"以文为诗"的代表人物，其规模和影响比起初盛唐诗对赋的吸收更有过之。赋与诗同源，性质接近，初盛唐诗歌摆脱齐梁风气的不良影响，走上向顶峰推进的道路。此时诗对赋的吸收，主要属于完善充实自身的性质，作用是丰富其语言意象，增强其表现力。而由于诗赋是近亲，彼此间的吸收融通，不致引起太多的陌生感和注意。中唐的诗史演进面临极盛之后寻找新的出路问题，五七言诗的传统遣词造句与章法结构，乃至它的语词和意象，其潜能已被盛唐诗人作了相当充分的发掘。此时诗歌要想获得新的表现力，适合于表现新的题材内容，需要对原有字法、句法、章法等等进行改造。这是诗歌新发展对诗歌传统体制和艺术手段提出的挑战。而诗歌对此作出回应的主要途径即是以文为诗。唐代古文革新运动的成功，使古文达到繁荣的顶峰，极其富有影响力。韩愈作为古文大师，高才博学，"馀事作诗人"，能够在诗文两种艺术之间，游刃有馀地自在穿行。"杜之诗法，韩之文法也"，②他吸收诗的养分对文的发展和提高作出了创造性贡献，同时又把文的多种因素引入诗歌，突破诗歌原先的规范和限制，带来体式风格上的种种重大变化。

　　以文为诗在是否丢失诗的兴会情韵方面，受到后代一些学者的质疑。应该说像某些传统诗歌那样单纯属兴会和情感流动的表现，韩诗中是不多见的，但这并不意味着韩愈的以文为诗丢失了诗歌最基本的因素——抒情性。清陈沆

---

① 程大昌：《演繁露》卷 13。
② 陈沆：《诗比兴笺》卷 4，中华书局上海编辑所，1959 年，第 190 页。

批评韩愈的荐孟郊、《调张籍》等篇,认为"乃谭诗之旗帜,以此属词,不如作论"。① 实际上韩愈在《调张籍》中抒发对李白、杜甫的极度仰慕之情和对李、杜遭受谤伤的愤慨,表达了对于像飞仙一样"捕捉出八荒"的创作境界的向往,不只是论诗文,而且于中见其热烈的情感和不平常的怀抱。同样,荐孟郊的《荐士》诗,尽管等于是一封推荐信(书体),可算文体移植,内容上又是以大部分篇幅论述诗派源流,但贯注全篇的是作者强烈的情感:即对孟郊诗才与人品的赞美,对其遭遇的同情。读来仍然是可见作者热肠古道的感人肺腑之诗,而非枯燥之论。韩诗在议论、描写、叙述中饱含着情感,乃至将议论、描写、叙述作为一种抒情的手段,都使得大部分韩诗自有其充沛的情感,不同于单纯叙事、议论之文。严格说来,以文的字法、句法、章法入诗,属于表现手段问题,诗中的情感属于作者主体性的体现问题,二者不宜混为一谈。文的成分进入诗歌,出现某些不协调现象,以及某些经过尝试,证明不适合诗歌抒情要求的用法,会在发展中被扬弃或得到进一步完善。而由于其主流是引导诗歌开拓与发展,所以中晚唐以文为诗,一时形成风气。晚唐李商隐的《韩碑》称赞韩愈"破体"为文,而他自己的这篇名作,即以韩愈为榜样,把文体中的众多因素移之于诗,同样,杜牧亦是"奇僻处多出于元和,五、七言古恣意奇僻……援引议论处亦多以文为诗"。②至唐末,皮日休、陆龟蒙是在诗体上多方面翻新的两位重要作家,他们有不少作品,也是以文为诗。陆龟蒙的《江湖散人歌》顺畅中杂有少量生涩的词句,等于是韩愈、白居易两家在以文为诗方面的糅合。沿波而下,以文为诗到北宋中叶更是成为诗坛普遍性的趋向。"宋之苏、梅、欧、苏、王、黄皆愈为之发其端",③可见以文为诗是诗到中唐的大变局,也是在盛唐之诗极盛难继情况下,借助于处在高潮期的散文的强大影响力,启动起来的又一开局。交流与新变是文体发展的永恒主题,诗与文是中国文学中最富有积累和影响的两大文体,文学史上一系列现象显示出,两者发展变化的一条重要途径,即是从对方吸取艺术经验和养分,互相生发,实现体制上的突破与创新。

---

① 陈师道:《后山诗话》,何文焕辑:《历代诗话》,中华书局,1981 年,第 303 页。
② 许学夷:《诗源辩体》卷 30,第 285、287 页。
③ 叶燮:《原诗·内编》,丁福保辑:《清诗话》,上海古籍出版社,1999 年,第 570 页。

参考文献

《毛诗正义》,汉毛亨传,汉郑玄笺,唐孔颖达疏,《十三经注疏》本,中华书局
　　1980 年版

《论语注疏》,魏何晏集解,宋邢昺疏,《十三经注疏》本,中华书局 1980 年版

《孟子注疏》,汉赵岐注,宋孙奭疏,《十三经注疏》本,中华书局 1980 年版

《资治通鉴》,宋司马光等,中华书局 1956 年版

《旧唐书》,后晋刘昫等,中华书局 1975 年版

《新唐书》,宋欧阳修、宋祁等,中华书局 1975 年版

《中国通史简编》(第三编),范文澜,人民出版社 1965 年版

《白话文学史》,胡适,新月书店 1928 年版

《中国文学史》,袁行霈主编,高等教育出版社 1999 年版

《隋唐五代文学思想史》,罗宗强,上海古籍出版社 1986 年版

《唐才子传校笺》,傅璇琮主编,中华书局 1987 – 1995 年版

《容斋随笔》,宋洪迈,上海古籍出版社 1978 年版

《唐摭言》,五代王定保,上海古籍出版社 2001 年版

《北梦琐言》,五代孙光宪,上海古籍出版社 1981 年版

《唐语林校证》,宋王谠撰,周勋初校证,中华书局 1987 年版

《义门读书记》,清何焯,中华书局 1987 年版

《庄子集释》,清郭庆藩集释,中华书局 1961 年版

《楚辞补注》,宋洪兴祖注,中华书局 1983 年版

《先秦汉魏晋南北朝诗》,逯钦立辑校,中华书局 1979 年版

《文选》,梁萧统编,唐李善注,上海古籍出版社 1986 年版

《玉台新咏笺注》,陈徐陵编,清吴兆宜注、程琰删补,中华书局 1985 年版

《乐府诗集》，宋郭茂倩编，中华书局 1979 年版

《文苑英华》，宋李昉等编，中华书局 1982 年版

《唐人选唐诗新编》，傅璇琮主编，陕西人民教育出版社 1996 年版

《全唐诗》，清彭定求等编，中华书局 1960 年版

《全唐诗补编》，陈尚君辑校，中华书局 1992 年版

《全唐文》，清董诰等编，中华书局 1983 年版

《唐音》，元杨士弘编，文津阁《四库全书》本，商务印书馆 2006 年版

《唐诗品汇》，明高棅编，上海古籍出版社 1988 年版

《唐诗别裁集》，清沈德潜编，中华书局 1975 年缩印教忠堂重订本

《全唐五代词》，曾昭岷等编撰，中华书局 1999 年版

《花间集校》，后蜀赵崇祚编，李一氓校，人民文学出版社 1958 年版

《唐诗汇评》，陈伯海主编，浙江教育出版社 1995 年版

《曹植集校注》，赵幼文校注，人民文学出版社 1984 年版

《陶渊明集笺注》，袁行霈笺注，中华书局 2003 年版

《庾子山集注》，清倪璠注，中华书局 1980 年版

《王子安集注》，清蒋清翊注，上海古籍出版社 1995 年版

《卢照邻集》《杨炯集》，徐明霞点校，中华书局 1980 年版

《骆临海集笺注》，清陈熙晋笺注，上海古籍出版社 1984 年版

《李太白全集校注汇释集评》，詹锳主编，百花文艺出版社 1996 年版

《钱注杜诗》，清钱谦益注，上海古籍出版社 1971 年版

《杜诗详注》，清仇兆鳌注，中华书局 1979 年版

《杜诗镜铨》，清杨伦注，上海古籍出版社 1980 年版

《韩昌黎文集注释》，阎琦校注，三秦出版社 2004 年版

《韩昌黎诗系年集释》，钱仲联集释，上海古籍出版社 1984 年版

《柳宗元集笺释》，王国安笺释，上海古籍出版社 1993 年版

《元稹集》，冀勤点校，中华书局 1982 年版

《白居易集笺校》，朱金城笺校，上海古籍出版社 1988 年版

《刘禹锡全集编年校注》，陶敏、陶红雨校注，岳麓书社 2003 年版

《李贺诗歌集注》，清王琦等注，上海古籍出版社 1978 年版

《杜牧集系年校注》，吴在庆校注，中华书局 2008 年版

《温庭筠全集校注》，刘学锴校注，中华书局 2007 年版

《李商隐诗歌集解》，刘学锴、余恕诚集解，中华书局 2004 年修订版

《李商隐文编年校注》,刘学锴、余恕诚校注,中华书局2002年版

《司空表圣诗文集笺注》,祖保泉、陶礼天笺注,安徽大学出版社2002年版

《严羽集》,陈定玉辑校,中州古籍出版社1997年版

《陈寅恪集·金明馆丛稿初编》,三联书店1980年版

《陈寅恪集·金明馆丛稿二编》,三联书店2001年版

《文心雕龙注》,梁刘勰撰,范文澜注,人民文学出版社1958年版

《诗源辩体》,明许学夷,人民文学出版社1987年版

《诗品集解》,梁钟嵘撰,郭绍虞集解,人民文学出版社1981年版

《文镜秘府论汇校汇考》,(日)空海撰,卢盛江汇校汇考,中华书局2006年版

《诗式校注》,唐皎然撰,李壮鹰校注,人民文学出版社2003年版

《苕溪渔隐丛话》,宋胡仔,人民文学出版社1961年版

《诗人玉屑》,宋魏庆之,上海古籍出版社1978年版

《宋诗话考》,郭绍虞,中华书局1979年版

《宋诗话辑佚》,郭绍虞辑佚,中华书局1980年版

《后村诗话》,宋刘克庄,中华书局1983年版

《诗薮》,明胡应麟,上海古籍出版社1979年版

《唐音癸签》,明胡震亨,上海古籍出版社1981年版

《姜斋诗话》,清王夫之,人民文学出版社1961年版

《原诗》,清叶燮著,霍松林校注,人民文学出版社1979年版

《唐音审体》,清钱良择,光绪癸未知不足斋刻本

《唐诗评三种》,清黄生等,黄山书社1995年版

《随园诗话》,清袁枚,人民文学出版社1960年版

《而庵说唐诗》,清徐增,中州古籍出版社1990年版

《玉溪生诗说》,清纪昀,朱记荣校刊本

《唐宋诗醇》,清爱新觉罗·弘历,文津阁《四库全书》本,商务印书馆2006年版

《诗比兴笺》,清陈沆,上海古籍出版社1981年版

《昭昧詹言》,清方东树,人民文学出版社1961年版

《艺概》,清刘熙载,上海古籍出版社1978年版

《历代诗话》,清何文焕辑,中华书局1981年版

《历代诗话续编》,丁福保辑,中华书局1983年版

《清诗话》,丁福保辑,上海古籍出版社1978年版

《清诗话续编》,郭绍虞编,上海古籍出版社1983年版

《诗学》,(古希腊)亚理斯多德著,罗念生译,人民文学出版社 1982 年版

《艺术哲学》,(法)丹纳著,傅雷译,人民文学出版社 1983 年版

《谈艺录》(补订本),钱锺书,中华书局 1984 年版

《管锥编》,钱锺书,中华书局 1986 年版

《程千帆诗论选集》,张伯伟编,山西人民出版社 1990 年版

《中国诗歌艺术研究》,袁行霈,北京大学出版社 1987 年版

《唐诗杂论》,闻一多,古籍出版社 1956 年版

《诗词散论》,缪钺,上海古籍出版社 1982 年版

《唐诗综论》,林庚,人民文学出版社 1987 年版

《唐诗论丛》,陈贻焮,湖南人民出版社 1980 年版

《诗国高潮与盛唐文化》,葛晓音,北京大学出版社 1998 年版

《唐诗学引论》,陈伯海,知识出版社 1988 年版

《李杜诗学》,杨义,北京出版社 2001 年版

《元白诗笺证稿》,陈寅恪,上海古籍出版社 1978 年版

后 记

本书旨在对唐代诗歌初盛中晚四个时期以及各主要诗派、诗体的风貌进行研究。不止是给唐诗总体特征以及各阶段各体派的风貌作出描述,更着力于研究风貌特征形成的基因,进而对一些重要理论问题作出阐述。由于第五章《中唐韩白诗风的差异与进士集团的思想分野》侧重于挖掘韩白两派诗风差异的文化思想根源,而对中唐诗歌风貌交待得比较简略,故此次重印增加《文体交融与唐代诗文的变化革新》一篇作为附录,以见中唐时期由于诗文两体相互影响,给诗歌风貌带来的巨大变化。

本书于 1998 年获安徽省第四届人文社会科学优秀成果一等奖,一些高校遂用为唐诗选修课教材,安徽省自考办定为中文专业本科自考教材。1999 年,台湾文津出版社以"唐诗风貌及其文化底蕴"为书名,出版繁体字本。文津版较原简体字本增加了《主观化在韩愈到李商隐之间的发展》一章,及附录两篇(一、《晚唐五代绮艳诗词的若干区别及启示》;二、《"强韵"考》)。以上三篇,从作为教材考虑,此次再版未予收入。

余恕诚

2009 年 8 月 28 日